Holger Höge

Schriftliche Arbeiten in Studium und Beruf

Ein Leitfaden

3., überarbeitete und erweiterte Auflage

Verlag W. Kohlhammer

3., überarbeitete und erweiterte Auflage 2006

Alle Rechte vorbehalten
© 1994/2006 W. Kohlhammer GmbH Stuttgart
Umschlag: Gestaltungskonzept Peter Horlacher
Gesamtherstellung:
W. Kohlhammer Druckerei GmbH + Co. KG, Stuttgart
Printed in Germany

ISBN-10: 3-17-019176-4
ISBN-13: 978-3-17-019176-1

Inhalt

Vorwort

Das Buch liegt nun in seiner dritten Auflage vor. War es zunächst ausschließlich als Ratgeber für Studierende gedacht, so zeigte sich schnell, dass auch für Berufstätige ganz unterschiedlicher Profession ein solcher Ratgeber notwendig war, wie zahlreiche Zuschriften und persönliche Mitteilungen deutlich gemacht haben. Folglich musste das Buch in vielfältiger Hinsicht überarbeitet und erweitert werden. Bei der Neufassung hatte ich also nicht mehr nur Studierende an Universitäten oder Fachhochschulen vor Augen, die sich informieren wollen, was bei schriftlichen Arbeiten zu tun ist, sondern ich habe auch an jene gedacht, die im Beruf stehend fundierte Texte an ein Publikum vermitteln wollen, das hinsichtlich der Präsentationsqualität der Arbeiten selbstverständlich die Einhaltung wissenschaftlicher Standards erwartet.

Meine Hinweise zu schriftlichen Arbeiten sind folglich sowohl für Studierende als auch für Berufstätige gedacht (Näheres zum Gebrauch durch die unterschiedlichen Zielgruppen folgt im nächsten Abschnitt). Der größte Teil der Regeln und Erläuterungen hat z. B. für die Wissenschaftsbereiche Psychologie, Pädagogik, Politologie oder Soziologie, empirische Musik- oder Literaturwissenschaft Gültigkeit, darüber hinaus aber vor allem für die Naturwissenschaften (z. B. Physik, Medizin, Biologie). Schriftliche Arbeiten folgen in ihrer formalen Gestaltung den Kommunikationsgepflogenheiten, wie man sie in der wissenschaftlichen Literatur der genannten Bereiche vorfindet. Hat man sich einmal an diese Darstellungsart gewöhnt, kann man sie nahtlos ins Berufsleben übernehmen. Wer dies während des Studiums nicht oder in anderer Weise kennen gelernt hat, findet hier die notwendigen Regeln, die derzeit gültig sind.

Die Rückmeldungen zur ersten und auch zur zweiten Auflage waren durchaus positiv und ich bedanke mich herzlich für alle Kritiken, Anregungen, Zuschriften und mündlichen Mitteilungen. Eine häufig geäußerte Bitte bezog sich auf die „Nachschlagefähigkeit" des Buches und deshalb findet man in dieser Auflage erstmals ein Sachregister, das vor allem von jenen Leserinnen und Lesern begrüßt werden wird, die zwar mit den allgemeinen Regeln vertraut sind, aber bei einem speziellen Problem rasch noch einmal die richtige Art der Darstellung nachschlagen wollen.

Mein Dank für Hilfe und Unterstützung bei der Revision der dritten Auflage geht an vor allem an meine Frau, die – wie immer – mit Umsicht und Präzision die gesamte Arbeit inhaltlich und formal begleitet hat. Darüber hinaus gilt mein Dank den Herren Dr. Ruprecht Poensgen und Marko Roeske vom Kohlhammer Verlag, die die gesamte Verlagsarbeit dieses Projektes mit steter Präsenz steuerten.

Natürlich verbinde ich mit den hier aufgezeigten Regeln die Hoffnung, dass sie allen genannten Zielgruppen eine sinnvolle Anleitung bei der Herstellung schriftlicher Arbeiten sein können. Dennoch ist auch ein solches Buch in der einen oder anderen Form ergänzungs- oder veränderungsbedürftig. Für diesbezügliche Hinweise bin ich jederzeit dankbar.

Oldenburg, im Sommer 2006   Holger Höge

Hinweise zur Benutzung

Lag in früheren Auflagen des Buches das Schwergewicht auf jenen Arbeiten, die während des Studiums anfallen, so werden nun auch Formen von Ausarbeitungen behandelt wie sie im Berufsleben auftreten. Die Verwendung des Buches kann daher aus unterschiedlicher Perspektive erfolgen und deshalb seien hier einige Ratschläge gegeben, die seine Benutzung erleichtern sollen. Es ist sicher nicht sinnvoll, eine vollständige Trennung des Buches in einen Berufs- und einen Studienteil vorzunehmen, weil es einen recht großen Bereich der Überschneidung gibt, z. B. in Bezug auf Veröffentlichungen oder die Art der Zitation. Wir haben daher eine Aufteilung vorgenommen, die zwar die jeweiligen Besonderheiten getrennt bespricht, aber die gemeinsamen Regeln an ein und derselben Stelle abhandelt. Dies vermeidet unnötige Querverweise und doppelte Darstellungen, die lediglich den Umfang des Buches, nicht aber seine Gebrauchstauglichkeit erhöhen. Dennoch mag bei der Lektüre auffallen, dass sich manches wiederholt – diese Redundanz ist beabsichtigt, um das Verständnis und die rasche Anwendungsmöglichkeit sicherzustellen.

Hinweise für Studierende:
Für fast alle Formen der schriftlichen Ausarbeitungen finden sich im ersten Abschnitt (S. 13–38) Anleitungen zur Abfassung des jeweils geforderten Textes. Die hier aufgeführten Regeln und Gepflogenheiten sind jeweils spezifisch für diese Arbeiten, während sich die generellen Regeln etwa zur Zitierung von Büchern und Zeitschriftenartikeln oder zur Darstellung von Tabellen und Abbildungen in gesonderten Abschnitten befinden (s. Kapitel 3 und 4; S. 60–110). Die auf diese Weise zusammengestellten allgemeinen Regeln und Vorschriften durchziehen nicht nur die jeweiligen Prüfungs- und Semesterarbeiten, sie gelten darüber hinaus auch für Veröffentlichungen. Anders gesagt: Die Beherrschung dieser Regeln ist von großem Vorteil, denn sie gelten über das Studium hinaus. Hat man sich einmal daran gewöhnt, braucht man sich später nicht mehr mit diesen Formalia herumzuplagen. Die meisten Studierenden werden die erste schriftliche Arbeit im Rahmen eines (auch mündlich zu haltenden) Referates anfertigen. Wir raten dringend, von der ersten Zeile an, die man schreibt, die Regeln einzuhalten. Das macht zwar die Anfertigung des ersten Referates etwas aufwendiger, man gewinnt aber Sicherheit in der Anwendung und für alle nachfolgenden Arbeiten spart man erheblich an zeitlichem und schreibtechnischem Aufwand.

Die genannten allgemeinen Regeln gelten natürlich auch für andere Arbeiten: z. B. für Prüfungs- und Abschlussarbeiten oder im Promotionsstudium, bei verschiedenen Formen der schriftlichen Beteiligung an Kongressen und Tagungen oder bei Berichten und Präsentationen im Berufsleben. Damit ist klar, dass sich der zeitliche und intellektuelle Aufwand, den man zu Beginn investieren muss, sehr bald bezahlt macht.

Arbeitstechnisch könnte man etwa so vorgehen: Will man z. B. eine Hausarbeit anfertigen, dann lese man das entsprechende Kapitel und schaue sich die im Anhang aufgenommenen Beispiele an. Hat man einen geeigneten Entwurf angefertigt, blättert man am besten die allgemeinen formalen Regeln durch und beginnt mit dem Schreiben. Das Büchlein sollte dabei in Griffnähe liegen, wenn man Rat braucht, liegt es bereit, insbesondere das Sachregister hilft, die entsprechenden Stellen rasch aufzufinden.

Ein Wort noch zu Bachelor- und Master-Studiengängen. Die zur Zeit der Drucklegung noch bestehenden Diplomstudiengänge werden zwar in steigendem Maße
auf die neuen Regulierungen umgestellt, von dieser Veränderung bleiben jedoch
die hier gegebenen Tipps und Regeln für schriftliche Arbeiten in ihrer Gültigkeit
unberührt. Der Grund: Weder die Zitationsregeln noch die Gliederung wissenschaftlicher Arbeiten etc. werden durch formal andere Studiengänge beeinflusst.
Anders gesagt: Die hier zusammengestellten Hinweise sind in vollem Umfang auch
für Bachelor- und Masterarbeiten anzuwenden. Höchstens der Umfang, der für
Bachelor- bzw. Masterarbeiten verlangt wird, könnte sich gegenüber Diplomarbeiten ändern. In Bezug auf die Textlänge bestehen aber für die Universitäten, Institute und Betreuer freie Gestaltungsmöglichkeiten, d. h., es lässt sich nicht vorherse-
hen, mit welchem Umfang man rechnen muss. Einen Anhaltspunkt erhält man nur
dadurch, dass die Prüfungsordnungen unterschiedliche Bearbeitungszeiten für
Bachelor- und Masterarbeiten vorsehen.

Hinweise für Berufstätige:
In fast allen Berufen nimmt die Tendenz zu, Berichte und Vorträge nach wissenschaftlichen Maximen zu gestalten. Und das heißt, dass sowohl diejenigen, die
Berichte, Anweisungen oder Veröffentlichungen erstellen, als auch diejenigen, die
Adressaten solcher Arbeiten sind, wissenschaftliche Standards bei Texten und Präsentationen erwarten bzw. verwenden – dazu soll dieses Buch ein zuverlässiger und
umfassender Ratgeber sein.

Arbeitstechnisch könnte man etwa so vorgehen: Will man z. B. eine Präsentation oder einen Bericht anfertigen, dann lese man das entsprechende Kapitel (wir
benutzen den Bericht hier als Beispiel). Unter einem Bericht verstehen wir eine
Schrift, die keine eigene wissenschaftliche Studie darstellt, sondern über eine Entwicklung oder ein Ergebnis berichtet, das nicht oder nur in lockerem Zusammenhang aufgrund wissenschaftlicher oder anderer Methoden zustande gekommen
ist. Hier müssen keine Variablen spezifiziert werden, es sind keine umfangreichen
Darstellungen methodischer Art vonnöten, keine Mitteilungen über Messungen
und Erhebungen. Dennoch sind für einen solchen Bericht sowohl der logische Aufbau als auch der Gebrauch der Literatur denselben Regeln unterworfen, die auch
für andere Arbeiten gelten. Die Abschnitte, in denen die dazu erforderlichen generellen Regeln enthalten sind, werden daher auch für diese Form des Berichts zurate
gezogen. Hat man einen ersten Entwurf angefertigt, blättert man am besten die
allgemeinen formalen Regeln durch und beginnt mit dem Schreiben. Das Büchlein
sollte dabei in Griffnähe liegen, wenn man Rat braucht, ist es schnell zur Hand – in
jedem Fall hilft das Sachregister, die entsprechenden Stellen rasch aufzufinden.
Gelangt man dennoch an einen Punkt, der eine wissenschaftlich detaillierte Darstellung verlangt, sollte man nicht zögern, in den entsprechenden Hinweisen nachzuschlagen – dazu sind die Informationen zusammengestellt worden.

Zugegeben, auch hier bedarf es u. U. einer Einarbeitungsphase, die Zeit kostet.
Der Gewinn liegt aber auf der Hand: Angenommen, man wird aufgefordert den
Bericht in eine Veröffentlichung zu verwandeln, dann entfallen sämtliche Arbeiten,
die jetzt z. B. korrekte Zitate oder Literaturangaben verlangen. Hat man sich erst
einmal an die Regeln gewöhnt, so schreibt man von vornherein in der korrekten
Form und muss sich nicht mehr mit der Umarbeitung einer vorläufigen Version in
eine endgültige abmühen – der anfängliche Zeitverlust wird dadurch mehr als ausgeglichen.

Allgemeine Hinweise für beide Zielgruppen:

Zurzeit befinden wir uns in einer Phase des Umbruchs in Bezug auf die deutsche Rechtschreibung. Da es noch eine Weile dauern wird, bis jene Generationen in die Universitäten und Berufe kommen, die nur noch die neue Rechtschreibung kennengelernt haben und insbesondere viele Berufstätige noch in der alten Schreibweise geschult sind, ist eine Bemerkung zur Rechtschreibung, die in diesem Buch realisiert wird, angebracht.

Die Kultusministerkonferenz hat entschieden, dass die unstrittigen Teile der Rechtschreibreform in ihrer Fassung aus dem Jahre 2004 Gültigkeit erlangen: Seit dem 1. August 2005 gelten daher die neuen Rechtschreibregeln verbindlich im Bereich der behördlichen Institutionen (also auch in Schulen und Universitäten). Damit entfällt die Toleranz gegenüber alten Schreibweisen. Das Entfallen der Toleranz bedeutet, dass in der schulischen Ausbildung nur noch die neuen Schreibweisen als korrekt gewertet werden, andere als Fehler. Lediglich in Bayern und Nordrhein-Westfalen gelten die alten Schreibweisen nicht als Fehler – sie werden aber von den Lehrkräften moniert. Wir ersparen uns jeden Kommentar dazu, raten aber allen, die mit der neuen Rechtschreibung nicht vertraut sind, sich an diese zu gewöhnen und notfalls Rat einzuholen – dazu gibt es viele Möglichkeiten und Angebote: Bücher, CDs usw. Wir können diese nicht alle besprechen und dokumentieren hier der Einfachheit halber, wie dieses Problem für das vorliegende Buch gelöst wurde.

Selbstverständlich wurden in diesem Buch die neuen Rechtschreibregeln zugrunde gelegt, Genaueres findet man weiter unten unter (1). Zugleich geben wir die wichtigsten Referenzwerke an, deren Vorschriften die Grundlage unserer Anleitung bilden (2, 3). Dadurch sollte auch deutlich werden, dass die hier aufgeführten Regeln bereits eine sehr breite Basis haben. Insbesondere die Anweisungen der American Psychological Association (s. unten; Punkt 3) werden international von zahlreichen Zeitschriften zur Manuskripterstellung vorausgesetzt, Tendenz steigend. Nun aber zu den Referenzquellen:

(1) Rechtschreibung

Es gibt ein ganz Reihe von Wörterbüchern zur Rechtschreibung und die eindeutige Referenzquelle, die der Duden früher darstellte, ist nicht mehr gegeben, wir bleiben aber bei diesem Werk. Zur Einhaltung der neuen, seit August rechtsverbindlichen Rechtschreibung haben wir den Duden zugrunde gelegt: Duden Band 1 *Die deutsche Rechtschreibung*, 24. Auflage, 2006.

(2) Zitationsregeln und Manuskriptgestaltung im deutschsprachigen Raum

Die Deutsche Gesellschaft für Psychologie (DGPs) hat zuletzt 1997 *Richtlinien zur Manuskriptgestaltung* herausgegeben (an deren Redigierung wir beteiligt waren). Allerdings beziehen sie sich auf Veröffentlichungen in einer Fachzeitschrift, die durch einen Setzer bearbeitet wird – für Studierende wohl eher die Ausnahme. Dennoch haben wir diese Richtlinien eingehalten, nur mit dem Unterschied, dass hier bereits vom Autor all das erledigt wird, was sonst in den Arbeitsbereich des Setzers fällt. Damit ist in Bezug auf die Form des Schriftbildes und der Zitation eine vollständige Übereinstimmung mit den Richtlinien der DGPs erreicht. Es sei hinzugefügt, dass auch im deutschsprachigen Raum die Tendenz zur Standardisierung wächst: Immer mehr Verlage erwarten die Einhaltung dieser Richtlinien.

(3) Internationaler Bezug der Zitations- und Darstellungsregeln
Die im Jahre 2001 erschienene fünfte Ausgabe des *Publication Manual* der American Psychological Association (APA; Nachdruck 2003) wird nicht vor dem Jahre 2010 überarbeitet, sie behält also für längere Zeit Gültigkeit. Um auch hier Übereinstimmung herzustellen, wurden alle relevanten Regelungen in die neue Auflage von *Schriftliche Arbeiten in Studium und Beruf* eingearbeitet. Vorläufer des *Publication Manual* sind bereits 1929 und 1944 erschienen, die APA hat also bereits früh für Standardisierung gesorgt und es ist unmittelbar einleuchtend, dass damit eine große Verbreitung dieser Regeln verbunden ist, auch die *Richtlinien* der DGPs (s. o.) basieren darauf. Der Nachteil des *Publication Manual* ist sein Umfang: über 400 Seiten (mit der Abhandlung zahlreicher Spezialfälle). Um die Übersichtlichkeit zu wahren, haben wir uns auf die häufigsten Fälle von Zitations- oder Darstellungsproblemen beschränkt.

Die in allen angegebenen Werken dargestellten Regeln finden sich in weiten Bereichen der Naturwissenschaften. Aber auch in Büchern, die sicher der Philosophie zuzurechnen sind, wird verstärkt damit gearbeitet. Als Beispiel sei das Werk von Thomas Metzinger (1996) genannt: Philosophen schreiben über das Problem des Bewusstseins und die Zitation und Literaturangaben folgen denselben Regeln, die im vorliegenden Buch aufgeführt sind. Es ist daher mit Sicherheit anzunehmen, dass sich diese Regeln international und fächerübergreifend über das jetzige Maß hinaus durchsetzen werden. Das vorliegende Buch *Schriftliche Arbeiten in Studium und Beruf* enthält die zur Textgestaltung erforderlichen Anleitungen in voller Übereinstimmung mit den genannten Regelwerken.

1 Schriftliche Arbeiten im Studium

1.1 Prüfungsarbeiten

Also lautet der Beschluss,
dass der Mensch was lernen muss!
Wilhelm Busch

Die im Rahmen eines Studiums anzufertigenden schriftlichen Arbeiten können von Studiengang zu Studiengang recht unterschiedlich sein. Nachfolgend besprechen wir der Reihe nach verschiedene Formen schriftlicher Ausarbeitungen. Wenn Sie in Ihrer Prüfungsordnung keine näheren Angaben zu den unterschiedlichen Arbeiten finden (was anzunehmen ist), können Sie die nachstehenden Hinweise als Richtschnur zugrunde legen. Die Bezeichnungen für solche Arbeiten können variieren, so gibt es z. B. im Fachgebiet Physik der Universität Oldenburg drei Formen schriftlicher Prüfungsarbeiten: a) Arbeitsbericht, b) Studienarbeit und c) Diplomarbeit (bzw. in Zukunft Bachelor- oder Masterarbeit). Es dürfte nicht schwer fallen, die unten aufgeführten Hinweise auf die jeweiligen Anforderungen zu generalisieren. Zunächst sind bei jeglicher Art von Prüfungsarbeiten einige allgemeine Regeln zu beachten:

- *Papier*: Der Text für sämtliche Prüfungsarbeiten wird ausschließlich auf DIN-A4-Blättern niedergeschrieben, und zwar nur *auf einer* Seite, die Rückseite bleibt frei. Die Aufteilung der Seiten (Satzspiegel) differiert zwischen den verschiedenen Arbeiten und wird jeweils gesondert angegeben (s.u.). Im Zeitalter des Umweltschutzes dürfen Sie natürlich auch Umweltschutzpapier benutzen, lediglich wenn ein Manuskript vervielfältigt werden soll, kann man daran denken, weißes Papier zu verwenden (70 g/m² reicht aus).
- *Schriftgröße und -type*: Benutzen Sie eine 12-Punkt-Schrift für den laufenden Text, Überschriften können Sie größer formatieren (14 bis 18 Punkte, je nach Ordnungsrelation; natürlich die größte Schrift für die höchste Überschriftenebene). Entscheiden Sie sich für eine Schrift mit Serifen (das sind die kleinen ausgezogenen Teile bei Buchstaben, z. B. Times New Roman; diese Schriften lassen sich leichter lesen als serifenlose wie z. B. Arial). Halten Sie die einmal ausgewählte Schrift durchgängig für den gesamten Text ein.
- *Deckblatt*: Bei sämtlichen Arbeiten verwenden Sie ein Deckblatt, auf dem folgende Angaben erforderlich sind:
  - oben: Name der Hochschule, Studienfach, darunter Semester und Jahresangabe, Name der Dozentin oder des Dozenten und Titel des Seminars etc.;
  - in der Mitte: Titel, einschließlich evtl. Untertitel oder anderer spezifizierender Angaben;
  - unten: Name der VerfasserInnen, Matrikelnummer, Telefon und Adresse.
- Im *Inhaltsverzeichnis* sind nicht nur die einzelnen Kapitel, sondern auch deren Untergliederungen (Abschnitte) aufzuführen. Natürlich ist auch für jeden einzelnen Unterabschnitt die entsprechende Seitenzahl anzugeben. Der Grund für die Angabe aller Unterabschnitte liegt darin, dass man mit einem Inhaltsverzeichnis den Leserinnen und Lesern nicht nur die entsprechenden Seitenzahlen mitteilen, sondern auch einen Überblick über die behandelten Probleme geben soll.

- *Vorwort*: Bei Prüfungs- und Examensarbeiten ist ein Vorwort nicht üblich. Es kann aber dennoch sinnvoll sein, ein solches zu schreiben, etwa um Besonderheiten der Arbeit bereits eingangs mitzuteilen (z. B. Abweichungen vom üblichen Schema). Gelangt man zu der Überzeugung, dass ein Vorwort notwendig ist, dann wird es unmittelbar *nach* dem Inhaltsverzeichnis eingeheftet und erscheint in diesem als Eintrag.
- *Anhang*: Bei Prüfungs- und Examensarbeiten ist es stets sinnvoll, in einem Anhang alle diejenigen Hilfsmittel zusammenzustellen, die während einer Untersuchung anfielen. Schließlich sollen und wollen Sie ja zeigen, was Sie alles getan haben, um das Thema zu bearbeiten.

  Ein solcher Anhang kann insbesondere bei einer empirischen Arbeit sehr schnell einen beträchtlichen Umfang erreichen. In diesem Fall empfiehlt es sich, ein gesondertes Blatt einzufügen, das den Textteil und den Anhang voneinander trennt. Auf diesem Blatt werden die im Anhang zusammengestellten Materialien (dies sind insbesondere Versuchsunterlagen: Protokollbögen, Fragebögen usw.) mit Seitenzahlen aufgeführt. Sollte der Umfang des Anhangs größer sein als der Textteil, trennt man ihn vom Textteil ab und bindet oder heftet beides gesondert; es ist günstig, wenn auf dem Deckblatt des Anhangs der Titel der Arbeit nochmals aufgeführt wird.

  Weiter gehört in den Anhang die Zusammenstellung der Rohwerte und gegebenenfalls deren Transformationen – insbesondere, wenn quantitative Forschungsmethoden verwendet werden. Handelt es sich um eine Arbeit mit eher qualitativem Methodenarsenal, müssen die behandelten Texte oder sonstigen Materialien, die als Ausgangsdaten verwendet wurden, ebenfalls im Anhang zusammengestellt werden. Hat man beide methodischen Ansätze in einer Arbeit kombiniert, sind selbstverständlich für beide die entsprechenden Angaben erforderlich.

  In jedem Fall müssen die Daten jene Struktur spiegeln, die als Ausgangspunkt für die in der Arbeit genannten statistischen Berechnungen gedient hat. Schließlich sind auch die einzelnen Auswertungsschritte anzugeben sowie die dabei verwendeten Formeln, die Zwischenergebnisse und die Zusammenstellung von Rohdaten. Wird z. B. ein Korrelationskoeffizient berechnet, so ist es notwendig, die für diese Berechnung herangezogenen Rohdaten oder deren Transformationen eigens zusammenzustellen. Zweck dieser Darstellung der Zwischenschritte ist es, die verwendeten Rechenmethoden anhand des Rohmaterials nachvollziehen zu können. Selbstverständlich ist es auch notwendig, hierbei benutzte Maschinen oder Statistikprozeduren mitzuteilen.
- *Persönliche Erklärung* (nicht bei Referaten oder Protokollen erforderlich): Auf dem letzten Blatt der gesamten Arbeit steht eine Erklärung der Verfasserin bzw. des Verfassers, dass sie/er die vorliegende Arbeit selbstständig und ohne unerlaubte fremde Hilfe angefertigt hat. Der Text für diese persönliche Erklärung ist meist in den jeweiligen Prüfungsordnungen festgelegt und *muss* in dieser Form übernommen werden. Findet sich kein Hinweis für die persönliche Erklärung, können Sie den hier wiedergegebenen Text verwenden (s. Punkt 4, S. 36).
- *Heftung*: Umfangreichere Arbeiten (30 Seiten und mehr) sollten hinreichend dauerhaft geheftet sein. Es ist nicht notwendig, jede Arbeit in Form eines gebundenen Buches vorzulegen, aber eine bloße Büroklammer zur Heftung der einzelnen Blätter ist sicherlich nicht ausreichend. Sie könnten deshalb den Umschlag aus einer etwas dickeren Pappe anfertigen und ein Etikett mit dem Titel der Arbeit und dem Namen des Verfassers oder der Verfasserin vorne aufkleben.

Raum. Außerdem können Sie auf diese Weise alles nachtragen, was Ihnen später noch zu einer Seminarepisode einfällt. Sehr eindringlicher Rat: Bearbeiten Sie das Protokoll *unmittelbar im Anschluss* an die Sitzung – handschriftlich! Wenn Sie es später in Maschinenschrift niederschreiben, sind Sie bereits mitten in der ersten korrigierenden Überarbeitung des Textes.

Was soll in einem Protokoll deutlich werden? Erstens der Zusammenhang, in dem die Sitzung relativ zum gesamten Seminar steht, zweitens deren Verlauf und schließlich deren Ergebnisse. Fragen Sie vor der Übernahme eines Protokolls, was erwartet wird: reine Verlaufsaufzeichnung (= chronologische Abfolge), Ergebnismitteilung oder beides. Schließlich ist es auch möglich, dass Sie das Protokoll über das Thema insoweit ausdehnen sollen, dass Sie bestimmte Literatur mit einbeziehen, dann müssen Sie das Protokoll ausarbeiten (ähnlich wie eine Hausarbeit, aber natürlich kürzer).

Daraus ergibt sich eine Protokoll-Gliederung, die einem Schema folgt, das weiter unten bei den Erläuterungen zu Referat und Hausarbeit ausführlicher auftaucht, hier aber knapp gehalten werden soll: (1) Überblick über das Gesamtthema der Sitzung, (2) Darstellung der in dieser Sitzung behandelten Probleme, (3) zeitlicher Verlauf der Argumentation (freilich ohne Namensnennung der Diskutanten) und schließlich (4) Mitteilung der Ergebnisse, evtl. (5) Ausarbeitung mittels Literatur. Natürlich modifizieren Sie dieses Schema, je nachdem, was von den Lehrenden gefordert wird (ein Beispiel für die Gliederung eines Protokolls finden Sie auf S. 144).

In jedem Fall ist es günstig, eine kurze Zusammenfassung der Sitzung anzufertigen, diese dem Protokoll aber voranzustellen (Stichwort: Abstract, vgl. S. 68). Das Inhaltsverzeichnis fällt bei der gebotenen Kürze eines Protokolls sehr knapp aus (nicht mehr als eine halbe Seite) oder es entfällt ganz. Sie sollten aber die in der Sitzung evtl. verteilten Unterlagen Ihrem Protokoll beiheften und unbedingt die besprochene Literatur gemäß den üblichen Regeln aufführen (vgl. S 104–107 und S. 132–140). Wurden Overhead-Folien verwendet, sollten Sie versuchen davon eine Kopie zu bekommen, die Sie ebenfalls beifügen (evtl. als kleinen Anhang). Eine ähnliche Überlegung gilt für Video- und Filmbeiträge – führen Sie diese Angaben gemäß den Bestimmungen für audiovisuelle Medien auf (vgl. S. 141).

Erkundigen Sie sich, welcher Seitenumfang erwartet wird. Sollen vier oder fünf Seiten nicht überschritten werden, können Sie lediglich eine Gliederung vornehmen und unter den einzelnen Gliederungspunkten nur Kernsätze mitteilen, Stichworte reichen aber nicht aus. Ein Verlaufsprotokoll wird sicher länger ausfallen müssen; wenn zusätzliche Literatur herangezogen werden soll, ist ebenfalls ein größerer Seitenumfang notwendig. Nicht vergessen: Auf der Titelseite (Deckblatt; vgl. S. 144) müssen sie natürlich angeben, auf welche Sitzung Sie sich beziehen, d. h., Sie müssen neben den auch sonst üblichen Angaben das Datum mitteilen.

1.4 Referat

Referate (von lat. referre = zurücktragen, mitteilen) werden im Studium in verschiedener Weise (*nur* mündlich, meist aber mündlich *und* schriftlich) und in den unterschiedlichsten Lehrveranstaltungen gefordert. Auch später, z. B. bei Disputationen oder im Berufsleben müssen Inhalte dargestellt und referiert werden. Es ist deshalb sehr zweckmäßig, sich mit dieser Art des wissenschaftlichen Arbeitens intensiv zu beschäftigen. Meist ist auch die Testierung von Studienleistungen an einen solchen Beitrag gebunden, deshalb hier eine Definition. Ein Referat umfasst:

- die eigenständige und vertiefte Auseinandersetzung mit einem Problem aus dem Arbeitszusammenhang der Lehrveranstaltung unter Einbeziehung und Auswertung einschlägiger Literatur;
- die Vermittlung der Ergebnisse dieser Auseinandersetzung im mündlichen Vortrag sowie in der anschließenden Diskussion während der Lehrveranstaltung (Stichwort: wissenschaftlicher Vortrag);
- die schriftliche Darstellung der Arbeitsergebnisse unter Einbeziehung der in der Lehrveranstaltung geführten Diskussion sowie der Kritik des Referenten bzw. der Referentin (Stichwort: wissenschaftlicher Aufsatz).

Ein Referat soll zu einem bestimmten Thema Standpunkte der in der Literatur vorliegenden theoretischen Positionen, Befunde und Meinungen wiedergeben („zurücktragen"). Zu diesem Zweck werden von den Dozentinnen/Dozenten zu jedem Thema Literaturhinweise gegeben, die jedoch keinen Ausschließlichkeitscharakter haben; es ist also dem Referenten bzw. der Referentin freigestellt, weitere Literatur zurate zu ziehen. Selbstverständlich kann dabei nur solche Literatur verwertet werden, die wissenschaftlichen Ansprüchen gerecht wird und in einem engen inhaltlichen Zusammenhang mit dem Thema des Referates steht (vgl. die Ausführungen zur Literatursuche S. 63). Ein Referat gibt Ihnen die Möglichkeit, sich an einer bestimmten Stelle eines Fachgebietes tiefer und ausführlicher in einen speziellen Bereich einzuarbeiten, als das sonst möglich ist. Sie sollten diese Chance unbedingt nutzen – es wird auch später im Berufsleben immer wieder von Ihnen verlangt, dass Sie ein Thema übersichtlich darstellen, die Probleme dieses Sachgebietes kennen und beurteilen und das alles auch noch gut vermitteln können. Es muss im Vortrag deutlich werden, dass sich die Referentin oder der Referent intensiv mit dem Stoff auseinander gesetzt hat, möglichst prägnante Kernstücke und Ergebnisse der zu bearbeitenden Literatur berichtet und die dort vertretenen Standpunkte nicht nur kennt, sondern auch (methoden-) kritisch prüft. Dringender Rat: Schreiben Sie Ihr Referat *vor* dem mündlichen Vortrag, die Gründe für diesen Rat folgen weiter unten. Vorbereitung und Planung der Präsentation ist also das erste didaktische Ziel, das mit Referaten verfolgt wird.

1.4.1 Mündlicher Teil des Referates

Natürlich sollen die Mitstudierenden von Ihrer Beschäftigung mit dem Thema profitieren, das ist das zweite didaktische Ziel des mündlichen Teils eines Referates. Das bedeutet, dass Sie das Material, die verwendete Literatur, so aufbereiten müssen, dass es didaktischen Anforderungen gerecht wird. Für den mündlichen Vortrag sei deshalb folgender Ablauf empfohlen:

- Einleitung mit einem Überblick über die zentralen Themen: Theoretische Ansätze und empirischer Hintergrund
- Evtl. Klärung besonders wichtiger Begriffe
- Darstellung der ersten theoretischen Position bzw. eines Teilbereiches des zu behandelnden Problems und relevanter empirischer Befunde etc.
- Darstellung der zweiten theoretischen Position bzw. des zweiten Teilbereiches des zu behandelnden Problems, ebenfalls mit Befunden etc.
- Evtl. weitere empirische und theoretische Belege und Positionen

- Vergleich der theoretischen Positionen oder der Befundlage etc.
- Folgerungen, die sich aus der Sachlage ergeben
- Resümee und eigene Bewertung
- Diskussion

Es ist sehr sinnvoll, für die einzelnen Schritte Folien anzufertigen, die Sie mittels Overhead-Projektor „an die Wand werfen". Alle universitären Seminar- und Vorlesungsräume verfügen über diese Projektoren. Texte und Abbildungen auf Folie kopieren, das können Sie in jedem Copy-Shop erledigen. Auf diese Weise können Sie sehr leicht eine klare Darstellung erreichen, in der sich die Zuhörer gut zurechtfinden. Vorsicht aber mit zu vielen Informationen auf einer einzigen Folie – und machen Sie nicht zu viele Folien, denn die dort aufgeführten Texte, Tabellen oder Abbildungen müssen von Ihren Kommilitoninnen und Kommilitonen gelesen werden, während Sie gleichzeitig vortragen. Übrigens: Sprechen Sie möglichst frei, ein frei gehaltener Vortrag ist immer lebendiger, also von Vorteil!

Natürlich können Sie Ihr Referat auch mit Notebook und Beamer bestreiten. Allerdings sind Beamer noch nicht so zahlreich an den Universitäten vertreten wie Overhead-Projektoren. Zudem erfordert die Verwendung der entsprechenden Software (wie z. B. Microsoft Power-Point) auch eine Einarbeitungszeit. Dennoch ist es nicht falsch, den Umgang mit neuen Medien ebenfalls zu üben. Der Vorteil bei dieser Form der Präsentation liegt unter anderem darin, dass Sie auch Video- oder Audio-Information präsentieren, also bewegte Bilder und Schall vorführen können. Für manches Thema mag das sogar die einzig richtige und mögliche Präsentationsform des mündlichen Teils des Referates sein. Dies ist z. B. dann der Fall, wenn Sie ein Referat über auditive Täuschungen halten oder ausgesuchte Filmsequenzen unter einem bestimmten theoretischen Gesichtspunkt der Wahrnehmungspsychologie diskutieren sollen. Wenn Sie diesen Weg wählen, sollten Sie sich als Erstes um die Apparatefrage kümmern. Probieren Sie alles in Ruhe etliche Tage vor der Präsentation aus. Erfahrungsgemäß ist in der Situation selbst nicht mit Hilfe zu rechnen und es ist natürlich wenig erfreulich, wenn der Referent oder die Referentin vor den Seminarteilnehmern mit den Tücken der Technik kämpfen muss, anstatt über das Thema zu sprechen. Natürlich sollten Sie die klassischen Techniken nicht vergessen: Video oder Film, Schallplatte, Musikkassette oder CD, Plakat oder Flip-Chart und schließlich: die gute alte Tafel! Es wirkt sehr überzeugend, wenn Sie z. B. den hypothetischen Verlauf einer Kurve dann an die Tafel malen können, wenn es gerade gut in die laufende Diskussion passt.

Tipps: Erkundigen Sie sich vor der Anfertigung Ihres Referates, (1) wie viel Zeit Ihnen zur Verfügung steht. Haben Sie eine Dreiviertelstunde, können Sie natürlich sehr viel mehr berichten, als wenn Sie nur zehn Minuten zur Verfügung haben. Egal welche Präsentationsform sie wählen, es empfiehlt sich auf jeden Fall, (2) den gesamten Vortrag zu Hause auszuprobieren: Referieren Sie vor Ihren Mitstudierenden im Wohnheim oder der Wohngemeinschaft oder vor Ihrer Arbeitsgruppe. Das hilft erstens die Aufregung zu reduzieren und zweitens erhalten Sie Rückmeldung über Verständnisprobleme und können diese noch vor der Seminarpräsentation korrigieren. Gleichzeitig wissen Sie, wenn Sie die Zeit kontrollieren, ob Sie mit dem Zeitlimit auskommen oder den Stoff doch noch einmal anders aufbereiten müssen. Wenn Sie (3) mit Notebook und Beamer arbeiten, sollten Sie den Ablauf nicht völlig festlegen, denn die erste Zwischenfrage bringt Sie dann aus dem Konzept. Lassen Sie *Ruhepunkte* im Programm, die Sie nur mittels Steuerungselement verlassen können, dann können Sie die Pause so lange halten, wie es nach den jeweiligen Umständen notwendig ist.

Sehr empfehlenswert (4): Machen Sie für Ihre Studienkolleginnen und -kollegen eine Tischvorlage (das heißt auch: Hand-out oder Thesenpapier), auf der Sie alle wichtigen Probleme, Begriffe etc. kurz darstellen. Der Effekt: Es ist leichter, Ihren mündlichen Ausführungen zu folgen und die Studierenden haben mehr von Ihrem Vortrag, weil Sie etwas schwarz auf weiß nach Hause tragen können. Schließlich sollten Sie sich mit Block und Stift versorgen, damit Sie möglichst noch während der Diskussion (5) aufschreiben können, was an Argumenten, Ergänzungen oder sonstigen Bemerkungen vorgebracht wurde, diese müssen Sie in den schriftlichen Teil Ihres Referates einarbeiten. Das Notieren dieser Beiträge ist nicht einfach, denn Sie sollen ja gleichzeitig auch noch für Rückfragen und Auskünfte zur Verfügung stehen. Machen Sie trotzdem Notizen, es kommt ja nicht auf Schönschrift an. Wenn es gar nicht anders geht, dann schreiben Sie die Diskussionsbeiträge *unmittelbar* nach Ihrem Vortrag nieder; denken Sie daran, dass die Behaltenskurve mit wachsendem Zeitabstand steil abfällt. Wenn Sie am nächsten Tag eine Reproduktion versuchen, fällt diese schon ziemlich mager aus – nach 14 Tagen ... machen Sie's lieber sofort!

Noch eine letzte Bemerkung, die Ihnen wegen der schlechten Formulierung im Gedächtnis bleiben wird. Ein alte und gute Regel besagt: Sagen Sie (1) am Beginn Ihres Referates, was Sie sagen wollen; danach (2) sagen Sie es und wenn Sie am Ende sind (3), sagen Sie, was Sie gesagt haben. Damit ist alles gesagt, denn nun haben Sie alles getan, dass sich die Zuhörer in Ihrem Referat gut zurechtfinden und die berichteten Sachverhalte besser behalten können. Das Problem bei Ihrer Vorbereitung besteht darin, dass Sie den Eindruck haben, ständig dasselbe zu erzählen. Dies ist aber ein falscher Eindruck, denn Ihre Perspektive ist anders als die Ihrer Zuhörer. Während Sie sich eine ganze Weile mit dem Stoff beschäftigen und schon fast alles auswendig aufsagen können, ist dies für die Zuhörer und Zuhörerinnen völlig neu. Halten Sie sich also an die obige Regel.

1.4.2 Schriftlicher Teil des Referates

Es ist sehr zu empfehlen, den schriftlichen Teil des Referates nicht erst nach dem mündlichen Vortrag niederzuschreiben, sondern vorher. Der Grund: Sie sind bereits intensiv mit den Problemen des Themas und der Aufteilung für die Darstellung vertraut, haben schon mehrere Formulierungen ausprobiert und überhaupt das gesamte Thema schon gründlich bearbeitet, bevor der mündliche Vortrag erfolgt. Das, was Sie vermitteln wollen, sitzt schon sehr viel besser, wenn Sie es schriftlich von sich gegeben haben. Außerdem können Sie Ihre Papiere mit in den Vortrag nehmen und dort im Notfall nachschlagen. Wenn der mündliche Vortrag ein Problem klärt, das Ihnen zuvor noch undurchsichtig war, können Sie es noch nachträglich mit aufnehmen. Den Diskussionsteil können Sie ohnehin erst nach der mündlichen Präsentation einarbeiten.

Für die formale Gestaltung sowie die Länge eines Referates gibt es in den Prüfungsordnungen in der Regel keine definitiven Vorschriften. Als grobe Richtschnur lässt sich aber Folgendes angeben: Ein Referat sollte etwa 10 bis 15 Seiten umfassen, auf keinen Fall mehr als 20 Seiten. Schreiben Sie mit 1,5-zeiligem Abstand und teilen Sie die Seite wie folgt auf: links 5 cm, oben und unten 3 cm Rand, rechts 3 cm. Die große Randbreite auf der linken Manuskriptseite ist für Korrekturen günstig (vgl. Abbildung 2, S. 83). Der Text muss ausformuliert vorliegen, Stichworte sind nicht ausreichend.

Es ist ratsam, auf der ersten Seite oben den Titel der Lehrveranstaltung anzugeben, für die das Referat angefertigt wird, den Namen der Dozentin oder des Dozenten sowie das Semester, in dem das Seminar stattfindet. Davon abgesetzt, etwa in der Mitte der Seite, folgt das Thema und darunter der Name der Referentin bzw. des Referenten (vgl. das Deckblatt für Protokolle, S. 144). Auf der folgenden Seite sollte eine kurze Gliederung den Aufbau des Referates anzeigen, das zweite Blatt enthält also das Inhaltsverzeichnis (vgl. das Beispiel auf S. 145).

Nun folgt der Text (d. h. ab Seite 3). Die im Inhaltsverzeichnis notierten Abschnitte und Unterabschnitte tauchen jetzt als Überschriften wieder auf und leiten jeweils abgrenzbare inhaltliche Felder ein. Nicht nur aus stilistischen Gründen sollten Sie den Übergängen zwischen den unterschiedlichen Inhalten besondere Aufmerksamkeit schenken, denn Ihr Leser oder Ihre Leserin möchte ja den Zusammenhang, in dem der Abschnitt zu dem vorangehenden und den nachfolgenden steht, nicht verlieren. Für Sie selbst ist das eine gute Übung, denn an diesen potenziellen Bruchstellen können Sie überprüfen, ob Sie den Zusammenhang richtig und anschaulich wiedergeben. Sie sollten auch versuchen, in gutem Stil zu schreiben, das ist nicht einfach. Als sehr anregende Lektüre zu diesem Thema sei auf einen Aufsatz von Reiners verwiesen (1963; die Literaturangabe finden Sie auf S. 77). Lesen Sie ihn, wenn Sie Lust haben, mehrfach, es lohnt sich.

Nach dem Literaturbericht über die bearbeiteten thematischen Schwerpunkte soll ein eigener Abschnitt die in der Lehrveranstaltung geäußerten Diskussionsbeiträge zusammenfassen. Hier ist es sehr hilfreich, wenn Sie auf Notizen zurückgreifen können, die Sie noch während des mündlichen Vortrags gemacht haben (s.o.).

Wenn Sie einen Autor zitieren, dann bitte stets so, wie weiter unten angegeben (siehe S. 99–110); halten Sie diese Regelungen unbedingt ein! Am Schluss des Referatstextes werden sämtliche für die Abfassung benutzten Bücher und Zeitschriftenartikel aufgeführt, d. h., man muss jedes im Text erwähnte Werk hier mit allen erforderlichen bibliografischen Angaben wiederfinden. Die zur Anfertigung des Literaturverzeichnisses notwendigen Regeln finden Sie auf den S. 132–143.

1.5 Haus- oder Semesterarbeit

Eine Haus- oder Semesterarbeit ist als die *selbstständige* schriftliche Bearbeitung einer Aufgabenstellung definiert. Anders als beim Referat wird der Inhalt nicht mündlich in der Lehrveranstaltung vorgetragen, sondern von vornherein als ausschließlich schriftliche Arbeit konzipiert – sie ist daher in der Regel auch wesentlich länger als der schriftliche Teil eines Referates. Eine Hausarbeit soll zu einem bestimmten Thema, das in Zusammenhang mit der Lehrveranstaltung steht, die in der Literatur vorliegenden theoretischen Positionen, Befunde und Meinungen wiedergeben. Dazu *können* von den Dozenten und Dozentinnen Hinweise gegeben werden, es wird jedoch in der Regel erwartet, dass die Bearbeiterin oder der Bearbeiter auch selbstständig relevantes Schrifttum heraussucht und für die Arbeit verwendet. Selbstverständlich kann nur solche Literatur benutzt werden, die wissenschaftlichen Ansprüchen gerecht wird und in einem inhaltlichen Zusammenhang mit dem Thema der Hausarbeit steht – Ihre Bibliothek versorgt Sie reichlich (vgl. die Ausführungen zur Literatursuche S. 63–67).

Auch hierbei soll deutlich werden, dass sich der Bearbeiter oder die Bearbeiterin intensiv mit dem Stoff auseinandergesetzt hat und die zentralen Themen der in der Literatur vertretenen Meinungen und Befunde kritisch berichtend wiedergeben kann. Nach der Erarbeitung und Darstellung des Themas sollten Sie Spezialistin für dieses Gebiet sein, sich also sehr gut auskennen. Suchen Sie sich deshalb für eine Hausarbeit möglichst ein Thema, das Sie ganz persönlich interessiert, denn es wird für einige Zeit Ihr täglicher Begleiter werden. Wenn Sie keine ausgeprägten Interessen haben sollten, dann stürzen Sie sich ruhig in eine Hausarbeit, deren Thema Ihnen von der Dozentin oder dem Dozenten vorgegeben wird. Sie werden vielleicht eine schöne Überraschung erleben, welche Problematik sich hinter einem zunächst langweilig aussehenden Thema verbirgt. Wenn Sie das abenteuerlich finden, haben Sie Recht: Wenn Sie in Urlaub fahren, wissen Sie doch auch nicht, was alles auf Sie zukommt und dort schätzen Sie das als besonders prickelnd. Wenn Sie meinen, Ihr (Urlaubs-) Zielgebiet hätten Sie aber doch schon mit Bedacht ausgewählt, haben Sie wiederum Recht: Weshalb studieren Sie eigentlich Ihr Fachgebiet? Wie auch immer, Sie werden eine Menge neuer Literatur kennenlernen und vermutlich erstaunt sein, wie weit dieses Thema in den gesamten Bereich jener Wissenschaft ausgreift, die Sie studieren – schon oft sind aus solchen Arbeiten Themen für spätere Abschlussprojekte entstanden.

Auch bei einer Hausarbeit gibt es keine generelle Regel hinsichtlich ihrer Länge; sie sollte jedoch mindestens 30 bis 35 Seiten umfassen, manchmal werden auch 50 Seiten verlangt. Eine Seite soll folgende Aufteilung haben: Rechts, oben und unten 3 cm Rand, links aber lassen Sie bitte 5 cm Rand frei, dort kann man dann recht gut Korrekturen anbringen (vgl. Abbildung 2, S. 83). Der maschinenschriftliche Text muss in ausformulierter, lesbarer Form vorliegen; Stichworte sind nicht ausreichend. Es empfiehlt sich, auf der ersten Seite oben den Titel des Prüfungsfaches anzugeben, für das die Hausarbeit angefertigt wird, sowie das Semester, in dem sie abgegeben wird. Davon abgesetzt folgt das Thema und darunter der Name der Verfasserin bzw. des Verfassers (vgl. das Deckblatt für Protokolle, S. 144). Auf der zweiten Seite zeigt eine kurze Gliederung den Aufbau der Hausarbeit an (vgl. das Beispiel auf S. 146).

Nun folgt der Text. Die in der Gliederung notierten Abschnitte tauchen jetzt als Überschriften wieder auf und leiten jeweils abgrenzbare inhaltliche Felder ein. Auch hierbei gelten für Zitate die unten getroffenen Regelungen (siehe S. 99–110), halten Sie diese Regelungen unbedingt ein! Da Sie sich in einer Hausarbeit kritisch mit der Literatur befassen sollen, können Sie ihre eigenen Gedanken und Einwände direkt in den Text einfügen oder nach Darstellung eines größeren thematischen Komplexes der zu bearbeitenden Literatur in einem (oder mehreren) Abschnitt(en) zusammenfassen. Ihre Gedanken sollten jedoch nicht zusammengefasst am Ende der Hausarbeit aufgeführt werden, sondern in unmittelbarer Nähe zum besprochenen Thema eingefügt sein. Eine abschließende Gesamtwürdigung können Sie natürlich in einem Abschnitt vornehmen, den Sie mit *Diskussion* überschreiben. Wie auch beim Referat stellen hier die Übergänge von einem Inhalt zum anderen manchmal ein Problem dar: Sie sollten diese Schwierigkeit als Übung auffassen, denn durch die Formulierung von Übergängen lernen Sie, den inhaltlichen Bezug der Teile zum Ganzen im Auge zu behalten und entsprechend darzustellen. Am Schluss des Textes werden wiederum sämtliche für die Abfassung der Hausarbeit benutzten Bücher und Zeitschriftenartikel aufgeführt (zur Anlage von Literaturverzeichnissen siehe S. 107–110 und 132–143).

1.6 Empirische bzw. experimentelle Arbeiten

Eine empirische oder experimentelle Arbeit umfasst die theoretische Vorbereitung (vgl. dazu unsere Ausführungen zu Referat und Hausarbeit), den Aufbau und die Durchführung einer Untersuchung sowie die schriftliche Darstellung der Arbeitsschritte des Untersuchungsablaufes, der Ergebnisse und deren kritische Würdigung (vgl. das Gliederungsschema auf S. 130). Hier gelten sämtliche in Kapitel 3 (Arbeitsschritte, Gliederung, Inhalt und Aufbau schriftlicher Arbeiten; ab S. 60) und 4 (Tipps und Regeln zur formalen Gestaltung; ab S. 81) gegebenen Hinweise. Da die Anfertigung solcher Arbeiten eine gute Absprache mit dem/der jeweiligen Betreuer/Betreuerin voraussetzt und die Bedingungen von Thema zu Thema sehr unterschiedlich sein können, ist es nicht möglich, verbindliche Angaben über die Länge der Ausarbeitungen zu machen. Wenn aber z. B. für eine Diplomarbeit eine Obergrenze von 100 Seiten gilt, dürften 50 Seiten für eine empirische/experimentelle Arbeit, die im Semester angefertigt wird, wohl gut dimensioniert sein. Ein Beispiel für die Gliederung experimenteller Arbeiten finden Sie auf S. 148, Zitate und Literaturangaben werden so ausgeführt, wie es auf den Seiten 99–110 und 132–143 beschrieben ist; auch die Ausführungen zu Versuchsberichten im Experimentalpraktikum sollten Sie durchlesen (s.u.).

Wer sich als Studentin bzw. Student für eine experimentelle oder empirische Arbeit interessiert, sollte jedoch auch die Rahmenbedingungen vorher klären (z. B. Räume, in denen gearbeitet werden kann, Art und Verfügbarkeit der Versuchspersonen, des Materials), damit die Studie nicht durch äußere Gründe unnötig verzögert wird.

1.6.1 Versuchsberichte im Experimentalpraktikum

Für die empirische bzw. experimentelle Arbeit im Rahmen des Experimentalpraktikums gelten einige Besonderheiten, die wir natürlich besprechen. Es ist aber ratsam, diese Hinweise auch dann zurate zu ziehen, wenn Sie eine Abschlussarbeit (Diplom-, Bachelor- oder Masterarbeit) oder eine andere empirische Arbeit während des Studiums anfertigen – auch für diese Fälle finden Sie hier viele verwertbare Hinweise.

Im Experimentalpraktikum sollen die Studierenden in die Praxis des experimentellen (oder mindestens empirischen) Forschens eingewiesen werden. Hier kommen zum ersten Mal sämtliche Kenntnisse, die bisher in den Vorlesungen und Übungen zu den Grundlagenfächern der Psychologie erworben wurden, in einer von den Studierenden selbst durchgeführten empirischen Untersuchung zum Tragen. Wenngleich diese Versuche unter Anleitung durchgeführt werden, so übernimmt doch die Studentin bzw. der Student die aktive Rolle des Versuchsleiters, der für sämtliche Stadien des Versuchs verantwortlich zeichnet.

Bezüglich der Anwendung der Kenntnisse stehen selbstverständlich die methodischen Fächer (Statistik, Versuchsplanung etc.) deutlich im Vordergrund, denn die Einhaltung methodischer Regeln soll ja an konkreten Problemen geübt werden; aber das Wissen aus den inhaltlichen Bereichen der Psychologie wird zur Einführung in den Problembereich, zur Hypothesengenerierung und für die Diskussion der Ergebnisse in mindestens gleichem Ausmaß benötigt. Methodisches, empirisch-experimentelles Arbeiten ist nur in einem theoretischen Kontext sinnvoll, gleichgültig, wie elaboriert die theoretischen Grundlagen auch sein mögen. Natürlich ist dies kein Freibrief für unsinnige Fragestellungen („Der Einfluss von Erdnussbutter auf die Erdrotation"; vgl. Abrahams, 1999), es soll nur angedeutet werden, dass manche Frage neu auftritt und folglich keine so günstige theoretische Ausgangslage aufweist wie andere Gebiete, die bereits gut beforscht wurden. In letzterem Fall muss der theoretische Kontext dargelegt werden, d. h., die ersten Seiten des Berichtes geben, wie in einem Referat, über diese theoretische(n) Grundlage(n) Auskunft.

Für die Dokumentation der im Experimentalpraktikum durchgeführten Experimente gelten über die üblichen Anforderungen hinaus jedoch noch einige weitere Spezifika, die hier nicht losgelöst behandelt werden, sondern jeder einzelne Schritt wird im Zusammenhang dargestellt und möglichst genau erläutert. Dadurch wird das eine oder andere zwar wiederholt, aber die Vollständigkeit der Anforderungen bleibt so besser erhalten. Wir gehen damit über die reine Darstellung der Abfassung eines schriftlichen Berichtes hinaus und stellen dessen formale und inhaltliche Anforderungen im Zusammenhang mit dem Arbeitsablauf des Experimentierens dar: Es soll deutlich werden, in welchem Bezug die im Bericht niederzulegenden Einzelheiten zum Verfahren des Experimentes stehen.

Man ahnt bereits hier, dass ein solcher Bericht nicht nur verbale Formulierungen enthalten wird, sondern eine Menge Zahlenmaterial, statistische Symbole, Tabellen, Abbildungen, Übersichten und Verlaufsangaben sowie die Sammlung von Originalmaterial der Stimuluspräsentation und viele andere Dinge mehr. Für alle diese Teile muss ein geeigneter formaler Rahmen eingehalten werden und dieser soll hier dargelegt werden. Da für die später zu erstellende Bachelor-, Master- oder Diplomarbeit in weiten Bereichen gleiche Anforderungen gelten, haben die Berichte im Experimentalpraktikum zugleich Modellcharakter für die genannten Abschlussarbeiten und sogar für die Dissertation; von daher rechtfertigt sich die Ausführlichkeit, die wir hier aufwenden.

Folgende Schritte müssen bei der Durchführung eines Experimentes oder einer empirischen Arbeit bedacht werden:

a) Einarbeitung in den theoretischen und empirischen Problembereich (vgl. die Ausführungen zu Referat und Hausarbeit)
b) Aufstellung der Hypothese(n): klare Formulierung der inhaltlich-psychologischen, operationalisierten und statistischen Hypothese(n)
c) Versuchsplanung: Wahl der Art des Designs (faktorieller Plan, Kontrollgruppenplan, Prä-Post-Vergleich etc.), Bestimmung von unabhängige(n) und abhängige(n) Variablen, Operationalisierung, Rotationsschema etc.
d) Instruktion(en)
e) Protokollführung über den Versuchsablauf
f) Vollständige Dokumentation der Daten
g) Rechenverfahren und dazu benutzte Literatur
h) Theoretische Interpretation der Ergebnisse

zu a): Einarbeitung in den theoretischen und empirischen Problembereich
    Hier können Sie unmittelbar das anwenden, was Sie bereits bei der Ausarbeitung von Referaten oder Hausarbeiten gelernt haben, denn in der Einleitung zu Ihrem Experiment gilt es herauszuarbeiten, wie die Problemlage der zu untersuchenden Fragestellung aussieht. Sie müssen hier also referierend und kritisch abwägend die in der Literatur zu findenden Positionen und

Ergebnisse früherer mit dem Thema in Zusammenhang stehender Untersuchungen wiedergeben. Wie Sie die dazu notwendige Literatur finden, haben wir auf den S. 63–67 beschrieben. In den Experimentalpraktika wird Ihnen in der Regel aber die zum Experiment notwendige Literatur von den Dozenten vorgegeben. Selbstverständlich können Sie aber jederzeit weitere Literatur, die Ihnen zu diesem Thema wichtig erscheint, zurate ziehen. Im Experimentalpraktikum gehen Sie insoweit über die beiden eingangs besprochenen schriftlichen Arbeiten hinaus, als Sie nicht nur referieren und eine kritische Stellungnahme zum Thema erarbeiten, sondern auch eine Hypothese ableiten, die Sie dann in einem Experiment der Prüfung unterziehen. Die Art und Weise dieser Prüfung ist der wichtigste Teil des Versuchsberichtes – in diesem Teil unterscheidet er sich von allen anderen Ausarbeitungen. Bevor Sie diese Prüfung jedoch vornehmen, müssen Sie zunächst Schritt b) erledigen.

zu b): Aufstellung der Hypothese(n): klare Formulierung der inhaltlichen, operationalisierten und statistischen Hypothese(n)
Bortz und Döring (1995, S. 461) unterscheiden drei Phasen der Hypothesenentwicklung. Zunächst stellt man (1) eine allgemeine, inhaltliche Forschungshypothese auf, die sich auf die Art des zu prüfenden Verhältnisses bezieht (etwa als Zusammenhangs-, Unterschieds- oder Veränderungshypothese). In dieser inhaltlichen Hypothese wird in Kurzform zum Ausdruck gebracht, welche Erwartung in Bezug auf ein Phänomen besteht. Daraus wird nun (2) eine operationale Hypothese generiert, in der die unabhängigen und abhängigen Variablen in ihrer konkreten Realisierung genannt werden. Da diese beiden Schritte erheblichen Einfluss auf den Gang der Untersuchung haben, müssen die jeweiligen Hypothesen so eindeutig und klar wie möglich formuliert werden. Selbstverständlich ist es erlaubt, zunächst eine Hypothese mit größerem Geltungsbereich aufzustellen und diese dann in kleinere Einheiten zu zerlegen, die der Reihe nach untersucht und beantwortet werden. Für diesen Fall müssen Sie natürlich jeder der einzelnen inhaltlichen Hypothesen auch die jeweils operationalisierte Hypothese hinzufügen.
Nun zum dritten Schritt: Da die Beantwortung einer Hypothese über inferenzstatistische Methoden geleistet wird, folgt diese statistische Hypothese der jeweiligen operationalisierten Hypothese auf dem Fuße. Anders gesagt: Die inhaltlich formulierte Erwartung muss nun in Bezug auf den (oder die) statistischen Parameter spezifiziert werden, die zur Prüfung verwendet werden sollen (in der Mehrzahl der Fälle dürfte dies der Mittelwert sein – welche anderen Parameter in Frage kommen, verraten Ihnen die einschlägigen Statistikbücher; vgl. z. B. Bortz & Döring, 1995). Ein Beispiel soll diese drei Schritte verdeutlichen:
Ihre allgemeine Forschungshypothese (1) möge lauten: Schall beeinflusst die Aufmerksamkeitsleistung. Daraus möge (2) folgende operationale Ableitung gezogen werden (hier werden also die Realisierungen von *Schall* und *Aufmerksamkeit* konkret festgelegt): Eine erste Stichprobe von Versuchspersonen arbeitet unter einem Hintergrundschall von 65 dB(A), eine zweite unter 85 dB(A). Die Messung der Aufmerksamkeit wird anhand der Fehlerzahl in einem Aufmerksamkeitsbelastungstest vorgenommen. Die zugehörige statistische Hypothese (3) möge annehmen, dass sich die mittleren Fehlerzahlen im Aufmerksamkeitsbelastungstest der beiden Gruppen unterscheiden. Die-

ser statistischen Arbeitshypothese H_1 entspricht logisch die Nullhypothese H_0, die wir zunächst ausformuliert aufführen: Der Mittelwert (M) der Fehlerzahlen der ersten Stichprobe unterscheidet sich nicht vom Mittelwert der zweiten Stichprobe; in Kurzform: H_0: $M_1 = M_2$ (bezogen auf die inhaltliche Hypothese bedeutet diese Nullhypothese, dass Schall keine Auswirkungen auf die Aufmerksamkeit hat). Dieser Nullhypothese (H_0) steht die Alternativhypothese gegenüber: H_1: $M_1 \neq M_2$ (d. h., es wird zwischen den beiden Gruppen ein Unterschied in der mittleren Fehlerzahl des Aufmerksamkeitstestes vorhergesagt).

Beachten Sie, dass in dieser Hypothese keine Richtung des Unterschieds vorhergesagt wird (es handelt sich also um eine ungerichtete Hypothese). Es klingt zwar plausibel, dass eine Erhöhung des Schallpegels eine Verminderung der Aufmerksamkeitsleistung bewirkt – aber sicher ist dies nicht, denn es könnte der Fall sein, dass die zweite Gruppe durch den Hintergrundschall stärker physiologisch aktiviert wird und dies könnte zu einer Erhöhung der Aufmerksamkeitsleistung führen. Ob Sie die Hypothese so formulieren, wie gerade angegeben, hängt vom Stand der Untersuchungen ab, die in diesem Bereich bereits durchgeführt wurden, also vom Stand der Literatur (deshalb ist es notwendig, dass Sie den Stand der Literatur in der Einleitung Ihrer Arbeit, also in Frage- und Problemstellung, referieren). Gibt es bereits Untersuchungen, die sowohl eine positive als auch negative Wirkung von Hintergrundschall gezeigt haben, so tun Sie gut daran, die Richtung der Veränderung, die durch die unabhängige Variable Schall hervorgerufen werden soll, offen zu lassen, d. h. eine ungerichtete Hypothese zu formulieren. Dasselbe gilt, wenn man über die Einflussrichtung noch nichts Näheres weiß.

Um Ihnen die Bedeutung dieser drei Schritte noch einmal deutlich zu machen, wollen wir Sie einladen, doch einmal über die Qualität der Überleitung der inhaltlichen in die beiden anderen Formen der Hypothese nachzudenken; bezogen auf das o.g. Beispiel: Ist die Operationalisierung der unabhängigen Variable *Schall* als *Hintergrundschall* von 65 bzw. 85dB(A) wirklich hinreichend? Wieso wird aus *Schall* plötzlich *Hintergrundschall*? In Bezug auf die abhängige Variable: Ist *Aufmerksamkeit* tatsächlich dasselbe wie *Aufmerksamkeitsbelastung*? Und darf man überhaupt eine „mittlere Fehlerzahl" berechnen? Welche Überleitung Sie auch immer wählen, wichtig ist in unserem Zusammenhang, dass Sie diese in Ihrem Bericht eindeutig, klar und präzise mitteilen.

Regel: Je klarer die Hypothesenformulierung (in allen drei Schritten!), desto stringenter und aussagekräftiger die empirische Prüfung.

zu c): Versuchsplanung: unabhängige und abhängige Variablen, Rotationsschema
Hier liegt ein weiteres Schwergewicht des Berichtes für das Experimentalpraktikum, denn die Technik der Versuchsplanung ist eines der didaktischen Ziele, die im Experimentalpraktikum umgesetzt werden sollen. Es kommt also darauf an, dass Sie in Ihrem Bericht genau und eindeutig angeben, welches Versuchsdesign Sie verwenden und warum Sie gerade dieses und kein anderes Design einsetzen; Sie sollen also eine Begründung für Ihre Wahl liefern.
Unabhängige und abhängige Variablen sollen so beschrieben werden, dass man klar erkennen kann, um welche Sachverhalte es sich hier handelt, die Zuweisung muss eindeutig sein. Es reicht nicht, wenn Sie nur schreiben, es

seien in Ihrem Experiment die Variablen X und Y untersucht worden (es reicht wirklich nicht; vgl. Beispiel zur Methodenbeschreibung im Anhang S. 151–159). Die Beschreibung der Operationalisierung, also in welcher Weise die in Ihrem Experiment untersuchten Sachverhalte realisiert und erfasst werden sollen, muss ebenso wie bei den anderen Angaben genau und erschöpfend sein. Das kann manchmal sehr kleinlich aussehen, eine präzise Darstellung ist aber für die Erfüllung der Forderung nach Wiederholbarkeit von Experimenten unbedingt einzuhalten. Das gilt auch für die übrigen Versuchsbedingungen, die Sie lediglich konstant halten oder auf andere Weise kontrollieren.

In vielen Experimenten werden mehrere Einflussgrößen (= unabhängige Variablen) gleichzeitig in ihrer Wirkung verfolgt. Für solche Versuchspläne (mehrfaktorielle Designs) ist es sehr empfehlenswert, sich ein Schema anzufertigen (und zwar vor Versuchsbeginn), aus dem hervorgeht, welche Versuchspersonen (Vpn) in welcher Reihenfolge an welchen Versuchsbedingungen bzw. an welchen Kombinationen von Versuchsbedingungen teilnehmen. Diese Rotation der Versuchsbedingungen über Vpn übernehmen Sie in Ihren Text, am besten in Tabellenform (Rotationsschema). Ein Beispiel hierfür finden Sie im Anhang (Tabelle 7, S. 155).

zu d): Instruktion(en)

Die Formulierung einer guten Instruktion setzt voraus, dass die zur Versuchsdurchführung notwendigen theoretischen Konstrukte eindeutig operationalisiert worden sind und nun in klarer Darstellung an die Versuchsperson (Vp) vermittelt werden. Im Allgemeinen hat es sich bewährt, kurze Sätze zu verwenden und auf jeden Fall Formulierungen mit doppelter Verneinung zu vermeiden. Also nicht: „Wenn die rote Lampe nicht aufleuchtet, soll die blaue Taste nicht gedrückt werden", sondern „Wenn die rote Lampe dunkel ist, lassen Sie die blaue Taste los". Es sei hinzugefügt, dass eine doppelt verneinte Formulierung natürlich dann notwendig ist, wenn – etwa in einer sprachpsychologischen Untersuchung – gerade dieser Einfluss Gegenstand der Untersuchung ist. Man kann also den Ratschlag „kurze und klare Texte in Instruktionen" nicht stets für bare Münze nehmen, sondern man muss diese Empfehlung in Abhängigkeit vom Untersuchungsgegenstand betrachten und entsprechend realisieren (dies ist einer der Gründe, weshalb manche Autoren meinen, gutes Experimentieren sei eine Kunst). Legen Sie vor Versuchsbeginn die Formulierung der Instruktion schriftlich nieder und übernehmen Sie diesen Text wörtlich in Ihren Versuchsbericht. Haben Sie während des Versuches noch einmal Änderungen an der Formulierung vorgenommen (was Sie lieber nicht tun sollten, weil die Konstanthaltung der Bedingungen nun nicht mehr gewährleistet ist), müssen Sie darlegen, warum diese Änderung notwendig wurde, und selbstverständlich müssen Sie den geänderten Wortlaut der Instruktion mitteilen.

Es gilt als selbstverständlich, dass Sie Ihre Vpn ernst nehmen und nicht als „Versuchskaninchen" behandeln. Dazu gehört auch, dass Sie den Vpn mitteilen, worum es in Ihrer Untersuchung geht – schließlich will eine Person gern wissen, in welchem Zusammenhang die Untersuchung steht, an der sie teilnimmt. Natürlich findet die Information der Vp spätestens dann ihre Grenze, wenn die Hypothese des Versuchs berührt wird. *Diese* Information *müssen* Sie der Vp vorenthalten, denn Vorinformation hat sich als ein schwerwiegender Störeffekt erwiesen, deshalb: Informieren Sie über die allgemeinen Hintergründe des Versuchs, aber nicht über die konkrete Hypothese! Damit diese Bemerkungen nicht völlig abstrakt bleiben, haben wir im Anhang eine Instruktion aufgeführt, die wir für sehr gelungen halten. Sie steht im Zusammenhang sprachpsychologischer Untersuchungen, die sich mit der Frage beschäftigen, in welcher Weise Bedeutungen in einem Satz entstehen. Sichelschmidt hat dazu 1989 ein Buch veröffentlicht, aus dem wir die erwähnte Instruktion übernehmen (s. Anhang S. 157–159). Hier finden Sie exemplarisch ausgeführt, wie man eine Vp über den Zusammenhang der Untersuchung informiert, ohne die konkrete Hypothese zu nennen. Übrigens: In den meisten Fällen spricht nichts dagegen, wenn Sie Ihre Vpn *nach* dem Versuch über die eigentliche Absicht (Hypothese) aufklären. Oft entwickelt sich daraus ein Gespräch mit der Vp, dem Sie viele neue Aspekte für weitere Untersuchungen entnehmen können, also ein zusätzlicher Gewinn für Sie (und die Wissenschaft!).

Eine Bemerkung zum Datenschutz ist hier noch angebracht. Im Zeichen des besonderen Schutzes persönlicher Daten gelten natürlich auch im Umgang mit Versuchsteilnehmern im Experimentalpraktikum die üblichen Regeln; es gilt also die Verpflichtung, dass Versuchsleiter und Versuchsleiterinnen alles tun, was die Anonymität ihrer Versuchsteilnehmer sichert, bzw. alles unterlassen, was die Identifikation einzelner Versuchsteilnehmer ermöglichen könnte.

Es kann empfehlenswert sein, dass die Versuchsleiter in den einführenden Bemerkungen über Sinn und Zweck des Experimentes auch die Art der Datenverwendung kurz schildern. Eine Versuchsperson (Vp) kann zwar für die Dauer des Versuches noch unmittelbar kontrollieren, was mit ihren Angaben geschieht, aber sie hat auch ein Recht zu wissen, wie mit den Daten verfahren wird, wenn sie das Labor verlassen hat. Diese Information muss natürlich in solcher Form gegeben werden, dass die Naivität der Vp erhalten bleibt (definiert als Unkenntnis der Hypothese des Versuches). Näheres zum Datenschutz und Formulierungsvorschläge zur Information von Versuchsteilnehmern finden Sie im Anhang (S. 165–167).

zu e): Protokollführung über den Versuchsablauf

Zunächst geben Sie eine Beschreibung des geplanten Versuchsablaufs, aus der ersichtlich ist, welche Dinge von der Versuchsperson (Vp) wann zu erledigen sind, wann was gemessen wird usw. – also des Standardablaufes des Versuches. Viele Versuche werden über PCs gesteuert, d. h. von Programmen, die eigens zur Durchführung der Experimente entworfen werden. In die Dokumentation eines solchen Versuches gehört natürlich auch die Programmbeschreibung oder, wenn man genau sein möchte, das Programm selbst. Durch solche Mitteilungen wird es auch anderen Forschern möglich, eine exakte Replikation (= Wiederholung unter möglichst identischen Bedingungen) des Versuches durchzuführen. Es ist zwar wenig wahrscheinlich, dass ein Experimentalpraktikumsversuch von einem anderen Forscher repliziert wird, aber in diesem Praktikum sollen Sie ja die hohe Kunst des Experimentierens lernen und dazu gehört die Erfüllung des Replikationsgebotes.

In vielen Experimenten und insbesondere im Experimentalpraktikum kann es jedoch geschehen, dass während des Versuches Bedingungen eintreten, die man weder geplant noch vorhergesehen hat. Solche Ereignisse können

Störwirkungen darstellen, deshalb müssen Sie das in einem Protokoll des Versuches festhalten. Abgesehen davon, dass ein solches Protokoll zum Standard guten Experimentierens gehört (nicht nur in der Psychologie, sondern auch in Physik, Biologie, Chemie etc.), kann es Ihnen z. B. bei der Aufklärung von sogenannten Ausreißerwerten gute Dienste leisten. Anders gesagt: Alles, was aus der geplanten Routine des Versuchsablaufes herausfällt, sollten Sie notieren. Im Versuchsbericht ordnen Sie diese Notizen nach inhaltlichen Gesichtspunkten und teilen diese Ereignisse in einer Übersicht mit, aus der man ersehen kann, an welcher Stelle die Störung aufgetreten ist.

Ein Versuchsprotokoll kann jedoch auch in anderem Sinne verstanden werden – das gilt vor allem für solche Forschungsansätze, die sich einem phänomenologischen Vorgehen verpflichtet wissen. Etwa zu Zeiten Max Wertheimers (1880–1943; Mitbegründer der Berliner Schule der Gestaltpsychologie) galt die Verbindung von Phänomenanalyse und quantitativ orientiertem Forschen als Standardfall der psychologischen Wahrnehmungsforschung (vgl. Sarris, 1987). In diesen Fällen wird im Versuchsprotokoll die Äußerung der Versuchsperson (Vp) *wortwörtlich* notiert (oder mittels Band bzw. Video aufgezeichnet). Wenn dies sehr umfangreich ausfällt, bietet sich der Anhang als Ort der Mitteilung an.

Noch ein Tipp: Wenn Sie ein Diktiergerät besitzen, sollten Sie Ihre Protokolle einfach auf Band sprechen und später niederschreiben. Das entlastet Sie zum einen während der Versuchsdurchführung, zum anderen vergessen Sie kaum etwas, weil Sie es unmittelbar in der Situation festhalten können, in der das Ereignis auftritt.

Natürlich können Sie auf diese Weise auch viele andere Daten aufzeichnen, etwa die Anordnung von Möbeln im Labor oder die Sitzpositionen von Versuchsperson und Versuchsleiter (Vl) usw. Halten Sie alle diese Daten spätestens während der Durchführungsphase fest. Der Grund: Laborflächen sind begehrt, weil viele Ihrer Kolleginnen und Kollegen diesen Raum zum Experimentieren benötigen, und d. h., dass Sie solche Angaben später nicht mehr verlässlich rekonstruieren können; der nächste Vl hat das Labor vielleicht völlig umgeräumt, die Geräte sind in anderen Experimenten verwendet und nicht mehr zugänglich oder zur Reparatur. Ersparen Sie sich also alle die Probleme, die sich ergeben, wenn Sie die Originalbedingungen Ihres Experimentes noch einmal regenerieren müssen, zeichnen Sie alle Angaben rechtzeitig auf.

zu f): Vollständige Dokumentation der Daten und Ergebnisse
Neben der Mitteilung, *wie* die Daten erhoben werden, müssen natürlich auch die Ergebnisse, die Rohdaten, mitgeteilt werden. Dazu gehören nicht nur die Messwerte der abhängigen Variablen, sondern auch die Angaben über soziodemografische Variablen ihrer Vpn sowie eventuell erhobene Kontrollvariablen (selbstverständlich unter Einhaltung der Datenschutzbestimmungen). Ein Beispiel hierzu finden Sie im Anhang (Tabelle 6, S. 154).
Bei der Mitteilung der Ergebnisse muss man unbedingt darauf achten, dass sie neutral und ohne jegliche Wertung aufgeführt werden. Befunde sind Fakten und keine Interpretationen (die gehören in den Abschnitt *Theoretische Interpretation*). Noch genauer: „Die Darstellung der Befunde hat sich von Vermutungen, Deutungen und Erklärungen völlig frei zu halten" (Metzger, 1956, S. 206). Der Grund: Ein Leser oder eine Leserin hat vielleicht anhand

Ihrer Ergebnisse völlig andere Vermutungen über deren Zustandekommen, sprich, gelangt zu völlig anderen theoretischen Schlussfolgerungen als Sie. Das ist gut, denn in der Regel lassen sich konkurrierende Erklärungen für die gefundenen Effekte beibringen – gewinnbringend ist es aber nur dann, wenn die Ergebnisse selbst unverzerrt mitgeteilt werden. Welche Deutung dann die bessere Grundlage hat, erfordert in der Regel weitere Untersuchungen bzw. die Heranziehung weiterer Befunde aus anderen Forschungsarbeiten.

zu g): Rechenverfahren und dazu benutzte Literatur
Die meisten Experimente werden heute mit Hilfe elektronischer Datenverarbeitungsanlagen ausgewertet (und meist auch gesteuert). Sie können hier eine Angabe darüber machen, wo Sie die Auswertung vorgenommen haben (z. B. auf den im Institut zugänglichen Rechnern; viele Universitäten stellen PCs zur Verfügung). Notwendig ist dies jedoch nur, wenn Sie spezielle Rechenleistungen benötigt haben, die nur auf die beschriebene Weise zu erhalten waren. Ansonsten genügt es, das Statistiksystem zu nennen, mit dem Sie die Auswertung durchgeführt haben (z. B. SPSS der Fa. Statistical Product and Service Solutions). Im Allgemeinen geben Sie dies im Literaturverzeichnis an, und zwar anhand der Autoren des Handbuchs, das Sie benutzt haben. Wenn Sie aber ohne Handbuch gearbeitet haben, nennen Sie einfach nur das Produkt und die Versionsnummer des Programms (also z. B. SPSS Version 13). Sollten Sie jedoch mehrere verschiedene Software-Produkte verwendet haben, können Sie auch ein gesondertes Verzeichnis anlegen, in dem die Programme aufgeführt werden, am besten vor dem Literaturverzeichnis.

zu h): Theoretische Interpretation der Ergebnisse
In der abschließenden Diskussion und Interpretation ihrer Daten beziehen sie die Ergebnisse auf die eingangs formulierte(n) Hypothese(n). Sie verlassen jetzt die reine, möglichst voraussetzungslose Beschreibung dessen, was sich in Ihrem Versuch an Fakten gezeigt hat, und gehen zur theoretischen Deutung über. Die Ergebnisse können prinzipiell zwei verschiedene Stadien erreichen: Die Alternativhypothese erweist sich entweder als zutreffend oder als falsch. Diese Sachlage wird üblicherweise auf eine der folgenden Arten beschrieben (bitte merken Sie sich die kursiv geschriebenen Ausdrücke, sie sind unmissverständlich und sollten daher in dieser Form benutzt werden):

> Wenn $p < .05$ wird die Alternativhypothese H_1 *bestätigt* oder *angenommen* (nicht: bewiesen!); wenn $p > .05$ wird die Alternativhypothese H_1 *zurückgewiesen, verworfen* oder sie ist *falsifiziert.* Sinngemäßes gilt für die Besprechung der Nullhypothese, also: wenn $p < .05$ wird die Nullhypothese H_0 *zurückgewiesen, abgelehnt* oder *verworfen* bzw. wenn $p > .05$ wird die Nullhypothese H_0 *beibehalten.*

In jedem Fall müssen Sie nun die Auswirkungen, die die Ergebnisse auf die in der Problemstellung besprochene(n) Theorie(n) haben, logisch stringent darstellen; geben Sie sich (und damit den Lesern) Rechenschaft darüber, wie dieses Resultat zu bewerten ist. Je nach Ergebnis können Sie die Theorie beibehalten und evtl. neue Vorschläge für andere Formen der Operationalisierung machen, von denen Sie vermuten, dass sie einer empirischen Prüfung bedürfen. Oder: Sie müssen die Theorie als widerlegt betrachten (vorsichtiger: als belastet) und machen sich nun Gedanken über die Gründe für das Nicht-Eintreten des in der Hypothese vorhergesagten Effektes, modifizieren oder verwerfen die Theorie und machen Vorschläge für die weiteren Untersuchungs-richtungen, die Sie für notwendig halten. Versuchen Sie, die wenig informati-ve Abschlussformel „weitere Forschungen sind erforderlich" (engl. further research is necessary) möglichst zu vermeiden und machen Sie lieber einen oder mehrere Vorschläge darüber, wie man das bewerkstelligen könnte.

In diesem Abschnitt sollen Sie unter Beweis stellen, dass Sie sich im Bereich der Theorien kritisch und kreativ bewegen können. Sie dürfen und sollen also die theoretischen Entwürfe, die Befunde anderer Forschungsarbeiten, die es auf Ihrem Untersuchungsgebiet gibt, miteinander vergleichen, ande-re Theorien hinzuziehen usw. und die Vor- und Nachteile der unterschied-lichen Konzeptionen diskutieren. Es ist nicht ganz einfach, hier einen Rah-men für die Länge einer solchen Abhandlung zu geben, rechnen Sie aber ungefähr 20 % der gesamten Textlänge für die theoretische Interpretation (*Textlänge* bedeutet hierbei: Text ohne Anhang, falls Sie diesen benötigen).

Die Informationen, die wir bislang in ausführlicher Form besprochen haben, sind auf den Seiten 130–132 noch einmal in Kurzform wiederholt, sodass Sie beim Schreiben nur einen Blick auf diese Kurzfassung werfen müssen. Noch einmal der Hinweis: Halten Sie die o.g. Formulierungen zur Falsifikation oder Bestätigung der Hypothese auf jeden Fall ein!

1.6.2 Berichte im Beobachtungs- und Testpraktikum

In der Regel werden an den Universitäten der Bundesrepublik zwei Praktika im Rahmen der Studiengänge zur Psychologie durchgeführt, die manchmal beide als Experimentalpraktika ausgelegt sind, meist ist aber eines davon ein Beobachtungs-oder Testpraktikum. Oft werden alle drei Formen von Praktika verlangt, die sich auf verschiedene Abschnitte des Studiums verteilen können (z. B. Bachelor- oder Masterstudiengang). Bedenkt man, dass das Experiment lediglich eine Fortent-wicklung der Methode der Beobachtung ist (indem es absichtlich Bedingungen bereitstellt, unter denen eine Beobachtung angestellt wird) und ein Test ebenfalls der Ermittlung von Daten unter kontrollierten Bedingungen dient, dann wird ohne weiteres deutlich, dass das Gliederungsschema für den Versuchsbericht auch für das Beobachtungs- und Testpraktikum verwendet werden kann, freilich unter ent-sprechender Modifikation.

Alle Angaben über Geräte oder Steuerprogramme etc. entfallen, wenn im Beobachtungspraktikum ein Geschehen *direkt* beobachtet wird. Werden aber Vi-deo- oder Filmaufzeichnungen gemacht, die unter bestimmten Gesichtspunkten ausgewertet werden, müssen auch die dazu verwendeten Geräte im Bericht erwähnt werden. Im Testpraktikum spielt das verwendete Verfahren (der Test) eine domi-nante Rolle und muss entsprechend dargestellt werden.

In der Regel werden Beobachtungen unter Verwendung eines Kategorienschemas durchgeführt. Dies ist also ein wesentlicher methodischer Gesichtspunkt, der daher auch ausführlich im Bericht behandelt werden muss. Wenn man ein Kategorien-schema aus einer anderen Arbeit übernimmt, muss es dennoch in diesem Bericht aufgeführt werden, ein Verweis auf die benutzte Literatur reicht nicht aus. In den meisten Fällen wird man aber ein vorhandenes Kategorienschema modifizieren oder

ein eigenes entwickeln. Hier müssen alle Schritte der Veränderung oder der Gewinnung von Kategorien deutlich und geordnet dargestellt werden. Im Testpraktikum
ist die Veränderung der Methode (des Testes) natürlich nicht sinnvoll, aber die näheren Umstände der Untersuchung, die Fragestellung, die mit der Untersuchung beantwortet werden soll etc., bedürfen selbstverständlich der ausführlichen Darstellung.

Im Prinzip sind alle auf den Seiten 130–132 genannten Abschnitte in sinngemäßer
Weise auch für nicht-experimentelle Praktika gültig, sodass wir uns hier nicht wiederholen müssen.

1.6.3 Berichte über Außenpraktika

Im Rahmen des Studiums sind in vielen Fächern Außenpraktika abzuleisten, über
die in der Regel ein Bericht zu verfertigen ist. Für Studierende der Psychologie ist
dies meist der erste Kontakt mit psychologischer Praxis. Die Bereiche, in denen
man ein Praktikum absolvieren kann, sind vielfältig, deshalb sollte aus dem Bericht Folgendes hervorgehen:

1. Exakte Bezeichnung der Institution, in der das Praktikum durchgeführt wurde
2. Name des betreuenden Psychologen und dessen akademische Qualifikation
   (BA, MA oder Diplom) bzw. des Lehrers, Mediziners, Biologen, Soziologen
   oder einer anderen Betreuungsperson – je nach Studiengebiet
3. Zeitraum des Praktikums
4. Aufgabengebiet der Institution
5. Aufgabengebiet des/der betreuenden Psychologen/in (bzw. anderer Fach-
   vertreter) in jener Institution, in der das Praktikum absolviert wurde
6. Tätigkeiten während des Praktikums
   6.1 Verwendete Testverfahren
   6.2 Erfahrungen mit Explorationen
   6.3 Teilnahme an Beobachtungen
   6.4 ...
   6.5 ...
7. Schlussbetrachtung

Natürlich ist Punkt 6 derjenige, den Sie am deutlichsten darstellen müssen. Schließlich sollen Sie ja während des Praktikums nicht nur am Berufsalltag teilhaben,
sondern darüber nachdenken, welche praktischen Anforderungen in welchem Verhältnis zu Ihrer Ausbildung stehen, welche Erfahrungen Sie gemacht haben usw.;
in der Schlussbetrachtung (7) ziehen Sie Resümee. Die zuvor genannten Stichpunkte
(1–5) sind rein informativer Natur; man muss aus ihnen ersehen können, welchen
Bezug die Praktikumsstelle zu Ihrem Studiengebiet hat. In jenen Fächern, in denen
Außenpraktika von der Prüfungsordnung gefordert werden, ist der Bericht Teil der
Prüfungsakte und sollte daher ein paar formalen Dingen gerecht werden. Der Satzspiegel bleibt in normaler Form (oben, unten, links und rechts jeweils 2–3 cm
Rand), die erste Seite beginnen Sie mit der Überschrift *Praktikumsbericht* (zentrisch in Großbuchstaben), zwei Zeilen darunter geben Sie Ihren Namen, eine Zeile darunter Ihre Matrikelnummer an, ebenfalls zentrisch gesetzt. Da diese Berichte
nicht allzu lang sein müssen (ca. 10–20 Seiten), kann sich evtl. ein Inhaltsverzeichnis erübrigen; es kann aber nie schaden, wenn Sie auf dem Titelblatt eine Gliederung anführen (vgl. das Beispiel auf S. 150).

Es ist möglich, dass die Forderung gestellt wird, dass der Betreuer des Praktikums den Bericht unterschreiben muss oder dass Sie eine Bescheinigung der Institution vorlegen müssen, bei der das Praktikum abgeleistet wurde. Fragen Sie vor Antritt Ihres Praktikums im Prüfungsamt nach.

1.7 Individual- bzw. Fallanalyse

Eine Individual- bzw. Fallanalyse (z. B. psychologisch-diagnostische Untersuchungen, Verhaltensanalysen) umfasst die theoretische Vorbereitung, Planung und Durchführung sowie die schriftliche Darstellung der Arbeitsschritte des Untersuchungsablaufs, der Ergebnisse und deren kritische Würdigung. Fallanalysen sind in den letzten zwanzig Jahren wieder verstärkt in der Psychologie vertreten, vor allem begünstigt durch das Aufkommen der Neuropsychologie.

Analysen zu einzelnen Problemen bzw. Personen müssen aber mit besonderer Umsicht behandelt werden. Die Regeln zur Anonymisierung der Ergebnisse einer solchen Studie sind äußerst gewissenhaft einzuhalten (vgl. die Ausführungen im Anhang S. 164–172). Der Datenschutz verlangt, dass es völlig unmöglich ist, die hier interviewten, analysierten oder in irgendeiner sonstigen Weise psychologisch behandelten Personen identifizieren zu können. In der Neuropsychologie ist es üblich, die Namen von Patienten durch die Beschränkung auf die Initialen unkenntlich zu machen; Datenschützern reicht dies oft nicht, weil durch eine Kombination mit anderen Mitteilungen, beispielsweise über den Ort der Untersuchung und das Alter der Person, eine Reidentifikation möglich sein könnte. Im Übrigen gelten die zur Anfertigung von empirischen bzw. experimentellen Arbeiten gemachten Ausführungen sinngemäß auch hier, die Abwandlung auf den besonderen Fall, dass nur *eine* Person Gegenstand der Untersuchung ist, dürfte keine Probleme bereiten (modifizieren Sie das Schema auf S. 129). Ein Beispiel für die Gliederung einer Fallanalyse finden Sie auf S. 147; Zitate und Literaturangaben werden so ausgeführt, wie es auf den Seiten 132–143 beschrieben ist.

1.8 Diplom-, Bachelor- und Masterarbeit

Für die Abfassung des Textes gelten bei Diplom-, Bachelor- und Masterarbeiten sämtliche für experimentelle bzw. empirische Arbeiten gemachten Angaben (vgl. die Schemata auf den Seiten 129–132; Beispiele für die Gliederung finden Sie im Anhang auf S. 148 und 149). Die Bearbeitung des Themas verlangt intensive Arbeit, fordert also entsprechend viel Zeit. Für Bachelorarbeiten werden sicherlich kürzere Zeiträume zur Verfügung stehen (etwa sechs Wochen bis vier Monate – eine einheitliche Regelung ist wenig wahrscheinlich) als für Diplom- oder Masterarbeiten – in der Regel drei bis sechs Monate, aber auch hier kann es von Fach zu Fach und von einer Universität oder Fachhochschule zur anderen Abweichungen geben. Übrigens findet sich für Bachelor- und Masterarbeiten auch die Bezeichnung *Thesis* – gemeint ist aber dasselbe, also *Abschlussarbeit*. In einigen Prüfungsordnungen (vor allem in den Naturwissenschaften) wird zusätzlich zur schriftlichen Abschlussarbeit eine Disputation gefordert (lat. disputare = eine Sache mit einem wirklichen oder gedachten Gegner erörtern). Ratschläge zur Disputation lassen sich aus den Ausführungen zum Referat (s. S. 17–21) bzw. zur Präsentation gewinnen (s. S. 51–57).

Um einen exemplarischen Zeitplan für solche Arbeiten vorzustellen, nehmen wir eine Frist von sechs Monaten zur Bearbeitung eines Themas an, es sollte aber keine Probleme bereiten, das Zeitbudget je nach Anforderung neu zu konzipieren. Weiter unten gehen wir noch einmal auf einige inhaltliche Besonderheiten ein, hier zunächst die formalen Aspekte.

ca. 2 Monate: Vorbereitung der Untersuchung(en)
Das haben Sie zu tun: Sie widmen sich (a) intensiv dem Literaturstudium und der Abfassung einer Einleitung, deren Umfang weit über das Exposee (vgl. S. 62–63) hinausgeht. Sie entwickeln den gesamten theoretischen und empirischen Hintergrund für Ihre Fragestellung und formulieren die bereits im Exposee genannten Hypothesen im Detail, evtl. sogar neu. (b) Sie benötigen Räumlichkeiten, in denen Sie die Untersuchungen durchführen können, erwerben Kenntnisse zur Bedienung technischer Apparaturen, bereiten das Versuchsmaterial vor, bauen Ihre Versuchsanlage auf; evtl. benötigen Sie spezielle Software für die Steuerung des Versuches etc. Ferner kümmern Sie sich (c) um die Gewinnung evtl. erforderlicher besonderer Probanden, wie z. B. Kinder oder alte Menschen oder Personen, die bestimmte körperliche Merkmale aufweisen müssen (Linkshänder o. Ä.).
Handelt es sich bei Ihrem Thema nicht um eine experimentelle, sondern um eine allgemein empirische Arbeit, dann geht es in dieser Phase darum, die Grundlagen für die Untersuchung zu schaffen. Sollen z. B. Kontaktanzeigen in Zeitungen analysiert werden, müssen diese gesucht und zusammengestellt werden. Ähnliches gilt z. B. für die Analyse von Briefen oder die Analyse von Lebensläufen, Gutachten usw. (vgl. das Gliederungsbeispiel auf S. 149). Für Felduntersuchungen müssen evtl. die Örtlichkeiten des Feldes genau inspiziert werden; es bedarf evtl. genauer Terminabsprachen mit Institutionen usw.

ca. 1 Monat: Durchführung der Untersuchung(en)
Dies sind Ihre Aufgaben: Alle Vorbereitungen sind abgeschlossen, jetzt führen Sie (a) einen oder mehrere Probeläufe durch. Sind diese mit gutem Ergebnis überstanden, können Sie nun (b) mit Ihrer Untersuchung beginnen. Schön, wenn nun alles wie am Schnürchen läuft, kalkulieren Sie aber ein, dass (c) einige Probleme auftreten können: Man sollte damit rechnen, dass nicht alle Probanden zu den Untersuchungsterminen kommen (rechnen Sie mit einer Ausfallrate von ca. 10%). Tipp: Wenn Sie nach Ihrem Versuchsdesign 60 Vpn benötigen, setzen Sie 66–70 Versuchstermine an und führen Sie diese Versuche auch durch! (Brechen Sie also nicht nach der 60. Person ab, der Grund: s. u.). Außerdem könnte die technische Apparatur ausfallen oder Sie werden krank etc. – bei nicht-experimentellen Untersuchungen können andere Probleme auftreten. Als Beispiel: Für die Briefanalyse müssen die Briefe gesichtet werden, ein Kategorienschema wird entwickelt und Sie treffen auf ein vorher nicht gesehenes Problem; Zusatzinformationen können notwendig werden oder Sie benötigen zwecks Erhöhung der Objektivität weitere Personen, die Kodierarbeiten übernehmen usw. Deshalb unser Rat: Führen Sie (d) über all dies Protokoll! Notieren Sie alles, was in irgendeiner Weise die Aussagekraft Ihrer Ergebnisse beeinträchtigen könnte. Notieren Sie auch die Vermutungen, die Ihnen von Vpn über die Hypothese genannt werden usw.

ca. 1 Monat: Auswertung der Rohdaten
Das haben Sie zu tun: Als Erstes (a) müssen die Rohdaten kritisch gesichtet und in korrekter Weise aufbereitet und gespeichert werden; d. h., Sie bringen zu-

nächst alle Messdaten, Antworten in Fragebögen, demografische Daten etc. in eine Datei. Tipp: Machen Sie diese Datenübertragung nicht alleine, das ist fehleranfällig. Zu zweit geht es erstens schneller und die Fehlerrate sinkt (natürlich erwähnen Sie die Person, die Ihnen hierbei geholfen hat, in Ihrer Arbeit, z. B. in einer Fußnote). Danach führen Sie (b) in der Datei eine Fehlersuche durch, am besten mittels einfacher Statistikprozeduren (z. B. Kreuztabellen). Sind Eingabe- oder Übertragungsfehler vorhanden, korrigieren sie diese anhand des Originalmaterials. Auch hier können Probleme auftreten, die man nicht vorhergesehen hat, z. B.: (c) Eine Vp hat ungewöhnliche Daten geliefert, Sie vermuten, dass dies auf eine Missachtung der Instruktion zurückzuführen ist. Folglich wäre zu überlegen, ob diese Person von der Analyse ausgeschlossen wird. Wenn Sie nach sehr sorgfältiger Abwägung zu dem Schluss kommen, diese Vp tatsächlich von der Analyse auszuschließen, stellt sich die Frage, wie Sie diese Vp ersetzen. Tipp: Sorgen Sie bereits bei der Durchführung des Versuchs dafür, dass in jeder Bedingung eine oder zwei Vpn mehr vertreten sind als Sie unbedingt brauchen. (d) Die Prüfung der Verteilung der Daten kann ergeben, dass die Voraussetzungen für bestimmte statistische Verfahren, die Sie für die Analyse vorgesehen hatten, nicht erfüllt sind; d. h., Sie müssen ein neues inferenzstatistisches Verfahren suchen oder die Daten transformieren. (e) Es können rechen*technische* Probleme auftreten (Ausfall eines Programms oder des Rechners). Schließlich sollten Sie auch bedenken, dass Sie vermutlich mit mehreren Programmen arbeiten (z. B. SPSS, EXCEL, BMDP, LISREL, Havard Graphics, Grafstat, Statgraphics), die ausgerechnet in jenem Sektor, den Sie für Ihre Arbeit benötigen, nicht voll kompatibel sind, und dergleichen mehr.

ca. 2 Monate: Anfertigung der Endversion der schriftlichen Arbeit
Ihre Aufgaben sind diesmal: (a) Anfertigung, Überarbeitung und Korrektur der gesamten Arbeit. Das bedeutet, dass die Endversion mit Text, Tabellen und Abbildungen, mit Literaturverzeichnis und Anhang etc. versehen ist und sämtliche Ihrer eigenen Korrekturphasen durchlaufen hat. Will man dies mit einem Textverarbeitungssystem bewerkstelligen, was sicher die Regel ist, sollte man sich schon während des Studiums damit vertraut gemacht haben und nicht erst bei Abfassung der Abschlussarbeit. Ansonsten sollten Sie (b) sich erkundigen, ob Sie für den Notfall eine Hotline zur Verfügung haben, die Ihnen bei unvorhergesehenen schreibtechnischen Problemen weiterhilft. Da Sie dem eigenen Text gegenüber eine gewisse „Blindheit" entwickeln, seien (c) zwei Ratschläge dazu gegeben: Wenn möglich, sollten sie die Endversion von einem/r Freund/Freundin zur Kontrolle lesen lassen. Dieses Korrekturlesen sollte sich auf zwei Dinge konzentrieren: Erstens auf den Inhalt (Ist alles verständlich und stringent formuliert? Gibt es unnötige Wiederholungen im Text? Sind die Übergänge von einem zum nächsten Textteil sinnvoll und glatt? Fehlen vielleicht Inhalte, die zum Verständnis erforderlich sind?). Zweitens: Rechtschreibung und Grammatik sollten ebenfalls einer Prüfung standhalten. Da die Grammatikprüfung für Textverarbeitungssoftware noch immer einige Probleme aufwirft, sollte das Augenmerk Ihres Korrektur-Lesers vor allem hierauf gerichtet sein.
Falls Sie keine Person haben, der Sie dies verlässlich anvertrauen wollen oder können, dann gilt Rat Nummer zwei: Lassen Sie die Endversion Ihrer Arbeit eine Woche lang ruhen und schauen Sie nicht hinein. Nach Ablauf dieser Woche lesen Sie den Text nun noch einmal durch – Sie werden etliche Probleme sehen, die Ihnen vorher gar nicht (mehr) aufgefallen waren. Dieser Rat hat zwei Nach-

teile: Erstens benötigen Sie eine Woche Zeit dazu (d. h. diese Woche geht von der Zeit, die Ihnen für die Anfertigung der Arbeit gewährt wird, verloren) und zweitens haben Sie möglicherweise auch nach einer Woche noch nicht genügend Abstand, um wirklich kritische Selbstlektüre zu betreiben. Zum Trost: Rat Nummer eins setzt viel Vertrauen in Ihren kritischen Korrekturleser voraus ...

Für die Anfertigung von Bachelor- und Masterarbeiten (manchmal auch als Bachelor-Thesis oder Master-Thesis bezeichnet) sowie Diplomarbeiten gibt es besondere Vorschriften, die oftmals in einem eigens dazu entworfenen Musterblatt zusammengefasst sind; dieses erhalten Sie in dem für Sie zuständigen Prüfungsamt. Besondere Aufmerksamkeit sollten Sie der *Erklärung* schenken, die Sie in Bezug auf die von Ihnen verwendeten Hilfsmittel abgeben müssen (s.u.). Als Beispiel sei hier der Text des Merkblattes für den Diplomstudiengang Psychologie an der Carl von Ossietzky Universität Oldenburg aufgeführt (Punkte 1–5):

---

1. Die allgemeinen Vorschriften für Diplomarbeiten sind zu beachten:
   - in deutscher Sprache (über Ausnahmen entscheidet der Prüfungsausschuss)
   - in Maschinenschrift
   - mit genauer Angabe aller benutzten Quellen und Hilfsmittel in der üblichen Form
2. Bei der Herstellung der Exemplare für die Prüfung ist zu beachten:
   - Titelblatt entsprechend Muster
   - Textseiten 1,5-zeilig mit 5 cm linkem Rand, oben, unten und rechts je 2–3 cm Rand
   - Fußnoten je Seite nummeriert und unten 1-zeilig gesetzt
   - Inhalts- (und Abbildungs- bzw. Tabellen-) Verzeichnis vorne, vor Beginn des Textes
   - die Exemplare sind zu binden
3. Es *müssen* insgesamt *drei Exemplare* der Diplomarbeit eingereicht werden. Stehen vier zur Verfügung, wird ein Exemplar vom Akademischen Prüfungsamt an die Universitätsbibliothek zur öffentlichen Einsichtnahme weitergeleitet.
4. Die Erklärung gemäß § 18 (10) der Diplom-Prüfungsordnung (DPO) wird als letztes Blatt eingebunden. Im Wortlaut der Erklärung wird zwischen Einzel- und Gruppenarbeiten unterschieden, d. h., für den jeweiligen Typ *muss* der Wortlaut in der entsprechenden Form übernommen werden:
   a) bei Einzelarbeiten:
      Hiermit versichere ich, dass ich diese Arbeit selbstständig verfasst und keine anderen als die angegebenen Quellen und Hilfsmittel benutzt habe.
      Ort, Datum   Unterschrift
   b) bei Gruppenarbeiten:
      Zunächst sind die „als Prüfungsleistung zu bewertenden Beiträge der einzelnen Bearbeiter" aufgrund der Angabe von Abschnitten, Seitenzahlen oder anderen objektiven Kriterien, die eine eindeutige Abgrenzung ermöglichen (§ 18,7 DPO), eindeutig anzugeben; darunter folgt die Formel:
      Hiermit versichere ich, dass ich meinen Anteil an dieser Arbeit selbstständig verfasst und keine anderen als die angegebenen Quellen als Hilfsmittel benutzt habe.
      Ort, Datum   Unterschrift

5. Angaben auf dem Titelblatt können nach folgendem Beispiel (vgl. Abbildung 1) ausgeführt werden, wobei wiederum die Anforderungen des jeweiligen Prüfungsamtes zu berücksichtigen sind.

Universität/Fachhochschule
Name des Studiengangs

BACHELOR- /MASTER- oder
DIPLOMARBEIT

TITEL
(einschließlich eventueller Untertitel)
vorgelegt von:
Name des Verfassers/der Verfasserin

Betreuender Gutachter/Betreuende Gutachterin
Zweiter Gutachter/Zweite Gutachterin

Ortsangabe, den (Tag, Monat, Jahr)

Abbildung 1. Schema zur Titelblattgestaltung von Bachelor, Master- und Diplomarbeiten.

Nun noch ein paar Bemerkungen zum Inhalt, genauer zu den inhaltlichen Schwerpunkten. Um es vorweg zu sagen: Natürlich soll in der Abschlussarbeit Ihres Studiums (Bachelor-, Master- oder Diplomarbeit) *alles* perfekt sein, um eine möglichst gute Note zu bekommen. Wenn wir im Folgenden unsere Bemerkungen auf die Abschnitte *Einleitung* und *Diskussion* beschränken, hat das seine Ursache darin, dass Sie in Abschlussarbeiten vor allem zeigen sollen, dass Sie ein Thema vernünftig aufzubereiten und abschließend auch zu diskutieren wissen.

Es gilt nicht nur als unfein, sondern handelt sich um eine Verletzung geltenden Rechtes, wenn Sie sich das geistige Eigentum anderer Personen zunutze machen, ohne dies entsprechend zu kennzeichnen. Daher nochmals der dringende Rat, alles, was Sie verwenden, auch anzugeben. Die Erklärung, die Sie abgeben müssen, die Versicherung, keine anderen Quellen benutzt zu haben als die, die angegeben sind, ist ernst gemeint! Selbstverständlich müssen Sie aber auch das Ausmaß bedenken, in dem Sie Gedanken, Abbildungen, Tabellen, Gliederungen, Film- oder Musikteile etc. von anderen Quellen übernehmen (auch dann, wenn sie aus dem World-Wide-Web stammen oder in Informationsbroschüren oder Flugblättern zu finden sind). Selbst dann, wenn Sie dies entsprechend kennzeichnen: 40 Wörter als Zitat aus einem anderen Werk zu übernehmen ist kein Problem, aber seitenweise zu zitieren oder gar fünfzig Seiten abzuschreiben, das ist sicher zuviel! Denken Sie an die Grenze von 500 Wörtern, die von der amerikanischen Gesellschaft für Psychologie (APA) akzeptiert werden, wenn Sie aus einem der Journals zitieren, die von der APA herausgegeben werden. Dies ist aber eine Vereinbarung, deren Gültigkeit keineswegs in allen Fällen garantiert ist. Falls Sie doch einmal mehr übernehmen wollen, raten wir Ihnen dringend, sich das Einverständnis des Copyright-Inhabers zu sichern. Wie auch immer: Ein Verstoß gegen die (nicht nur stillschweigende) Vereinbarung der *Scientific Community*, das Recht am geistigen Eigentum anderer zu achten, kann erhebliche Konsequenzen haben (u. a. Aberkennung des akademischen Grades). Beachten Sie diese Reglementierungen also genau.

1.9 Dissertation

Die Gliederung für empirische und experimentelle Arbeiten können Sie auch hier wieder verwenden, nur dass Sie weiter ausholen und ein größeres Feld von Theorien und empirischen Befunden referieren: Einleitung und Fragestellung können ohne weiteres mehrere Kapitel umfassen.

Auch wenn Sie *zwischen* den einzelnen Untersuchungen und Befunden stets eine Beziehung zu der oder den Theorien herstellen, die Sie an geeigneter Stelle einbauen (dem Kapitel *Diskussion und Interpretation* in unserem Schema entsprechend), müssen Sie in einem (oder mehreren) abschließenden Kapitel(n) eine Gesamtschau Ihrer Befunde geben und diese in einen theoretischen Rahmen einfügen. Diese theoretische Integration der Befunde bildet den Schwerpunkt Ihrer Arbeit. Sie sollen sich mutig fühlen, bestehende Theorien, die den Ausgangspunkt Ihrer Dissertation bilden, zu modifizieren, zu verwerfen und evtl. eine eigene neue Theorie aufzustellen, dies aber nur, wenn Sie dazu wirklich ausreichendes Datenmaterial haben, das Prinzip der wissenschaftlichen Sparsamkeit gilt auch hier.

Über den Umfang einer solchen Arbeit lässt sich nur sehr wenig Verbindliches sagen. Reichen in manchen Fächern schon einige Seiten (50–100), so mag in anderen Fächern ein opus magnum (lat. großes Werk) gefordert sein. Generell gilt: Ein hoher Seitenumfang ist keine Garantie für Qualität. Vielleicht ist es daher besser, sich „von oben" an eine Bestimmung des Umfanges zu wagen: 1000 Seiten sind wohl sicher zu viel, 500 Seiten, das kommt schon vor, sind beileibe auch kein Zwang. Wenn man einen Umfang zwischen 150 und 300 Seiten anpeilt, dürfte man wohl nicht ganz falsch liegen. Wenn Sie diese Ausführungen ziemlich schwammig finden, haben Sie Recht: Es geht aber beim besten Willen nicht anders, denn die Anforderungen der einzelnen Betreuer bzw. Doktorväter/Doktormütter sowie die Gepflogenheiten von Fach zu Fach sind zu unterschiedlich. Es bleibt Ihnen nichts anderes übrig, als zu schauen, wie es in Ihrem Fall üblich ist oder gewünscht wird. Beherzigen Sie aber stets die Askese-Regel: knapp, präzise und klar formulieren!

Bevor Sie mit dem Schreiben beginnen, sollten Sie sich gut überlegen, in welcher Sprache Sie die Arbeit abfassen wollen, Englisch oder Deutsch? Zunächst müssen Sie Ihre Promotionsordnung befragen, ob andere Sprachen als deutsch überhaupt zugelassen sind. Wenn das möglich ist, sollten Sie unbedingt mit Ihren Betreuern sprechen und klären, ob eine englische Fassung akzeptiert wird. Die Antwort auf diese Frage (Englisch oder Deutsch) hängt auch davon ab, in welchem Fachgebiet Sie schreiben. Da die Psychologie in beiden Teilen der Wissenschaft zu Hause ist (Natur- und Geisteswissenschaften) gibt es für beide Sprachen gute Gründe. Da die Naturwissenschaften immer stärker in Englisch kommunizieren, sollten Sie eine in diese Richtung gehende psychologische Arbeit in englischer Sprache abfassen. Bei

Arbeiten, die sich mit Spezifika deutscher Sprache beschäftigen, sollte man sorgfältig abwägen, ob eine andere Sprache wirklich als Kommunikationsmedium geeignet ist (Beispiel: Emotionsbezeichnungen sind nur schwer in andere Sprachen zu übertragen). Schließlich spricht aber noch das Argument der größeren Verbreitung zugunsten der englischen Sprache, wägen Sie aber genau ab, welche Lösung für Ihre Arbeit die beste ist.

Bereits beim Schreiben Ihrer Dissertation denken Sie bitte daran, dass Sie Ihre Arbeit veröffentlichen *müssen*. Alles, was dabei zu berücksichtigen ist, finden Sie weiter unten im Kapitel über die Verlagsveröffentlichung (siehe S. 117–120). Hier sei noch vorsorglich erwähnt, dass die Drucklegung Ihrer Arbeit keine Privatsache ist! In der Regel bürgen der Dekan und die beiden Berichterstatter (Erst- und Zweitgutachter) mit ihrem Namen für die formale und inhaltliche Korrektheit Ihrer Arbeit. Deshalb der dringende Rat: Falls Sie nach Abschluss der Begutachtung noch irgendetwas ändern wollen, sprechen Sie mit mindestens einer der genannten Personen darüber, bevor Sie die Arbeit zum Druck oder zur elektronischen Veröffentlichung geben (vgl. die Erklärung über die Authentizität des Dissertationstextes, der zur elektronischen Speicherung zur Verfügung gestellt wird; s. S. 174).

Zahlreiche Dissertationsdruckereien bieten die Publikation von Dissertationen an; lassen Sie sich die Bedingungen zusenden und einen Kostenvoranschlag machen. Es schadet nichts, wenn Sie mehrere Angebote einholen und nach dem preisgünstigsten Angebot suchen. Die Adressen solcher Verlage finden Sie in der Regel an den Schwarzen Brettern der Universität. Es ist möglich, dass durch die Verlagsveröffentlichung eine formale Umarbeitung Ihrer Dissertation notwendig wird – denken Sie dann daran, dies mit Ihrem Dekan oder den Gutachtern zu besprechen (s.o.). Fast alle Dissertationsverlage halten eine Informationsbroschüre für Sie parat, in der die Anforderungen an Typografie, Druck und Layout des Textes spezifiziert sind. Wenn Sie vorausschauend planen, erstellen Sie den Text spätestens bei der endgültigen Reinschrift in der vom Verlag Ihrer Wahl geforderten Weise (also vor der Begutachtung). Wenn Sie eine „fertige" Version haben, die der Verlag aber noch geändert haben will, sollten Sie dafür ein bis zwei Wochen Arbeit einplanen. Rechnen Sie weiter damit, dass vier bis sechs Wochen vergehen, bis Sie vom *druckreif* eingereichten Manuskript ein Buchexemplar in Ihren Händen halten. Diese Zeit ist deshalb von Bedeutung, weil Sie Ihre Promotionsurkunde in der Regel erst dann erhalten, wenn Sie der Veröffentlichungspflicht nachgekommen sind, also ein gedrucktes Werk vorlegen können. Wie das an Ihrer Universität genau geregelt ist, erfahren Sie im Dekanat. Im Kapitel 5.3 (S. 117–120) haben wir einige Hinweise und Ratschläge für die Verlagsveröffentlichung zusammengestellt.

Abgesehen von dieser klassischen Art der Veröffentlichung sollten Sie aber auch darüber nachdenken, ob eine elektronische Publikation nicht ebenfalls den Forderungen der Promotionsordnung entspricht. Dies ist in den meisten Fällen gegeben, suchen Sie sich deshalb die für Sie günstigste Lösung. Den Wortlaut des Beschlusses der Kultusministerkonferenz (KMK) über die Grundsätze für die Veröffentlichung von Dissertationen, in dem u. a. auch die elektronische Veröffentlichung geregelt ist, haben wir in diesem Buch mit aufgenommen (s. S. 173), dort erfahren Sie alles Wesentliche. Hier sei aber bereits angemerkt, dass Ihre Dissertation genau so veröffentlicht werden muss, wie Sie dem Promotionsausschuss vorgelegen hat, d. h. auch mit Ihrem Lebenslauf. Dies sind natürlich *personenbezogene Daten*, die zwar auch in einer Druckversion enthalten sind, bei elektronischer Veröffentlichung aber weltweit zugänglich sind und dies ist vielleicht nicht in Ihrem Interesse.

Hier noch ein Tipp: Seit 1992 besteht ein eingetragener Verein mit dem schönen Titel „Interdisziplinäres Netzwerk *Thesis* für Promovierende und Promovierte e.V.", der sich die Aufgabe gestellt hat, Kontakte zwischen den Doktoranden herzustellen, Anknüpfungsmöglichkeiten für externe Doktoranden an die Wissenschaft zu schaffen, den Dialog zwischen Theorie und Praxis zu fördern, praktische Hilfe bei der Dissertation zu geben und eine Interessenvertretung für Doktoranden zu schaffen (Adresse siehe unten).

Wenn Sie sich mit dem Gedanken an eine Promotion tragen oder (dies ist der bessere Weg) von einem Professor bzw. einer Professorin angesprochen werden, ob Sie nicht promovieren wollen, dann lohnt sich vielleicht auch ein Blick in die Fördermöglichkeiten. Wir haben hier einige Adressen zusammengestellt, die weiterhelfen können (bitte beachten Sie, dass Zeilenumbrüche in den Internet-Adressen keine Leerstellen oder Bindestriche der Adressen darstellen; sämtliche Angaben wurden am 22.01.2006 durch Zugriff geprüft):

* Informationen über den Doktorandenverein finden Sie im Internet unter: http://www.thesis.de.
* Wenn Sie einen Teil Ihres Promotionsstudiums im Ausland absolvieren wollen oder generell über einen Auslandsaufenthalt nachdenken, sollten Sie sich einmal beim Deutschen Akademischen Austauschdienst (DAAD) umsehen: http://www.daad.de. Hier finden Sie auch eine weitere Liste mit Fördermöglichkeiten: http://www.daad.de./ausland/foerderungsmoeglichkeiten/ausschreibungen/00659.de.html.
  Eine weitere Möglichkeit Auslandsaufenthalte zu finanzieren, besteht in einem Stipendium der Alexander-von-Humboldt-Stiftung: http://www.avh.de.
* Stiftungen, die u. a. Promotionsvorhaben unterstützen, finden Sie unter: http://www.mpie.de/meta navi/links/bildungForschung; auch unter http://www.uni-oldenburg.de/forschung/ 5849. html.
* Schließlich sei noch auf die Deutsche Forschungsgemeinschaft (DFG) hingewiesen; schauen Sie dort, ob Sie für Ihr Vorhaben einen Zuschuss erhalten können. In der Regel muss man aber bereits promoviert sein, um einen Antrag stellen zu können: http://www.dfg.de.
* Eine weitere Fördermöglichkeit besteht im Beihilfe-Fonds der Verwertungsgesellschaft Wort (VG-Wort). Ein Gremium aus Wissenschaftlern und Verlegern entscheidet über Ihren Antrag auf Druckkostenzuschuss: http://www.vgwort.de/foerderungsfonds.php.

Die Aussichten, eine Förderung zu erhalten, sind nicht so sehr hoch (sagen wir 50:50), versuchen sollte man es aber auf jeden Fall.

2 Schriftliche Arbeiten im Berufsleben

2.1 Schreiben und Ausarbeiten

Es ist nicht möglich, sämtliche im Berufsleben auftretenden Formen schriftlicher Ausarbeitungen hier zu besprechen – dazu ist dieses Feld viel zu groß und vielfältig. Außerdem haben viele Firmen, Behörden und Institutionen eigene Vorlagen für die unterschiedlichsten Zwecke schriftlicher Mitteilungen, sowohl im klassischen Druckbereich als auch für elektronisch zugängliche Texte. Wie geben daher einige Formen an, die wohl größere Verbreitung haben und stellen diese genauer dar.

Im Einzelnen behandeln wir vier Formen: (1) Gutachten und Stellungnahmen, (2) Berichte, (3) Präsentationen und (4) Protokolle. Freilich finden sich dafür zahlreiche Namen: Kurzbericht, Werkstattbericht, Dokumentation, Diskussionspapier, Broschüre, Heft, Erinnerungsprotokoll, Ergebnisprotokoll und sicher noch viele andere. Hinzu kommen verschiedene Formen periodischer Arbeiten, z. B. als Newsletter, Rundbriefe, Mitteilungen, Aktuelle Berichte.

Insbesondere für die zuletzt genannten Periodika gelten die Regeln, die in Bezug auf Veröffentlichungen im Abschnitt 5 (S. 111–125) aufgeführt sind, wir brauchen dies hier nicht alles zu wiederholen. Dasselbe gilt für die Beteiligung an Kongressen und Tagungen; wenn Sie an einer solchen Veranstaltung teilnehmen, ist es gleichgültig, ob Sie von einer privaten oder öffentlichen Institution kommen, die Regeln sind dieselben (vgl. dazu die in Abschnitt 5.4, S. 120–125 niedergelegten Angaben). Alle anderen Formen wie z. B. standardisierte Briefe, Kurzbriefe und Umlaufzettel, Formulare, Anweisungen innerbetrieblicher Art werden hier nicht besprochen, weil die Gepflogenheiten dazu jeweils auf den konkreten Bereich zugeschnitten sind, in dem sie Verwendung finden.

Wir haben daher eine grobe Gliederung in die bereits genannten vier Textformen vorgenommen, die weiter unten im Detail besprochen werden. Es dürfte keine Probleme bereiten, diese Anleitungen auf andere Fälle beruflicher Textanforderungen zurechtzuschneiden. Vorab wollen wir aber auf zwei Besonderheiten hinweisen.

(1) Ein grundlegender Unterschied zu den eher akademisch ausgerichteten Prüfungs- und Veröffentlichungsarbeiten liegt in ihrer Publikumswirksamkeit. Gilt in den Wissenschaften in aller Regel das Schwarz-Weiß-Gebot (es gibt in diesen Texten also keine farbigen Teile), so gilt für die Arbeiten, die in beruflichem Zusammenhang stehen, keine solche Begrenzung. Schon in den Beiträgen für Tagungen und Kongresse dürfen Farben in Texten und Graphiken verwendet werden, aber alles, was gedruckt wird (oder gedruckt werden soll), wird nach wie vor aus Kostengründen nur in schwarz-weiß akzeptiert. Freilich gibt es Ausnahmen hiervon, stets in jenen Fällen, in denen die Farbe selbst hohen Informationswert hat und daher nicht vermieden werden kann (etwa in kunsthistorischen oder neurologischen Zeitschriften etc.).

(2) Eine weitere Besonderheit sei hier als Publikumsbezogenheit angesprochen. Während man in den Wissenschaften üblicherweise davon ausgeht, dass alles, was untersucht, erforscht und schließlich geschrieben oder verfasst wird, öffentlich zugänglich ist, gilt das für Gutachten, Berichte und Präsentationen oft nur eingeschränkt; insbesondere Gutachten unterliegen sehr häufig einer strikten Geheimhaltung. Werden z. B. Berichte über innerbetriebliche Probleme oder neue Ent-

wicklungen verfertigt, dann ist eine öffentliche Verbreitung oft nicht nur nicht angezeigt, sondern geradezu verboten. Daran kann man sich sehr einfach halten, indem man diese Arbeiten nicht für Unbefugte zugänglich macht (auch auf Datenschutzregelungen sei hingewiesen; vgl. S. 165–169). Die Versuchung ist aber groß, die üblichen Regeln der Darstellung dabei weniger ernst zu nehmen und in Bezug auf formale Anforderungen „schlampig" zu arbeiten. Natürlich können wir nur warnen: Da Sie nie wissen, wie viele Personen ein solches Erzeugnis in die Hände bekommen, sollten Sie stets daran denken, dass man alles Schriftliche nicht nur „getrost nach Hause tragen", sondern auch überall herumzeigen kann. Kurz: Schriftstücke sind immer auch Visitenkarten, die mit Ihrem Namen verbunden sind – dies ist der erste Grund für unsere Warnung. Der zweite: Auch wenn ein druckschriftlicher Text nur als sehr grobe Skizze gedacht ist, kommt es meist doch zu einer reiferen Fassung und diese lässt sich wesentlich leichter herstellen, wenn die erste rohe und raue Version von Beginn an zu besserer Fasson gebracht wurde. Also auch hier unser dringender Rat: Schreiben Sie gleich unter Beachtung der üblichen Regeln, es erspart Ihnen später viel Arbeit (und unsanfte Kritik).

Ein Problem ist möglicherweise die *Schreibschwelle*, die sich einstellen kann, wenn die Sätze nicht gesprochen, sondern in Schriftdeutsch verfasst werden sollen. Wenn Sie davon nicht betroffen sind – umso besser, dann können Sie die nächsten drei Absätze überschlagen. Wenn Sie das Problem nur zu gut kennen, lesen Sie weiter. Es gibt drei sehr einfache Verfahren, diese Schwelle gar nicht erst entstehen zu lassen.

Das erste Verfahren: Schreiben Sie von Beginn an alle Ihre Gedanken und Einfälle auf, notieren Sie, was Ihnen gerade zu Ihrem Thema in den Sinn kommt (handschriftlich auf einen Zettel, wenn's sein muss, auch auf einen Bierdeckel, die Tageszeitung oder eine Papierserviette). Wenn Ihnen ein Absatz einfällt, der in die Einleitung Ihres Berichtes o. Ä. passen könnte, halten Sie auch diesen fest (worauf auch immer) und sammeln Sie diese „Papierfetzen" (zugegeben: Fortgeschrittene haben dazu stets einen Block unter dem Arm – machen Sie es genauso). Die auf dieser Sammlung aufbauende Textversion wird mit Sicherheit noch vorläufigen Charakter haben, also revidiert werden (müssen). Handschriftliche Notizen dürfen aber jeden beliebigen Grad von „Unlesbarkeit" haben – man sieht ihnen an, dass sie nicht für die Öffentlichkeit bestimmt sind.

Das zweite Verfahren: Nehmen wir an, Sie sitzen vor Ihrem Bildschirm und fühlen die Verpflichtung, sofort einen druckreifen und aussagekräftigen Satz zu produzieren, der Ihnen aber einfach nicht gelingen will. Halten Sie ein und stellen Sie sich diese Frage: „Was will ich eigentlich sagen?" Die (mündlich formulierte) Antwort, die Ihnen jetzt dazu einfällt, schreiben Sie genau so auf den Schirm, wie sie Ihnen in den Sinn gekommen ist. Der zweite Satz folgt sogleich und tut er das nicht, wiederholen Sie das zweite Verfahren. Schneller als Sie gedacht haben, füllt sich Ihr Bildschirm und bald haben Sie einen ganzen Absatz, eine volle Seite usw. Schreiben Sie, solange der Schreibfluss andauert, ohne auf Details zu achten. Später werden Sie diese Zeilen einer kritischen Prüfung unterziehen, sämtliche Rechtschreibfehler entfernen (wobei Sie von Ihrem Textverarbeitungssystem unterstützt werden) und möglicherweise feststellen, dass man „das aber *so* nicht schreiben kann". Damit haben Sie das Stadium *Arbeiten am Manuskript* erreicht. Bildschirme sind noch geduldiger als Papier – Sie können alles ändern, umstellen, löschen, neu schreiben –, Ihr Rechner lässt das alles ohne großen Aufwand zu. Schließlich entwickeln Sie Ihren Text so lange, bis er den Mindesterwartungen potenzieller Leser entspricht. Selbst wenn dieser Text jetzt wegen Zeitdrucks sofort weitergereicht werden muss, haben Sie eine vernünftige, vorläufige Mitteilung vorzuweisen, bei der klar ist, dass sie noch weiter bearbeitet werden müsste. Zur Sicherheit schreiben Sie *Erster Entwurf* quer darüber (handschriftlich oder bei elektronischen Mitteilungen in der Betreffzeile; bei englischen Texten: Draft).

Das dritte Verfahren: Nach ein bis drei Tagen Abstand schauen Sie sich Ihren Text noch einmal an. Sie werden vielleicht feststellen, dass der Text inhaltlich noch unklar ist – Sie haben vielleicht nicht alles niedergeschrieben, was zum Verständnis notwendig ist, oder nicht alles, was Sie zu diesem Thema sagen wollten. Also ändern Sie erneut, so lange, bis Sie damit zufrieden sind. Müßig zu sagen, dass Sie dieses Verfahren vielleicht noch mehrfach wiederholen. Ihr Gewinn liegt aber erstens in einer besseren und verständlicheren Darstellung dessen, was Sie sagen wollten, und zweitens ist das Papier jetzt in präsentablem Format.

Und noch ein Rat zum Schluss: Ihre Idee, das Problem oder Ihr Auftrag gehen Ihnen ständig durch den Kopf – das ist sehr gut. Aber Ihre Gedanken wandern, mal sind Sie bei wichtigen Details, mal bei der Schlussfolgerung, die Sie unbedingt mitteilen wollen oder müssen. Irgendwann spüren Sie, dass Sie das eine oder andere aufschreiben sollten. Zögern Sie nicht! Je früher Sie Notizen machen, desto besser! Es ist völlig egal, wo, wann und wie Sie eine Idee oder eine Formulierung Ihrer Arbeit auf welches Stückchen Papier bringen. Wichtig ist nur, *dass Sie es sofort aufschreiben*. Da wir ohnehin etwa zwei Drittel aller Einzelheiten vergessen und die Gedanken mehr als flüchtig sind – sie werden z. B. sehr schnell durch interferierende (lat. inter ferre = dazwischentragen) Ereignisse gelöscht –, sollte deutlich sein, warum die schnelle Aufzeichnung so wichtig ist.

Es gibt auch die schöne Erfahrung, dass nach langem „Text-Schürfen" eine Goldader gefunden wird, will sagen, einen Tag, an dem die Zeilen nur so aus Ihnen herausquellen. Der dringende Rat: Schreiben Sie, solange dieser Schreib-Strom anhält – weichen Sie nicht von Ihrem Arbeitsplatz, schauen Sie nicht auf die Uhr, selbst wenn es tiefe Nacht geworden ist! Später, wenn Sie wieder ausgeschlafen sind, haben Sie dann Zeit für eine Bearbeitung und die machen Sie gründlich.

2.2 Gutachten und Evaluationen

2.2.1 Wissenschaftliche Gutachten und Evaluationsberichte

Wir gehen davon aus, dass es sich um Gutachten oder Evaluationsberichte handelt, die eine wissenschaftliche Expertise darstellen, folglich müssen sie auch nach den üblichen wissenschaftlichen und formalen Regeln angefertigt werden (Gliederung, Zitation, Literaturverzeichnis, etc.). Sicherlich folgen nicht alle Gutachten solch strengen Anforderungen nach wissenschaftlicher Ausrichtung, die grundlegenden Bestandteile sind aber für fast alle Gutachten dieselben – jedenfalls in Bezug auf die äußere Form. Für alle jene Fälle, in denen also geringere Anforderungen gestellt werden, können die hier gegebenen formalen Hinweise entsprechend abgewandelt werden.

Zunächst ist aber zu bemerken, dass eine gutachterliche Tätigkeit besondere Verantwortung mit sich bringt, schließlich sind Gutachten oft die Grundlage für weitreichende Entscheidungen, die u. U. sehr stark in das Leben von Personen eingreifen oder Maßnahmen nach sich ziehen, die mit erheblichen finanziellen Belastungen oder Eingriffen in bestehende Situationen verbunden sein können. Diese

Verantwortung bezieht sich nicht nur auf die zur Lösung der Frage verwendeten Methoden und Analysen, sondern sie betrifft auch die Person des Gutachters oder der Gutachterin. Die Verpflichtung zur Neutralität ist nur eine der Forderungen, die hier zu nennen sind, wir können nicht alle aufführen (vgl. z. B. Hartmann & Haubl, 1984; vgl. auch die Sachverständigenordnungen der Industrie- und Handelskammern). Für die Verankerung des Berufsethos, insbesondere bei gutachterlichen Tätigkeiten, sind die jeweiligen Fachdisziplinen verantwortlich. Erkundigen Sie sich nach den für Sie geltenden Regelungen – und halten Sie sich daran. Wir haben kurze Auszüge der ethischen Richtlinien für Psychologinnen und Psychologen in diesem Buch aufgenommen (vgl. S. 164–165). Diese können aber nicht so ohne weiteres für andere Berufe gelten, weil die Sachlagen von Disziplin zu Disziplin verschieden sind. Noch einmal der Rat: Besorgen Sie sich die für Sie geltenden Bestimmungen.

Die Besonderheiten des Gutachtens bestehen vor allem darin, dass eine Frage aus der Praxis beantwortet werden soll. Wir gehen davon aus, dass für diese Form der gutachterlichen Tätigkeit eigens Untersuchungen durchgeführt werden, die speziell zur Beantwortung der im Auftrag genannten Frage führen – dies gilt in gleichem Maße für Evaluationen. Natürlich müssen die dazu durchgeführten Analysen und Untersuchungen mit ihren methodischen Einzelheiten dargestellt werden. Da es in der Regel mehrere Möglichkeiten zur Klärung des Problems bzw. zur Beantwortung der Frage(n) gibt, muss der Auftraggeber bzw. Leser oder die Leserin eines Gutachtens – ebenso wie bei der Dokumentation wissenschaftlicher Projekte – über die einzelnen Schritte, die dazu unternommen wurden, dergestalt unterrichtet werden, dass die Untersuchung in ihrer logischen Struktur erkennbar, nachvollziehbar und überprüfbar ist. Das bedeutet auch, dass alle jene Informationen in ihrer Herkunft genannt werden, die nicht aufgrund eigener Analysen zustande gekommen sind, aber zur Beurteilung oder Begutachtung herangezogen werden.

Es kann also nicht überraschen, dass Zitationsregeln, Aufbau und Gliederung, die sich für solche Arbeiten empfehlen, sehr weit mit denjenigen für wissenschaftliche Untersuchungen übereinstimmen. Weiter unten haben wir die einzelnen Schritte aufgeführt. Hat es im Bereich der Wissenschaft einer Einleitung bedurft, die über die bislang vorliegenden Theorien und Forschungsarbeiten Aufschluss gibt, so tritt bei Gutachten die Vorgeschichte, die zur Gutachtenerstellung geführt hat, an diese Stelle (z. B. eine Erkrankung; ein Unfall, dessen physikalische Ursachen geklärt werden müssen; eine wirtschaftliche Entscheidung, die im Hinblick auf ihre juristischen Konsequenzen geklärt werden soll oder ein Gutachten über die Rückfallgefahr einer Person bei vorangegangenen Delikten). Die dazu vorliegende Sachlage – die Vorgeschichte – muss dargestellt werden, damit ein Leser den Hintergrund kennt, der zur Auftragserteilung und zum Gutachten geführt hat. Eine ähnliche Überlegung gilt für Evaluationen. Auch hier muss der Hintergrund, der zur Studie Anlass gegeben hat, mitgeteilt werden.

Die Schilderung der Untersuchungsmethoden kann freilich nicht bedeuten, dass deren sämtliche Probleme und Besonderheiten mitgeteilt werden – die Empfänger von Gutachten sind oft keine Fachleute, sie erwarten zu Recht eine allgemein verständliche Erläuterung dieser Methoden. Selbstverständlich müssen Ort und Zeit der Untersuchung(en) mitgeteilt werden. Nach dem Bericht der Ergebnisse schließlich folgen Diskussion und Interpretation der Befunde. Mindestens der letzte Satz des Gutachtens sollte die eingangs gestellte Frage so eindeutig wie möglich beantworten.

Bei der Vielfalt der Probleme und Wissenschaften, die bei Gutachten auftreten bzw. zurate gezogen werden, kann man keine vollständige Festlegung der Gliederung vornehmen, Sie müssen sie daher den jeweiligen Anforderungen des konkreten Falles anpassen. Gutachten, die eine gleichzeitige Beteiligung mehrerer Disziplinen, Personen oder Institute erfordern, können ganz erhebliche Umfänge annehmen (bis zu mehreren hundert Seiten; als Beispiel: Wissenschaftlicher Beirat der Bundesregierung Globale Umweltveränderungen, 2003). Für diese Fälle sind die Hinweise, die für große wissenschaftliche Arbeiten gegeben wurden, anwendbar und müssen daher nicht wiederholt werden. Sind für ein solches Gutachten weitere externe Gutachter beauftragt worden (wie z. B. in dem o.g. Gutachten des wissenschaftlichen Beirats der Bundesregierung zur Nachhaltigkeit der Energiewende) müssen diese selbstverständlich genannt werden. Solche Gutachten werden häufig im Auftrag größerer Institutionen gegeben (z. B. Bundesanstalten) und haben einen viel umfassenderen Phänomenbereich abzudecken als dies bei jenen Gutachten der Fall ist, an die hier vorzugsweise gedacht ist, also Gutachten, die etwa 20–50 Seiten lang sein können oder sogar kürzer ausfallen.

Im Allgemeinen sollten Gutachten etwa diesen Aufbau haben:

- Titelseite und Inhaltsverzeichnis:
  Bei sehr umfangreichen Gutachten sollte man eine Titelseite, eine Inhaltsübersicht (hier sind nur die größeren Kapitel angegeben) und ein vollständiges Inhaltsverzeichnis anfertigen, das sämtliche Gliederungsebenen enthält. Wenn zahlreiche Tabellen und Abbildungen im Text enthalten sind, sollte auch dazu ein Verzeichnis aufgeführt werden, das nach dem Inhaltsverzeichnis eingefügt wird. Erforderliche Angaben: Tabellen- bzw. Abbildungsnummer, Titel der Tabelle oder Abbildung, Seitenzahl auf der die Tabelle bzw. Abbildung zu finden ist.
  Ähnliches gilt für die im Text verwendeten Abkürzungen. Muss man sehr viele Abkürzungen verwenden, empfiehlt es sich, auch dazu ein (alphabetisches) Verzeichnis anzulegen.
  Beträgt die Länge des Gutachtens lediglich fünf oder zehn Seiten, ist ein Inhalts-, Tabellen- oder Abkürzungsverzeichnis natürlich übertrieben.
- Fragestellung und Auftraggeber:
  Dies ist gewissermaßen die Überschrift, die das Problem, den Auftragsinhalt, um den es geht, spezifiziert. Der Auftraggeber wird explizit genannt.
- Kurzfassung:
  Die Antwort auf die im Auftrag genannte Frage ist das, was den Empfänger des Gutachtens am meisten interessiert. Sie wird dem Gutachten vorangestellt, um dem Empfänger eine schnelle Information zu ermöglichen. Entscheidend ist, dass die Schlussfolgerung(en), die wichtigsten Ergebnisse oder die Empfehlung(en), die mit dem Gutachten geliefert werden, so deutlich wie möglich formuliert sind.
  Die Angaben zu Fragestellung und Auftraggeber sowie die Kurzfassung sollten – vorausgesetzt, es handelt sich nicht um ein sehr großes Gutachten – auf ein und derselben Seite aufgeführt werden: Das erleichtert dem Empfänger des Gutachtens den Überblick und informiert sehr schnell über das Ergebnis. Je nach Reichweite des Gutachtens kann eine englischsprachige Zusammenfassung sinnvoll sein.
- Problem- oder Fragestellung:
  Hier werden die Problemlage bzw. die Fragen, die das Gutachten klären soll, ausführlicher mitgeteilt als in der ersten Position der Gliederung geschehen

ist. Sind mehr als drei Fragen zu beantworten, werden sie am besten nummeriert.

- Ausgangslage:
  Schilderung der vorausgegangenen Situation, des Hintergrundes etc., der zur Fragestellung und zur Begutachtung geführt hat. Wird Literatur zitiert, so gelten die dafür getroffenen Regelungen (vgl. S. 104–110). Evtl. werden Spezifizierungen der eingangs genannten Fragen im Hinblick auf die durchzuführenden Untersuchungen aufgeführt.

- Untersuchung(en) und Befunde:
  Ort und Zeit der Untersuchung(en) müssen angegeben werden, vor allem aber Mitteilungen über die zur Beantwortung der Fragestellung verwendeten Methoden und Erhebungen sowie deren wichtigste Ergebnisse. Sofern juristische Grundlagen oder Vorschriften (z. B. DIN-Normen oder Richtlinien von Berufsverbänden) existieren, müssen diese genannt werden.

- Diskussion und Interpretation der Befunde:
  Die Problematik der Aussagekraft einzelner Befunde wird im Gesamtzusammenhang betrachtet, widersprüchliche Befunde bedürfen der Gewichtung, insbesondere unter Bezug auf die Ausgangslage.

- Schlussfolgerungen:
  Der Text endet mit einem eigenen Absatz, der mit *Schlussfolgerung(en)*, *Empfehlung(en)*, evtl. auch mit *Fazit* überschrieben ist und dessen Inhalt sich aus Befund- und Ausgangslage stringent ergibt. Die hier niedergelegten Aussagen müssen mit jenen in der Zusammenfassung (s. o.) aufgeführten Schlussfolgerungen oder Empfehlungen unbedingt übereinstimmen.

- Unterschrift(en) des- oder derjenigen, die das Gutachten verfasst haben, mit Ort und Datum.

- Literaturverzeichnis:
  Sofern Literatur erwähnt wurde, folgt am Schluss des Gutachtens eine Liste, deren Aufbau den allgemeinen Regeln für Literaturangaben folgt (vgl. S. 107–110 und 132–143). Es ist evtl. sinnvoll, bestehende Normen oder rechtliche Bezüge, die im Gutachten eine Rolle spielen, gesondert in einem Verzeichnis zusammenzustellen.

- Anhang:
  Bei Gutachten, die Messungen oder andere Erhebungen als Grundlage haben, kann man in einem Anhang sämtliche Unterlagen zusammenfassen, die aufgrund der Methoden, die zur Befundermittlung notwendig waren bzw. durchgeführt wurden, angefallen sind. Hier sind also sämtliche fachwissenschaftlichen Methoden und Messergebnisse aufgeführt, die für das Gutachten von Belang sind. In manchen Fällen existieren dazu Checklisten, Vorschriften oder Mindestanforderungen, die zumeist von den jeweiligen Fachverbänden niedergelegt wurden. Generell müssen die Ergebnisse so dargestellt werden, dass sie übersichtlich, verständlich, deutlich, also nachvollziehbar sind. Der Anhang kann dabei erheblichen Umfang annehmen, vorausgesetzt, man entschließt sich nicht, sämtliche Befunde, Messungen und Berechnungen im Abschnitt *Untersuchungen und Befunde* mitzuteilen.

2.2.2 Stellungnahme

Diese Textform ist wesentlich freier in ihrer Gestaltung als etwa Gutachten und Evaluationsberichte. Die Anforderungen an die Integrität (lat. integritas = Unversehrtheit, Reinheit) der stellungnehmenden Personen sind dieselben wie beim Gutachten. Natürlich muss auch hier die Frage, zu der Stellung genommen werden soll, klar und an zentraler Stelle genannt werden. Aber der Aufwand, der zur Beantwortung erforderlich ist, kann wesentlich geringer sein. So kann eine Stellungnahme etwa als (fundierte) Meinungsäußerung aufgefasst werden, die selbstverständlich aufgrund der Fachkenntnis desjenigen oder derjenigen zustande kommt, der bzw. die die Stellungnahme abgibt, aber es werden bspw. keine näheren methodischen Mitteilungen erfolgen.

Die Textarten variieren von formlos bis zur Standardisierung. Gerade Letzteres verlangen häufig Herausgeber von Zeitschriften, die im Zuge des üblichen Review-Verfahrens eingereichte Manuskripte anhand einer vorgegebenen Liste von Kriterien beurteilen lassen. Auch in diesem Fall wird vom Gutachter oder der Gutachterin gesprochen, es sollte aber deutlich sein, dass der schriftliche Aufwand, der zur Begutachtung erforderlich ist, geringer ausfällt. Hier ist nur festzustellen, ob die eingereichte Arbeit inhaltlich und formal den üblichen wissenschaftlichen Kriterien entspricht, ob sie einen neuen Beitrag zur Forschung darstellt etc.

Für alle anderen Stellungnahmen gilt Sinngemäßes. Alles, was man mitteilen muss, sind Fragestellung und Ziel der Stellungnahme, beteiligte Personen, Grund der Stellungnahme. Natürlich kann eine Stellungnahme auch mehrere Seiten umfassen, je nach Bedeutung des Problems oder Auftrages, der beurteilt werden soll. In der Regel werden keine Untersuchungen durchgeführt oder gesonderte Recherchen angestellt: Aus dem vorhandenen Fachwissen heraus wird geurteilt. Wird dennoch ein größerer Aufwand erforderlich, sei auf die Ausführungen zu Gutachten und Evaluationen verwiesen, dort findet man auch die erforderlichen formalen Gesichtspunkte erläutert.

Für den allgemeinen Fall kann eine Stellungnahme etwa wie folgt aussehen:

- Fragestellung:
  Darstellung des Problems oder der Person, auf das bzw. auf die sich die Stellungnahme bezieht.
- Adressat:
  Empfänger oder Auftraggeber der Stellungnahme.
- Schlussfolgerung:
  Sie wird vorangestellt, mit möglichst klarer Äußerung in ein oder zwei Sätzen.
- Referat:
  Schilderung des Problems bzw. der Sachlage, die zu beurteilen ist.
- Begründung:
  Text, der die Stellungnahme enthält. Hierarchische Gliederung des Textes gemäß der Bedeutung der Gründe, welche die Schlussfolgerung der Stellungnahme aufzeigen, am besten laufend nummeriert; ggf. wird auch die Beziehung zwischen Gutachter und beurteilter Person bzw. dem Problem mitgeteilt.
- Unterschrift mit Ort und Datum.
- Wird Literatur zitiert bzw. als Referenz mitgeteilt, erfolgt deren Nennung gemäß der allgemeinen Regeln wie sie auf den Seiten 107–110 und 132–143 mitgeteilt werden.

2.2.3 Gutachtliche Stellungnahme

Wie man bereits dem Titel entnehmen kann, liegt diese Form der gutachterlichen Tätigkeit genau auf der Schnittstelle von Gutachten und Stellungnahme: es handelt sich also um eine Hybridversion der beiden bereits dargestellten Formen. Die Mischung der gutachtlichen Stellungnahme besteht oft darin, dass evtl. nur eine kleine Untersuchung (Recherche, Literaturstudie, Erhebung, Umfrage etc.) durchgeführt wurde, die nun als Grundlage der Beurteilung dient. Im Prinzip geht der Unterschied zum Gutachten also auf den Umfang der Vorarbeiten zurück, die zur Erstellung notwendig sind – dass sich dies in der Länge des Textes niederschlägt, ist evident (lat. evidens = offensichtlich, augenscheinlich).

Wir führen keine gesonderten Anleitungen für diese Art der schriftlichen Arbeit auf, daher dürfte es keine Schwierigkeiten bereiten, aus den genannten Schemata eine auf die konkrete Anforderung zugeschnittene Form zu entwickeln. Für Gliederung, Zitate und Literaturangaben gelten die üblichen allgemeinen Regeln (vgl. Kapitel 3, S. 60, Abschnitt 4.10, S. 99 sowie Abschnitt 7.1.3, S. 132).

2.3 Berichte

In dieser Textform bestehen noch weit größere Freiheitsgrade als in den gerade genannten Gutachten und Stellungnahmen. Entscheidend für die Wahl der formalen Gestaltung sind ausschließlich der Zweck des Berichtes und die Adressaten. Handelt es sich um einen Rechenschaftsbericht, der über die zurückliegenden Ereignisse, Maßnahmen oder Tätigkeiten Aufschluss geben soll, ist es sinnvoll, eine sachliche Ebene sowohl in der Formulierung als auch in der Gestaltung einzuhalten. Für manche Berichtsformen (z. B. Firmen- oder Geschäftsberichte) gibt es Software zu kaufen, die ein Schema vorgibt, sodass man sich keine Gedanken über die äußere Form machen muss.

Berichte können in Bezug auf den Gesamtumfang sehr unterschiedlich sein: von weniger als einer Seite (Kurzbericht) bis zu mehreren hundert Seiten. Sie stehen oft im Zusammenhang mit Projekten, Maßnahmen oder Übersichten, sie können regelmäßig (z. B. Jahresbericht, Lagebericht, Studie) oder singulär (lat. singularis = einzeln) erscheinen – es sind sämtlich sachorientierte Mitteilungen, keine Fiktionen (z. B. Rechenschaftsbericht, Erfahrungsbericht, Reisebericht, Geschäftsbericht, Forschungsbericht). Allerdings können sie Zukunftsentwürfe mit spekulativen Anteilen enthalten, die freilich ihre Basis in den mitgeteilten Fakten haben (z. B. Vorhersagen und Szenarios in Zukunftsstudien). Die Bezeichnung *Studie* findet sich etwas häufiger bei Berichten, die mit wissenschaftlichen Methoden zusammengestellt wurden (z. B. PISA-Studie; auch Marketing-Studie, Machbarkeitsstudie usw.). Die Bezeichnungen *Querschnittstudie* oder *Längsschnittstudie* sowie viele weitere methodisch verankerte Begriffe eignen sich weniger als Titel solcher Arbeiten. Im Untertitel kann man sie dazu verwenden, den Leserinnen und Lesern erste Hinweise auf den Rahmen zu geben, den der Bericht abdeckt.

Grundsätzlich gilt für alle diese Versionen (lat. vertere = wenden, drehen), dass eine klare Gliederung sinnvoll und notwendig ist, sie erleichtert das Zurechtfinden im Text. Da auch Tabellen und Graphiken einen großen Teil dieser Texte bilden, müssen bei wissenschaftlichen Berichten die entsprechenden Regeln eingehalten werden. In vielen Berichten ist aber die Einhaltung des in den Wissenschaften üblichen Schwarz-Weiß-Gebotes kontraindiziert (lat. contra = dagegen; indicare =

ansagen, bekannt machen). Abbildungen fungieren in diesen Fällen als Schaubilder, deren Zweck nicht nur in der Informationszusammenfassung, sondern auch in der Wirkung auf den Betrachter liegt. Sind die Adressaten der Berichte z. B. umworbene Kunden, liegt das Ziel des gesamten Textes, aber besonders von Tabellen und Abbildungen darin, die Adressaten zu überzeugen und in irgendeiner Form Verbindungen zwischen ihnen und den Absendern der Berichte herzustellen. Ist dies Ihre Aufgabe, können Sie folglich ausgiebig von Farben und sämtlichen kreativen Bildgestaltungen Gebrauch machen: Schrifttype, Schriftgröße, Titel und Seitenüberschriften, zweispaltige Anordnung des Textes, Fotos, Hochglanzpapier etc.

2.3.1 Zwischenbericht

Zwischenberichte geben den Stand einer Maßnahme, einer Entwicklung oder eines Projektes zu einem gegebenen Zeitpunkt wieder. Sie können vorläufige Ergebnisse mitteilen, geben aber vor allem Auskunft über die bisher durchgeführten Arbeiten, Maßnahmen oder Handlungen. Zwischenberichte sind weniger umfangreich und dienen vor allem als Nachweis, dass die geforderten Arbeiten im Zeitrahmen gehalten wurden. Ist der Zeitplan nicht eingehalten, sollte begründet werden, was zur Verschiebung geführt hat. Eine weitere Funktion liegt in der Vorschau auf die noch durchzuführenden Arbeiten, deren voraussichtlichem Abschluss, den eventuellen finanziellen Konsequenzen, die sich daraus ergeben usw. Ob man ein Inhaltsverzeichnis benötigt oder eine Zusammenfassung, hängt ausschließlich vom Umfang und der inhaltlichen Spezifikation ab. Hier unser Vorschlag zum Aufbau eines Zwischenberichtes:

- Titelseite:
  Der Titel wird mit dem Untertitel *Zwischenbericht* aufgeführt und der oder die Verfasser sowie die Herkunft des Berichtes werden mit Datum und Ort genannt (Firma, Institution, Behörde, Verlag, Presse ...).
- Gliederung:
  Dem Inhalt angemessen sollte eine Gliederung die jeweils zusammengehörigen Teile in einem gemeinsamen Abschnitt erkennen lassen – eine Forderung, die bei sehr kurzen Berichten nicht sinnvoll ist. Hier genügt es die Gliederung durch Absätze zu kennzeichnen, die inhaltlich Zusammengehöriges enthalten, evtl. mit einem zu Anfang der ersten Zeile genannten Stichwort, das kursiv geschrieben sein kann.
  Bei längeren Zwischenberichten ist es in der Regel notwendig, ein Inhaltsverzeichnis aufzuführen – je länger der Bericht, desto ausführlicher.
- Fazit:
  Falls überhaupt notwendig, kann man bei längeren Berichten eine Zusammenfassung am Ende des Berichtes geben, in der die zentralen Anliegen komprimiert niedergelegt sind.
- Literatur:
  Halten Sie sich an alle Regeln der Zitation, die wir angegeben haben (vgl. Abschnitt 4.11, S. 104). Auch das Literaturverzeichnis fertigen Sie auf die gewohnte Weise (vgl. Abschnitte 4.11.3, S. 107 und 7.1.3, S. 132).

2.3.2 Endbericht

Endberichte leisten das, was ihr Name sagt: Sie sind die endgültige Mitteilung über ein abgeschlossenes Projekt, eine Maßnahme oder Handlung. Sie führen sämtliche Ereignisse, Recherchen, Untersuchungen oder Maßnahmen auf, die für das behandelte Thema relevant sind, und schildern deren Ergebnisse. Die Form der Gliederung unterscheidet sich nicht wesentlich von den bislang gegebenen Regeln, wir führen unten nur deshalb eine Gliederung auf, weil Berichte eine sehr häufige Form der schriftlichen Arbeiten im Berufsleben darstellen. Selbstverständlich halten Sie auch hier die Regeln korrekten Zitierens und der Anordnung des Literaturverzeichnisses ein (vgl. Abschnitt 4.11, S. 104 und die Abschnitte 4.11.3, S. 107 und 7.1.3, S. 132). Aber nun zu unserem Vorschlag für den Aufbau von Endberichten:

- Titelseite:
  Hier werden (a) der Titel des Berichtes mit dem Untertitel *Endbericht* aufgeführt, (b) der oder die Verfasser sowie (c) die Herkunft des Berichtes genannt (Firma, Institution, Behörde, Verlag, Presse …). Schließlich gehören (d) auch Datum und Ort zu den üblichen Angaben. Es kann sinnvoll sein, den Titel des Endberichtes nicht mit dem Arbeitstitel eines Projektes oder Vorhabens identisch zu halten. Wenn man sich zu einer Titeländerung entschließt, sollte an geeigneter Stelle darauf hingewiesen werden, z. B. durch den Untertitel *Endbericht zum Projekt XY*, und dessen Titel wird nun in der ursprünglichen Version aufgeführt.
- Gliederungsangaben:
  Wenn es sich um einen Bericht mit mehr als zwanzig Seiten handelt, sollten alle Hinweise in Bezug auf Inhalts-, Tabellen-, Abbildungs- oder Abkürzungsverzeichnis beherzigt werden.
- Zusammenfassung:
  Sie wird dem Endbericht vorangestellt und enthält alle wichtigen Ergebnisse in Kurzform. Je nach Rahmenbedingungen kann es sinnvoll sein, eine englischsprachige Kurzform beizufügen (Abstract).
- Einleitung:
  Alle notwendigen Details, sämtliche vorangegangenen und für den Zusammenhang wichtigen Vorarbeiten werden hier aufgenommen und in ihrem Bezug zum Bericht abgehandelt. Das können vorausgehende Berichte anderer Personen oder Institutionen sein, aber auch eigene Arbeiten.
- Fragestellung, Methode und Ergebnis:
  In diesen Abschnitt gehören alle zur Berichterstellung notwendigen Analysen, Untersuchungen, Forschungsarbeiten, Recherchen, Prüfungen etc. und deren Ergebnisse. Ist der Umfang des Berichtes hinreichend groß, zögern Sie nicht, für jeden der drei Termini (lat. terminus = Grenzstein, Markstein) Fragestellung, Methode und Ergebnis(se) ein eigenes Kapitel anzufertigen. Unter *Methode* muss man nicht unbedingt eine wissenschaftliche Methode verstehen, wichtig ist allein die Niederlegung aller jener Schritte, die zu den Ergebnissen geführt haben. Das gilt auch, wenn die Methode sehr ungewöhnlich, verworren oder unlogisch ist.
- Schlussfolgerungen (oder Fazit, Konsequenzen etc.):
  Sämtliche Folgerungen, die sich aus den im Bericht niedergelegten Untersu-

chungen ergeben, werden hier aufgeführt. Die Ausführungen sollten etwas länger gehalten werden als in der vorangestellten Zusammenfassung (s.o.).
- Verzeichnisse:
Bei vielen Arbeiten werden neben der Literatur weitere Quellen und Hilfsmittel verwendet. Dies gilt insbesondere für elektronisch zugängliche Quellen (z. B. Internet), aber auch für Filme, Videos, CDs, DVDs, Schallaufzeichnungen jeglicher Art usw. Je nach Umfang sollte man für jeden Quellentyp ein eigenes Verzeichnis anlegen. Da das Buch als das älteste Medium gilt, das die am weitesten formalisierte Art der Quellenangabe hervorgebracht hat, sollte man in allen Zweifelsfällen auch für Nicht-Buch-Medien die Angaben so gestalten wie sie bei Büchern und Zeitschriften üblich sind.
- Stichwortverzeichnis, Autorenverzeichnis:
Generell lohnt die Anlage eines Stichwortverzeichnisses nur dann, wenn dies durch den Umfang und die spätere Verwendung des Berichtes nahe gelegt wird. Solche Verzeichnisse bringen einen erheblichen Bearbeitungsaufwand mit sich, der in der Regel nur für Buchveröffentlichungen lohnt. Da Berichte manchmal in dieser Weise verwendet werden, haben wir sie hier der Vollständigkeit halber mit aufgenommen. Ganz sicher wird es aber die Ausnahme bleiben, für einen Bericht solche Benutzungshilfen anzufertigen.

2.4 Präsentation

Diese Form der Übermittlung von Daten, Thesen, Meinungen, Bilanzen, Ergebnissen etc. an ein Publikum nimmt in ihrer Bedeutung ständig zu, sowohl im beruflich-innerbetrieblichen als auch im wissenschaftlichen und öffentlichen Bereich. Der grundsätzliche Unterschied zu den bislang besprochenen schriftlichen Arbeiten liegt in der Präsenz (lat. praesentia = Gegenwart, Anwesenheit) eines Publikums (lat. publicus = zum Volke gehörig, öffentlich) – Sie kennen das bereits von den Referaten, die Sie im Studium gehalten haben. Wenden sich Berichte, Studien, Zeitschriftenartikel, Bücher usw. an eine weitgehend unbekannte Leserschaft, steht das Publikum bei Präsentationen unmittelbar zur Verfügung. Dass wir Präsentationen trotzdem bei den schriftlichen Arbeiten abhandeln, hat einen einfachen Grund: Auch für sie sind eine Reihe von Vorarbeiten notwendig, die in Schriftform gefasst werden (vgl. die Ausführungen zum Referat, S. 17–21).

Was versteht man unter *Präsentation* (abgeleitet aus dem lat. praesentia = Gegenwart; also: Vergegenwärtigung)? Der zentrale Begriff, der die Schriftform dieser Art der Kommunikation beherrscht, lautet *Visualisierung* (lat. videre = sehen; visus = das Gesehene, Anblick). Anders gesagt: Aus vorbereitetem Material erfolgt eine Darbietung, die primär für den Augensinn entworfen, also visuell vergegenwärtigt wird. Präsentationen erfolgen als mündlicher Vortrag, in dem schriftliche Teile zur Kenntnis des Publikums medial aufbereitet und kommentiert werden. Wir gehen hier nicht intensiver auf die Aspekte des mündlichen Vortrages ein, erwähnen dies nur, soweit es unerlässlich ist. Da Sie mündlich größere Bewegungsfreiheit haben und sinnvollerweise sämtliche Visualisierung als Erläuterung, als anschauliche Demonstration dessen auffassen, was Sie sagen wollen, kommt der schriftlichen Vorbereitung insoweit große Bedeutung zu, als Sie vorher auswählen müssen, was Sie Ihrem Publikum begreiflich machen wollen. Das „Vor-Augen-

Führen" ist ja nur Mittel zum Zweck, das Ziel liegt in der Verständnisleistung Ihrer Zuhörerinnen und Zuhörer.

Sowohl die Publika[1] als auch die Präsentationen können sehr unterschiedlich sein. Bei den Publika reicht das Spektrum von der öffentlichen Präsentation auf einer Messe, einer Tagung oder einer Veranstaltung etwa im Rahmen einer Information für Bürgerinnen und Bürger (die sehr unterschiedliche Vorbildung haben können) bis zum internen Fachkollegenkreis, z. B. bei Präsentationen vor Angehörigen desselben Unternehmens oder derselben Institution, der auch der Referent entstammt (also Publika mit relativ homogener Vorbildung). Auch hier wird deutlich, dass sich akademischer und nicht-akademischer Bereich auf vielfache Weise berühren, deshalb bestehen auf der Ebene der formalen Gestaltungen so viele Gemeinsamkeiten.

Die bislang bei Präsentationen übliche Verwendung von Transparentfolien und Overhead-Projektoren (= OHP) gerät in den Hintergrund – Laptop, Notebook und Beamer haben das Feld schon fast vollständig übernommen. Der Grund: Die fortschreitende Leistungsfähigkeit elektronischer Geräte macht sowohl die Anfertigung als auch die Durchführung von Präsentationen einfacher. Dennoch wird die OHP-Präsentation nicht völlig verschwinden. Damit die jeweiligen Vorzüge und Nachteile deutlich werden, handeln wir diese beiden Medien (lat. medius = in der Mitte stehend; vermittelnd) weiter unten getrennt voneinander ab.

Die vielleicht wichtigste schriftliche Arbeit, die bei der Präsentation zu leisten ist, liegt in der Beeinflussung der Nachbereitung durch das Publikum. Dazu hat es sich bewährt, dass man den interessierten Personen etwas Schriftliches mit nach Hause gibt (das *Hand-out*). Diese Informationsunterlage sollte im Hinblick auf ihre formale Gestaltung mit jener der Zusammenfassung übereinstimmen, wie sie bei Berichten oder anderen schriftlichen Mitteilungen üblich ist (vgl. dazu die an entsprechender Stelle gegebenen Hinweise S. 68, S. 78 und S. 120–121). Den Umfang des Handouts sollte man auf eine DIN-A4-Seite begrenzen (evtl. auf beiden Seiten bedruckt). Das Handout kann man auch zu Beginn der Präsentation verteilen, das hilft dem Publikum bei der Orientierung, und auch für die evtl. nachfolgende Diskussion ist es gut zu verwenden. Gehören noch andere Schriftstücke zur Präsentation und wurden diese bereits im Vortrag erwähnt, kann man eine ganze Reihe weiterer Materials bereitlegen und verteilen.

Präsentation mit Overheadprojektor (OHP; auch: Tageslicht- oder Durchlichtprojektor):
Overheadprojektoren leisten genau das, was ihr Name sagt: Sie projizieren (lat. pro = vor, für; iacere = werfen) Texte und Abbildungen über den Kopf des Redners hinweg auf eine Projektionsfläche. Das bedeutet, das Bild erscheint hinter dem Referenten, Sie schauen in die Gegenrichtung und haben das Publikum stets im Blick, das wiederum Ihnen gut folgen kann, weil Blickkontakt besteht. Sie müssen also Ihre Augen nicht auf Tisch oder Manuskriptebene fixieren, die Folien liegen klar sichtbar vor Ihnen auf der von unten durchleuchteten, quadratischen Auflagenfläche des Projektors. Sie können entweder DIN-A-4-Transparentfolien oder auf Rollen befindliche Klarsichtfolie verwenden. Letztere ist durch ihre Rollen in

---

[1] Die Pluralbildung von Publikum ist umstritten. Laut Duden gibt es keinen Plural zu *Publikum*, zumindest ist im Rechtschreibwörterbuch keine Mehrzahlbildung aufgeführt. Wir behalten aber unsere Form des lateinisch gebildeten Plurals in Übereinstimmung mit zahlreichen Publikationen zur Medien- und Museumswissenschaft bei: dort wird ebenfalls von *Publika* gesprochen, wenn mehrere Arten von Publikum gemeint sind.

Halterungen befestigt und kann nun Schritt für Schritt über die Leuchtfläche des Projektors bewegt werden. Das bedeutet aber, dass Sie den Ablauf der gesamten Präsentation vorher festlegen müssen, während des Vortrages lässt er sich nicht mehr ändern. DIN-A-4-Folien können ebenfalls bereits vor der Präsentation beschrieben werden, sie sind schmaler als die Leuchtfläche, können also verschoben werden. Außerdem haben sie den Vorteil der Kopierfähigkeit, d. h., man kann einen Text, Tabelle oder Abbildung zunächst auf Papier drucken und dann eine Kopie auf Folie anfertigen.

Denken Sie daran, dass die Vergrößerung, die Ihre Folien durch die Projektion erfahren, den kleinsten Fehler – insbesondere Rechtschreibfehler – sehr deutlich erkennbar macht. Auch Ungenauigkeiten in Ihren Texten, Tabellen oder Abbildungen sind deutlich zu sehen. Alle Autorinnen und Autoren werden ihrem Text gegenüber umso „blinder", je länger sie am Text arbeiten – Ihr Publikum sieht die Texte aber zum ersten Mal und entdeckt daher jeden Fehler sofort. Halten Sie sich deshalb insbesondere in Bezug auf Zitate und Literaturangaben unbedingt an die Ausführungen in den Abschnitten 4.10, S. 99 und 4.11.1 bis 4.11.3, S. 104–110). Prüfen Sie Ihre Folien mehrfach vor der Präsentation, am besten ist es, wenn eine andere Person Korrektur liest.

Der größte Vorzug von OHPn besteht darin, dass sie der Referentin oder dem Referenten viel Freiheit gewähren, man kann Folien situationsbezogen und spontan einsetzen. Da sich auf den Transparentfolien mit entsprechenden Stiften direkt zeichnen und schreiben lässt, ist die Kommunikation mit dem Publikum jederzeit flexibel und folglich sehr überzeugend. Sie können also während des mündlichen Vortrages zur Schriftform wechseln, Markierungen im bestehenden Text oder einer Abbildung vornehmen, klärende Zusätze einfügen, die Sie zwar im Kopf haben, aber im Kontakt mit Ihrem Publikum jederzeit sichtbar machen können (*visualisieren* heißt das Gebot). In dieser Hinsicht ist das Medium OHP tatsächlich interaktiv (lat. inter = zwischen; agere = handeln). Man kann verschiedene Einsatzformen unterscheiden:

- Vorbereitete Folien:
  Sie gestatten fast jeden Grad von präziser Darstellung, von der farbigen Abbildung mit (bitte nicht zu vielen) Kurven oder Säulen etc. bis zur handschriftlichen Notiz. Natürlich können Sie auch gedruckte Texte auf diese Weise Ihrem Publikum nahe bringen. Diese Texte sollten jedoch in einem bestimmten Verhältnis zu Ihren mündlichen Ausführungen stehen. Sie können einzelne Überschriften Ihres Vortrages projizieren und sich dann Schritt für Schritt durch diese Gliederung arbeiten, indem Sie zu jedem der Punkte mündliche Erläuterungen geben. Ihr Publikum ist dabei jeweils informiert, an welcher Stelle Sie sich in Ihrer Präsentation befinden – das dient der Orientierung, ist also hilfreich beim Verständnis.
  Eine Warnung: Bringen Sie nur in Ausnahmefällen Texte auf eine Folie, die Sie dem Publikum vorlesen. Das wirkt wenig überzeugend, denn lesen kann Ihr Publikum selbst. Haben Sie einen Text, der in Ihrer Präsentation sehr fein analysiert werden soll, kann das Vorlesen natürlich sinnvoll sein. In der Regel sollte man das aber vermeiden, es langweilt sehr und Sie werden verdächtigt, nicht mehr zu wissen als Sie vorlesen können ...
- Kombination von DIN-A-4-Folien:
  Dies ist ein weiterer Vorzug des OHPs und kann auf unterschiedliche Weise realisiert werden. Die Voraussetzung dafür liegt aber in einer guten Vorberei-

tung der Folienreihenfolge sowie der Folien selbst. Das, was kombiniert werden soll, muss maßhaltig sein, damit es genau passt. Bei der Vergrößerung, die sich durch die Projektion ergibt, sieht man jede Abweichung. Nun aber zu den verschiedenen Kombinationsmöglichkeiten:

(a) Additiv, d. h., es werden zwei oder mehrere Folien passgenau übereinander gelegt (man sollte sich dazu einen Rahmen anfertigen, denn Folien haben die Eigenschaft, auf dem Luftpolster, das sich zwischen ihnen befindet, hin- und-her-zu-rutschen. Tipp: Man kann den Papp-Karton, in dem Folien geliefert werden, als Rahmen verwenden, man muss ihn nur entsprechend ausschneiden).

(b) Subtraktiv, d. h., es liegen zwei oder mehrere Folien übereinander, die nacheinander entfernt werden. Hier bedarf die Reihenfolge der Folien wieder einer sorgfältigen Vorbereitung (auch bei der subtraktiven Methode wird der bereits erwähnte Rahmen gute Dienste leisten).

(c) Interaktiv, d. h., Sie können, erstens, eine einzelne Folie sukzessive aufdecken, indem man z. B. ein Blatt Papier Stück für Stück verschiebt und nur jene Teile des Folieninhaltes sichtbar macht, die jeweils von Ihnen kommentiert werden. Zweitens besteht die Möglichkeit, eine vorbereitete Folie per Hand zu vervollständigen oder man fertigt sie vor den Augen des Publikums vollständig neu (mit den entsprechenden Schreibstiften für Transparentfolien). Das fordert vom Referenten bzw. der Referentin nicht nur gute Kenntnisse, sondern zusätzlich gute Druckbuchstaben-Schreibfähigkeit und ggf. Zeichenfähigkeit, wirkt aber sehr überzeugend. Freilich fragt man sich, ob man dann nicht lieber an eine Tafel schreiben sollte (sofern eine vorhanden ist). Der OHP bietet aber den unschlagbaren Vorteil, dass Sie sich nicht von Ihrem Publikum abwenden müssen, wenn Sie etwas handschriftlich auf die Folie schreiben. Sie können sogar mit Ihrem Publikum „Auge in Auge" diskutieren und dem Stand der Diskussion entsprechend auf der Folie Veränderungen vornehmen.

• Farbe und Fotos:
Wenn die Kommunikation z. B. einer komplizierten Abbildung leichter erreicht werden kann, greifen Sie getrost zur farbigen Darstellung. Folien werden in aller Regel nicht zum Druck gegeben, also können Sie auch im wissenschaftlichen Bereich das Schwarz-Weiß-Gebot ruhen lassen. Da die Folien auch mit Tintendruckern beschrieben werden können, sind der farbigen Gestaltung kaum noch Grenzen gesetzt. Sämtliche Formen visueller Darstellungen sind in Präsentationen erlaubt, der Grundsatz lautet: Alles, was das Verständnis erleichtert, die Aufmerksamkeit des Publikums fesselt, darf verwendet werden.

Präsentation mit Laptop und Beamer:
Durch die Verwendung von zwei Geräten kann man den Ort der Projektion vom Ort des Referenten oder der Referentin trennen, d. h. während das Publikum auf die Projektionsfläche blickt, kann der Vortragende den Bildschirm des Laptops oder Notebooks als Anzeige desselben Inhalts im Auge behalten. Leider hat sich die unschöne Sitte verbreitet, dass die Referenten ebenfalls auf die große Projektionsfläche schauen, sich also vom Publikum abwenden und „gegen die Wand reden" – das ist der erste Fehler, den man begehen kann. Der zweite: Mit Hilfe der für Beamer-Projektion zur Verfügung stehenden Programme (allen voran Microsofts Power-Point) lassen sich sehr leicht Texte für Folien entwickeln und das bringt die Versuchung mit sich, alles, was man sagen will, dort niederzuschreiben. Dem Refe-

renten bleibt dann bei der Präsentation vor dem Publikum nichts anderes übrig als die Texte abzulesen – das ist hier ebenso ungünstig wie bei der OHP-Präsentation mit Transparentfolien. Daher der Rat: Überlegen Sie sich genau, was mündlich und was schriftlich bzw. bildlich mitgeteilt werden kann. Haben Sie Tabellen und Abbildungen vorzuzeigen, machen Sie ausgiebig davon Gebrauch (aber ohne Ihren Vortrag damit zu überlasten). Die projizierten Einzelheiten sollen den mündlichen Vortrag nicht ersetzen, sondern ergänzen und immer dann mit Details anreichern, wenn die mündliche Mitteilung sehr kompliziert würde. Dazu sind Tabellen und alle Formen von Abbildungen bestens geeignet.

Da die Folien (diesen Ausdruck hat die Laptop-Beamer-Technik von der OHP-Präsentationsform übernommen) in ihrer Reihenfolge festgelegt sind, müssen Sie diese Reihenfolge vorher sinnvoll gestalten: Was soll an welcher Stelle präsentiert werden, welche Information hat welche andere zur Voraussetzung usw. Da Sie durch bloßen Tastendruck die jeweils folgende Folie abrufen, müssen die Inhalte der Folien aufeinander aufbauen. Es ist zwar möglich, auch während eines Vortrages die jeweils benötigten Folien auszusuchen – es ist aber für Ihr Publikum ziemlich langweilig, Ihnen beim Suchen zusehen zu müssen: legen Sie daher die Reihenfolge lieber vorher fest.

Ein großer Vorteil dieser Kommunikationsform liegt in der Qualität der Projektion. Die Schriften, Fotos etc. sind nicht nur schärfer abgebildet, sondern auch hinsichtlich der Farbwiedergabe der OHP-Technik überlegen und Sie sparen die Kosten für die Transparentfolien. Außerdem kann man schiefe Projektionen vermeiden, weil solche Verzerrungen elektronisch ausgeglichen werden können (z. B. durch die Keystone-Taste, die Sie auf dem Beamer finden; machen Sie sich vor Ihrer Präsentation mit diesen Steuerungsmöglichkeiten vertraut). Natürlich wachsen mit diesen Möglichkeiten auch die Ansprüche Ihres Publikums. Denken Sie daran, dass die Schriftform zwar leicht gestaltet werden kann – die dazu zur Verfügung stehenden Programme lassen kaum Wünsche offen –, aber die perfekte Vergrößerung macht nun sämtliche Rechtschreibfehler oder Ungenauigkeiten in Ihren Texten, Tabellen oder Abbildungen mehr als deutlich. Halten Sie sich insbesondere in Bezug auf Zitate und Literaturangaben unbedingt an die Ausführungen in den Abschnitten 4.10, S. 99 und 4.11.1 bis 4.11.3, S. 104–110). Denken Sie daran, dass alle Autorinnen und Autoren ihrem Text gegenüber umso „blinder" werden, je länger sie am Text arbeiten – Ihr Publikum sieht die Texte aber zum ersten Mal und entdeckt daher gnadenlos jeden Fehler. Prüfen Sie Ihre Folien daher sehr genau, am besten ist es, wenn eine andere Person Korrektur liest. Der Umgang mit Folien ist vielgestaltig:

- Vorbereitete Folien:
  Texte und andere Elemente können äußerst präzise dargestellt werden; sämtliche Einzelheiten können durch Farbe, Schriftgröße oder -type hervorgehoben werden. Vor allem werden Sie sämtliche Formulierungen in gedruckter Weise Ihrem Publikum nahe bringen. Wie bei der OHP-Präsentation sollten diese Texte jedoch in einem wohl abgewogenen Verhältnis zu Ihren mündlichen Ausführungen stehen. Sie können einzelne Überschriften Ihres Vortrages projizieren und sich dann Schritt für Schritt durch diese Gliederung arbeiten, indem Sie zu jedem der Punkte mündliche Erläuterungen geben. Ihr Publikum ist dabei jeweils informiert, an welcher Stelle Sie sich in Ihrer Präsentation befinden, das dient der Orientierung und ist hilfreich beim Verständnis.
  Eine Warnung: Bringen Sie nur in Ausnahmefällen Texte auf eine Folie, die Sie dem Publikum vorlesen. Das wirkt wenig überzeugend, denn lesen kann Ihr

Publikum selbst. Haben Sie einen Text, der in Ihrer Präsentation sehr fein analysiert werden soll, kann das Vorlesen natürlich sinnvoll sein. In der Regel sollte man das aber vermeiden, es langweilt das Publikum sehr und Sie werden verdächtigt, nicht mehr zu wissen als Sie vorlesen können ...

- Kombination von Folien:
  Ähnlich wie bei der OHP-Präsentation können auch mit der Laptop-Beamer-Technik Folien kombiniert werden, es geht sogar noch einfacher als beim OHP. Die Voraussetzung dafür liegt aber in einer guten Vorbereitung der einzelnen Folien sowie der Folienreihenfolge. Es gibt verschiedene Kombinationsmöglichkeiten:

  (a) Additiv, d. h., es werden auf Tastendruck sukzessiv einzelne Elemente zu einer Folie hinzugefügt. Mündliche Erläuterungen zu den Spezifika der Zeichnungen, Fotos, Tabellen und Abbildungen sind dann besonders gelungen, wenn Sie zunächst mit einfachen graphischen Darstellungen beginnen und den Komplexitätsgrad langsam steigern. Deshalb müssen diese additiv hinzuzufügenden Elemente vorher festgelegt werden. Das können Pfeile oder Figuren sein, die eine bestimmte Stelle in der Folie markieren oder hervorheben, aber auch zusätzliche Daten oder Kurvenverläufe lassen sich nacheinander abrufen. Dies ergibt eine sehr klare Darstellung, weil ihr Publikum stets genau unterrichtet ist, worauf Sie sich in Ihrem mündlichen Vortrag beziehen und die Komplexität der bildlichen Darstellung in demselben Ausmaß wächst wie die Erläuterungen, die Sie dazu mitteilen.

  (b) Subtraktiv, d. h., zunächst wird eine Folie projiziert, die viele Einzelheiten enthält, von welcher per Tastendruck sukzessive einzelne Bestandteile entfernt werden können. Auch hier bedarf die Reihenfolge der zu entfernenden Einzelheiten sorgfältiger Vorbereitung. Man hat aber dieselben Vorteile wie bei der additiven Vorgehensweise, nur umgekehrt: Man kann die Komplexität einer Tabelle, Abbildung etc. reduzieren. Dies ist besonders günstig, wenn man einen zugrunde liegenden Sachverhalt, den Kern der Sache, der von einer Reihe anderer Details verborgen wird, langsam aufdecken will.

  (c) Interaktiv sind die Möglichkeiten der Laptop-Beamer-Kombination sehr begrenzt. Da man fast alles vor der Präsentation festlegen muss, sind spontane Abweichungen oder Zusätze, die bei der OHP-Technik ohne weiteres möglich sind, sehr schwierig. Man kann zwar die einzelnen Folien auch außerhalb ihrer Reihenfolge aufrufen, sie bleiben dann aber in der einmal entworfenen Version unveränderlich, man kann nur mündlich Veränderungen oder Zusätze hinzufügen. Prinzipiell ist es natürlich möglich, mithilfe des Programms – vor den Augen des Publikums – eine Folie zu bearbeiten, das erfordert aber sehr viel Routine im Umgang mit den Programmen und Geräten.

- Farbe, Fotos und Filme/Videos:
  Dies ist der größte Vorteil der Laptop-Beamer-Technik: Sämtliche Formen visueller Darstellungen sind in der Präsentation erlaubt, der Grundsatz lautet: Alles, was das Verständnis erleichtert und die Aufmerksamkeit des Publikums fesselt, darf verwendet werden. Nur bei dieser Form der Präsentation können auch kleine Filme bzw. Videos gezeigt werden, was den Vortrag sehr beleben kann. Alle jene, die mit Filmen oder Videos beruflich zu tun haben oder zu Dokumentationszwecken einen zeitlichen Ablauf zeigen müssen, können auf einfache Weise Videos oder Ausschnitte davon in ihren Vortrag einbeziehen, ja sogar ganze Filme lassen sich vorführen, ohne andere Geräte bemühen zu müssen.

Wenn die Kommunikation z. B. einer komplizierten Abbildung leichter erreicht werden kann, greifen Sie getrost zur farbigen Darstellung. Folien, die Sie mit einem Programm hergestellt haben und in einer Präsentation zeigen, können wieder umformatiert werden, wenn man das Schwarz-Weiß-Gebot z. B. für eine Veröffentlichung einhalten muss.

- Akustisches:
Hier liegt ein weiterer unschlagbarer Vorteil der Laptop-Beamer-Präsentation: Haben Sie für entsprechende Wiedergabegeräte gesorgt, können akustische Materialien jeglicher Art in die Präsentation einbezogen werden, sowohl zur Untermalung als auch zur Demonstration von Musik, Geräuschen oder Lärm. Insbesondere bei allen Veranstaltungen, die sich im weitesten Sinne des Wortes mit Schall beschäftigen, genießt diese Technik den absoluten Vorzug.

2.5 Protokoll

In vielen beruflichen Fällen werden schriftliche Notizen über Ereignisse angefertigt – wir benutzen den Terminus *Ereignis* als Oberbegriff für alle Anlässe, in denen Protokolle sinnvoll sein können. In Protokollen werden diese Ereignisse zwecks Fixierung und Aufbewahrung festgehalten; häufig bestehen sogar Pflichten zur Dokumentierung, dann ist die formale Gestaltung meist vorgeschrieben. Im Allgemeinen ist diese Art der schriftlichen Arbeit aber keineswegs homogen, im Gegenteil: Protokolle werden für politische Institutionen angefertigt (z. B. Parteigremien, Ausschüsse und Fachdienste), bei Gerichten, Wirtschaftsunternehmen, Redaktionen usw. Kurz: Sitzungen jeglicher Art werden protokolliert (z. B. regelmäßig stattfindende Mitarbeiterbesprechungen, Arbeitsgruppen- und Kommissionssitzungen, Teamsitzungen, Vorstandssitzungen etc.). Dies geschieht in Form von simultan angefertigten Mitschriften (wie z. B. bei Kongressen) oder als Erinnerungsprotokolle. Es gibt auch Protokollformen, die fachspezifisch so genannt werden (z. B. Geographie, Archäologie), aber meist dem Typus des Berichtes sehr nahe kommen (z. B. Exkursionsprotokolle, Protokolle von physikalischen oder chemischen Experimenten), mit dem Unterschied, dass die chronologische Reihenfolge eine größere Rolle spielt.

Wir gehen deshalb für unsere Zwecke von der wohl am meisten verbreiteten Form des Protokolls aus, dem Sitzungsprotokoll. Dazu gibt es zwei Versionen, das Verlaufsprotokoll und das Ergebnisprotokoll. Ein Verlaufsprotokoll fordert die vollständige Aufzeichnung von Sitzungsverläufen – das ist im Bundestag gut zu beobachten, denn dort sind drei Stenografen mit dieser Form des Protokolls beschäftigt, eine Form der Dokumentation, die außerhalb sehr großer Institutionen wohl kaum stattfindet. Damit sind Ergebnisprotokolle jene Form, die am häufigsten auftritt, sie werden auf Band diktiert oder vom Berichterstatter selbst geschrieben.

Die äußere Form kann variieren, wir geben weiter unten eine Mindestanforderung, die wohl für die weitaus größte Zahl von Ergebnisprotokollen zutrifft. Ein allgemeiner Rat: Fertigen Sie Protokolle unmittelbar nach den Ereignissen an, die protokolliert werden sollen. Unsere Vergessenskurve steigt mit wachsendem zeitlichem Abstand steil an: je länger das Ereignis zurückliegt, desto mehr vergessen wir. Wenn Sie während einer Sitzung (handschriftlich) Notizen machen können, halten Sie alles fest, was Ihnen wichtig erscheint. Haben Sie zentrale Themen und Bemerkungen notiert, können Sie nach der Sitzung daraus einen vollständigen Text verfertigen. Die Beschäftigung mit der Formulierung liefert Ihnen viele Erinnerungen an den Sitzungsverlauf, sodass Sie auch solche Einzelheiten verfügbar haben, die Ihnen schon beinahe entfallen waren. Diesen Effekt können Sie umso besser nutzen, je kürzer der Zeitpunkt der Endfassung vom Sitzungsende entfernt liegt. An den stilistischen Feinheiten können Sie auch später noch arbeiten, zunächst muss aber die Folge der Themen, Bemerkungen und Vereinbarungen schriftlich fixiert werden.

Das Protokoll wird in der Regel nicht zum eigenen Gebrauch angefertigt, sondern soll vor allem solchen Personen, die nicht anwesend waren, Auskunft geben und sie auf den aktuellen Stand der Diskussion bringen. Insbesondere Beschlüsse, die auf einer Sitzung gefasst wurden, sind von Interesse, deshalb wird der Beschluss und (so vorhanden) auch das Abstimmungsergebnis mitgeteilt. Dies kann als numerische Angabe geschehen oder als verbale Mitteilung, wobei sich manche Formulierung als Standard herausgestellt hat und unten angegeben wird.

Für das folgende Beispiel gehen wir davon aus, dass das Protokoll über eine Gremiensitzung angefertigt wird. Darin müssen einige Standardangaben enthalten sein, die wir hier zusammengestellt haben:

- Überschrift:
  Hier wird das Gremium genannt, über dessen Sitzung berichtet werden soll, das Datum und die Uhrzeit bei Sitzungsbeginn und -ende und – bei regelmäßig tagenden Gremien – die wievielte Sitzung es gewesen ist (Bsp.: Protokoll der 26. Sitzung der Warenhaus-Abteilungsleiter; Niederlassung München, 23.10.2005, 13.00 bis 18.15 Uhr).
- Liste der Anwesenden:
  Nachdem der oder die Vorsitzende des Gremiums mit Namen und dem in Klammern angefügten Zusatz *Vorsitz* genannt ist, folgen die Namen der übrigen Anwesenden in alphabetischer Reihenfolge. Verlässt jemand die Sitzung vorzeitig, wird dies hinter dem Namen notiert (Bsp.: Herr Yxz bis 15 Uhr), ebenso wird notiert, wenn eine Person später gekommen ist (Herr Zxy ab 15 Uhr). Der letzte Name, der in dieser Liste erscheint, ist der Name des Protokollanten, mit dem in Klammern aufgeführten Zusatz *Protokoll*. Je nach den speziellen Gegebenheiten kann es sinnvoll sein, die einzelnen Namen der Anwesenden weiter zu kennzeichnen, insbesondere wenn die Personen als Vertreter einer Einrichtung teilnehmen (diese Einrichtung wird dann in Klammern hinter dem Namen aufgeführt). Im genannten Beispiel könnte das z. B. durch die Orte geschehen, aus denen die Teilnehmer kommen: Herr Xzy (Bochum), Frau Knp (Flensburg). Waren Gäste – also Nicht-Mitglieder des Gremiums – anwesend, wird auch dies vermerkt: Frau Ohj (Gast), dasselbe gilt für Berichterstatter, die vom Gremium zur Sitzung eingeladen wurden: Frau Pkg (eingeladene Berichterstatterin).
- Tagesordnung:
  Wenn es zur Sitzung eine Tagesordnung gegeben hat, wird sie ins Protokoll übernommen, d. h., das Protokoll berichtet in derselben Abfolge, die Tagesordnung ist zugleich die Gliederung des Protokolls. Zu jedem Tagesordnungspunkt werden kurz die wichtigsten Inhalte genannt, die Diskussion kurz umrissen; schließlich werden die Folgerungen mitgeteilt (Bsp.: „keine Beschlussfassung, es besteht noch Diskussionsbedarf" oder „nach kontroverser Diskussion vertagt" etc.).
- Vereinbarungen:
  Sind während der Sitzung Themen behandelt worden, die mit einer Vereinbarung abgeschlossen wurden, müssen diese Vereinbarungen im Protokoll aufge-

führt werden. Eventuell wird hinzugefügt, welche Personen für die Umsetzung der Vereinbarungen verantwortlich sind, in welcher Weise über Ergebnisse berichtet werden soll etc.

- Beschlüsse:
Als Erstes wird der Inhalt des Beschlusses wörtlich mitgeteilt, danach das Abstimmungsergebnis (an erster Stelle die Ja-Stimmen, danach die Nein-Stimmen, dann die Enthaltungen – jeweils durch Doppelpunkte getrennt). Das Ergebnis wird zusätzlich in Worten formuliert. Sehr oft bestehen dazu Geschäftsordnungen, die verbindliche Regelungen für die Art und Weise der Beschlussfassung enthalten, deren Ergebnisermittlung festlegen und auch beschreiben, in welcher Form Beschlüsse mitgeteilt werden. Diese Regelungen muss man natürlich beachten, die Vorschläge, die wir hier aufführen, können deshalb mit evtl. bestehenden Regeln kollidieren:

Einstimmig angenommen   = alle Anwesenden haben mit „Ja" gestimmt;
Angenommen   = die Ja-Stimmen überwiegen.
Abgelehnt   = die Nein-Stimmen überwiegen
Einstimmig abgelehnt   = alle Anwesenden haben mit „Nein" gestimmt
Kein Beschluss zu-   = mehr als die Hälfte der Stimmberechtigten
stande gekommen   hat sich der Stimme enthalten.

- Berichte:
Sind in der Sitzung Berichte erfolgt, muss auch deren Inhalt kurz referiert werden. Bei längeren Berichten oder Präsentationen sollte man von der Berichterstatterin oder dem Berichterstatter eine Zusammenfassung fordern. Diese wird dann dem Protokoll beigefügt oder es wird eine Angabe darüber gemacht, wo man den Bericht nachlesen kann. Falls im Protokoll Zitate oder Literaturangaben, Tabellen oder Abbildungen notwendig sind, fertigt man diese am besten gemäß den Anleitungen im Abschnitt 4 an (S. 81–110). Generell ist es am einfachsten, wenn man die dort gegebenen Richtlinien und Angaben in allen Schriftstücken einhält – es erspart viel Arbeit.

- Schluss:
Bei allen regelmäßig tagenden Gremien wird die Festlegung des nächsten Tagungstermins und -ortes am Ende des Protokolls mitgeteilt. Danach wird das Protokoll mit Datum und Unterschrift (oder dem Namenszug) des Protokollanten abgeschlossen (z. B. gez. Albert Xyz) und nach Vervielfältigung den Teilnehmern der Sitzung sowie allen relevanten Stellen zugeschickt.

Damit sind wir am Ende unserer Darstellung der im Berufsleben häufig anzutreffenden Formen schriftlicher Arbeiten angelangt. Die nun folgenden Ausführungen beziehen sich zwar stärker auf einen universitär-akademischen Kontext, aber die Ähnlichkeit zu beruflichen Anforderungen ist mehr als deutlich. Da die berufliche Sphäre immer stärker von den Wissenschaften geprägt wird, nehmen auch die Anforderungen z. B. an korrektes Zitieren in Berichten und Präsentationen weiter zu. Wir raten daher noch einmal, sich diese Regelungen anzueignen, es wird mit Sicherheit ein Gewinn für beide Seiten werden: für jene, die vortragen und präsentieren, vor allem aber für die Zuhörerinnen und Zuhörer. Für schriftliche Ausarbeitungen, die dokumentarischen Charakter haben, gilt dies umso mehr.

3 Arbeitsschritte, Gliederung, Inhalt und Aufbau schriftlicher Arbeiten

3.1 Fragestellung und Zeitplanung, Überwindung der Schreibschwelle

Die Erarbeitung der Fragestellung, um deren Klärung man sich in einer schriftlichen Arbeit bemüht, bildet die Grundlage für sämtliche weitere Schritte bei der Anfertigung wissenschaftlicher Arbeiten. Es ist dringend zu empfehlen, sich über die Fragestellung genau Rechenschaft abzugeben, und zwar vor Beginn aller anderen Aktivitäten. Dies gilt insbesondere für „offene" Fragestellungen, d. h., solche, bei denen nur eine ungefähre Fragerichtung umrissen wurde, z. B. „eine Arbeit über Motivationspsychologie" oder „es soll etwas zum Problem der psychologischen Lärmwirkungen werden" oder „etwas über Formen der Depression". So unklare Formulierungen bieten die beste Gewähr dafür, dass Sie sich in den „Wald" der Literatur begeben und prompt darin verirren: Sie lesen eine ganze Reihe von Artikeln und Büchern, die Sie später gar nicht verwenden. Deshalb: Entwickeln Sie zunächst im Kontakt mit Ihrer Dozentin oder Ihrem Dozenten eine deutlich umrissene Fragestellung (z. B. „Lärmwirkung: Psychosomatische Beschwerden nach starker Schallexposition" oder „Verbales Kontaktverhalten depressiver Patienten zu Beginn einer Gesprächstherapie"). Damit bleibt Ihnen die Einarbeitung in das Thema natürlich nicht erspart, aber sie erfolgt nun ungleich gezielter.

Haben Sie schließlich eine klare Fragestellung gefunden, analysieren Sie das Thema genau (um in dem genannten Beispiel zu bleiben: Was ist *Lärm*? Was soll unter *psychosomatischen Beschwerden* verstanden werden? Was bedeutet *starke Schallexposition*?). Jetzt haben Sie konkrete Fragen, die Sie weiterverfolgen können; unterteilen Sie diese nochmals in Unterbereiche. Nun sind Sie reif fürs Literaturstudium, d. h., Sie benötigen einen Überblick über den aktuellen Stand der Forschung, beginnen Sie mit der Literatursuche. Wir wollen gleich noch einige Bemerkungen darüber machen, wie man sich Informationen über den Stand der Diskussion im jeweiligen Problemgebiet verschafft. Hier aber noch ein Rat: Schreiben Sie *von Anfang an* sämtliche Artikel, Bücher, Informationsschriften etc., von denen Sie bereits beim ersten Lesen den Eindruck haben, dass sie in Zusammenhang mit Ihrem Thema stehen, *mit den korrekten und vollständigen Literaturangaben* auf eine Karteikarte. Das macht Mühe und kostet Zeit, ist aber die einzige Möglichkeit, die sehr ärgerliche Situation zu vermeiden, dass Sie sich drei Monate später, wenn Sie die Endfassung Ihrer Arbeit schreiben, zwar daran erinnern, eine Literatur gelesen zu haben, die genau das Problem behandelt, mit dem Sie sich gerade herumplagen, aber Sie können diese nicht mehr finden, weil Sie nicht mehr wissen, wie die Autorin hieß, in welcher Zeitschrift der Artikel abgedruckt war, welche Ergebnisse berichtet wurden usw.

Die noch bessere Lösung haben Sie dann erreicht, wenn Sie die für Sie relevante Literatur in ein Literaturdatenbanksystem eingeben, es gibt viele solcher Programme auf dem Markt. Schauen Sie sich um, welches Programm in Ihrem Fach benutzt wird, fragen Sie Dozentinnen und Dozenten oder Mitstudierende nach ihren Erfahrungen. Natürlich kostet es etwas Zeit, die korrekte Bedienung dieses Programms zu erlernen, es lohnt sich aber auf jeden Fall. Vergessen Sie dennoch nicht die Karteikartenlösung: Ihren Rechner haben Sie ja nicht immer und überall dabei, selbst ein Kleinstrechner kann das Herumtragen auf die Dauer beschwerlich machen. Eine Karteikarte können Sie aber stets griffbereit haben und daher schnell notieren, was Sie gerade gelesen haben. Wenn Sie diese Angaben später in den Rechner übertragen, haben Sie optimalen Lernerfolg, denn die zweite Bearbeitung der Literatur hilft Ihnen, das zu behalten, was Sie gelesen haben.

Ein weiteres Problem ist die *Schreibschwelle*, die sich bei vielen Studierenden einstellt, wenn zum ersten Mal die Sätze nicht gesprochen, sondern in Schriftdeutsch verfasst werden sollen. Es gibt drei sehr einfache Verfahren, diese Schwelle gar nicht erst entstehen zu lassen.

Das erste Verfahren: Schreiben Sie von Beginn an alle Ihre Gedanken und Einfälle auf, notieren Sie, was Ihnen gerade zu Ihrem Thema in den Sinn kommt (handschriftlich auf einen Zettel, wenn's sein muss, auch auf einen Bierdeckel oder eine Papierserviette). Wenn Ihnen ein Absatz einfällt, der in Ihre Einleitung passen könnte, machen Sie es genauso und sammeln Sie diese „Papierfetzen" (zugegeben: Fortgeschrittene haben dazu einen Block unter dem Arm). Das Sammeln und die darauf aufbauende Textversion haben einen einfachen Grund: Zu Beginn einer Arbeit können Sie einfach nicht die Erwartung haben, z. B. eine Einleitung zu formulieren, die bis zur Fertigstellung Ihrer Arbeit unverändert erhalten bleibt (sie wird mit Sicherheit mehrfach geändert!).

Das zweite Verfahren: Nehmen wir an, Sie sitzen vor Ihrem Bildschirm und fühlen die Verpflichtung, sofort einen druckreifen und aussagekräftigen Satz zu produzieren, der Ihnen aber einfach nicht gelingen will. Halten Sie ein und stellen Sie sich diese Frage: Was will ich eigentlich sagen? Die Antwort, die Ihnen jetzt dazu einfällt, schreiben Sie genauso auf den Schirm, wie sie Ihnen eingefallen ist. Der zweite Satz folgt sogleich und tut er das nicht, wiederholen Sie das zweite Verfahren. Schneller als Sie gedacht haben füllt sich Ihr Bildschirm und bald haben Sie einen ganzen Absatz, eine volle Seite usw. Schreiben Sie, solange der Schreibfluss andauert, ohne auf Details zu achten. Später werden Sie diese Zeilen einer kritischen Prüfung unterziehen, sämtliche Rechtschreibfehler entfernen (wobei Sie von Ihrem Textverarbeitungssystem unterstützt werden) und möglicherweise feststellen, dass man „das aber *so* nicht schreiben kann". Damit haben Sie das Stadium *Arbeiten am Manuskript* erreicht (Empfehlung: Lesen Sie den Aufsatz von Reiners, 1963; er öffnet Ihre stilistischen Poren! Die Literaturangabe finden Sie auf S. 77). Bildschirme sind noch geduldiger als Papier – Sie können alles ändern, umstellen, neu schreiben, Ihr Rechner lässt das alles ohne großen Aufwand zu. Schließlich entwickeln Sie Ihren Text so lange, bis Sie ihn für präsentabel halten.

Das dritte Verfahren: Nach drei bis fünf Tagen Abstand schauen Sie sich den Text noch einmal an. Sie werden vielleicht feststellen, dass er inhaltlich noch unklar ist – Sie haben vielleicht nicht alles niedergeschrieben, was zum Verständnis notwendig ist, oder nicht alles, was Sie zu diesem Thema sagen wollten; also ändern Sie, bis Sie zufrieden sind. Müßig zu sagen, dass Sie dieses Verfahren vielleicht noch mehrfach wiederholen. Ihr Gewinn liegt erstens in einer besseren und verständlicheren Darstellung dessen, was Sie sagen wollten, und zweitens wissen Sie jetzt, was Arbeiten am Manuskript wirklich bedeutet.

Und noch ein Rat zum Schluss: Ihre Arbeit geht Ihnen ständig durch den Kopf, das ist sehr gut. Aber Ihre Gedanken wandern, mal sind Sie bei der Einleitung, mal bei der Operationalisierung der Variablen oder bei einem kniffligen statistischen Problem. Irgendwann spüren Sie, dass Sie das eine oder andere aufschreiben sollten. Zögern Sie nicht! Es ist völlig egal, wo und wann Sie eine Idee oder eine

Formulierung zu welchem Teil Ihrer Arbeit auf welches Stückchen Papier bringen. Wichtig ist nur, *dass Sie es aufschreiben.* Es gibt auch die schöne Erfahrung, dass man nach langem Schürfen eine Goldader gefunden hat, einen Tag, an dem die Zeilen nur so aus Ihnen herausquellen. Der dringende Rat: Schreiben Sie, solange dieser Schreib-Strom anhält – gehen Sie nicht ins Kino, lassen Sie Freunde warten, schauen Sie nicht auf die Uhr, selbst wenn es tiefe Nacht geworden ist! Wenn Sie noch einen Funken Leben in sich haben: Schreiben Sie! Später, wenn Sie wieder ausgeschlafen sind, haben Sie dann Zeit für eine Bearbeitung, die machen Sie gründlich.

3.1.1 Proposal oder Exposee

Für größere Arbeiten und vor allem Abschlussarbeiten (wie Bachelor-, Master- oder Diplomarbeiten) ist es üblich, einen Entwurf, einen Plan des Vorhabens anzufertigen bevor man mit der empirischen Untersuchung des Themas beginnt. Dies gilt übrigens immer, gleichgültig, ob das Thema von Ihnen selbst vorgeschlagen wird oder ob Sie ein vorgegebenes behandeln wollen. Bei diesem Schritt kommt es darauf an, in kurzer Zeit Aufzeichnungen (Ideen, Literatur, Vorarbeiten etc.) zu sichten und zu sammeln und schließlich in einen Entwurf einfließen zu lassen. Ein Proposal (engl. Vorschlag, Plan) oder Exposee (auch Exposé, franz. Darlegung, Überblick) soll eine Übersicht über die geplante(n) Untersuchung(en) geben.

In diesem ersten Entwurf ordnen Sie nun alle Ihre Notizen und bringen einen logischen Ablauf in die Argumentation und in die Anordnung der einzelnen Untersuchungsschritte. Begreifen Sie diese Ausarbeitung definitiv als vorläufig und plagen Sie sich anfangs noch nicht mit eleganter Formulierung oder der Korrektur von Schreibfehlern. Entwickeln Sie diese Schrift über mehrere Zwischenstadien zu einem ausformulierten, vorzeigbaren Entwurf, den Sie mit Ihrem Betreuer oder Ihrer Betreuerin besprechen. Die Betreuer wollen wissen, welches Untersuchungsdesign Sie verwenden wollen, wie Sie in einem Experiment unabhängige und abhängige Variablen operationalisieren wollen, welche Kontrollvariablen Sie für erforderlich halten usw. Man kann keinen allgemeinen Ratschlag geben, welche Seitenlänge dieser Entwurf haben sollte, rechnen Sie aber mit etwa vier bis acht Seiten, eventuell mehr. Verwenden Sie auf den Inhalt große Sorgfalt, denn alles, was hier nicht bedacht worden ist, kann später größeren Aufwand an Zeit und Arbeit bedeuten. Zudem hat sich gezeigt, dass Dozenten und Studierende hier nicht immer über denselben Sprachkode verfügen (worauf Viebahn, 1990, S. 234 hinweist), d. h., es kann Verständigungsprobleme geben.

Ist dieser Entwurf (evtl. nach verschiedenen Umarbeitungen und Rückmeldungen von Ihrer Dozentin oder Ihrem Dozenten) nun konsensfähig, geht's an die Feinarbeit: Sie erweitern das Exposee Schritt um Schritt, d. h., die Details Ihrer Arbeit treten nun immer deutlicher hervor. Auch hier gilt: Schreiben Sie alles auf, was Sie an Literatur lesen oder an sonstigen Aktivitäten für Ihr Thema unternehmen (z. B. eine erste orientierende Umfrage durchführen, eine Tagung besuchen oder kleinere Vorexperimente durchführen) und betrachten Sie Ihren langsam wachsenden Text stets als vorläufig. So wie ein Bildhauer nach und nach aus einem Steinblock eine Figur meißelt, so formen Sie nach und nach Ihre Arbeit und den zugehörigen Text.

Es kann sehr hilfreich sein, sich während der Beschäftigung mit dem Thema immer wieder einmal ein Schaubild anzufertigen, aus dem Zusammenhänge und

Unterschiede der einzelnen thematischen Bereiche hervorgehen (vgl. Viebahn, 1990). Zeichnen Sie sich Flussdiagramme, die den gesamten Ablauf der Arbeit und ihrer jeweiligen inhaltlichen Besonderheiten markieren. Solche Hilfsmittel sollen Ihnen als Orientierung dienen und Sie daran hindern, sich zu sehr in einen Seitenarm Ihres Vorhabens zu verirren. Hängen Sie sich ein Plakat in Ihr Arbeitszimmer, auf dem Sie den Gesamtzusammenhang stets vor Augen haben, und legen Sie für die einzelnen Teile Ihrer Arbeit auch einen Zeitrahmen fest, den Sie auf diesem Plakat notieren (auf den Seiten 33–38 geben wir ein Beispiel für die Zeitplanung).

3.1.2 Literatursuche

Als Grundlage für eine erste Orientierung über die Fragestellung bieten sich insbesondere allgemeine und spezielle Lexika, Hand- und Lehrbücher an. Hier findet man die großen Umrisse der das Thema betreffenden Gebiete, man kann sich die Definitionen der damit zusammenhängenden Begriffe schnell verfügbar machen.

Eine Besonderheit stellen die im Bereich der Psychologie anzutreffenden *Handbücher in Schlüsselbegriffen* dar. Sie sind so aufgebaut, dass zu jedem Stichwort ein Artikel abgedruckt ist, der zwar länger als ein Lexikoneintrag ist, aber kürzer als beispielsweise ein Lehrbuch und sich daher zur ersten Information besonders gut eignet.

Die nachfolgende Bibliografie ist zwar mit korrekten Literaturangaben aufgeführt, bezieht sich zum Teil aber auf schon ältere Auflagen. Lexika und Handbücher werden jedoch oft überarbeitet, benutzen Sie deshalb stets die neueste Auflage, die Sie bekommen können. Wenn Sie hier Angaben finden, die vielleicht etwas vom Bereich der Sozialwissenschaften oder der Psychologie entfernt zu sein scheinen, so sei darauf hingewiesen, dass sich z. B. philosophische Wörterbücher hervorragend eignen, um die Bedeutung von Begriffen kennen zu lernen, die nicht direkt psychologische oder soziologische Fachbegriffe sind, aber in diesen Bereichen verwendet werden und daher verschiedentlich auf ihre Herkunft oder eigentliche Bedeutung befragt werden müssen.

Arnold, W., Eysenck, H. J. & Meili, R. (1976). *Lexikon der Psychologie*. Freiburg im Breisgau: Herder.
(Dieses Werk ist als preiswerte Taschenbuchausgabe erhältlich; mittlerweile ist eine zweite Auflage erschienen, einzelne Bände datieren von 1994.)
Bruhn, H., Oerter, R. & Rösing, H. (Hrsg.). (1985). *Musikpsychologie. Ein Handbuch in Schlüsselbegriffen*. München: Urban & Schwarzenberg.
(Solche Handbücher in Schlüsselbegriffen gibt es für eine ganze Reihe von Gebieten der Psychologie; vgl. unten die Literatur von Kruse, 1990; darin finden Sie in Kurzartikeln recht schnell Auskunft über spezielle Themen aus dem jeweiligen Gebiet.)
Gründer, K., Ritter, J. & Gabriel, G. (Hrsg.). (1971–2007). *Historisches Wörterbuch der Philosophie*. Darmstadt: Wissenschaftliche Buchgesellschaft; Basel: Schwabe.
(Dieses großformatige, sehr umfangreiche, exzellente Wörterbuch, vor hundert Jahren begründet von Rudolf Eisler, ist in den letzten Jahren sukzessiv in mehreren Bänden herausgegeben worden. Mittlerweile liegen sämtliche Bände – ca. 9 000 Seiten – vor, ein Ergänzungsband wird voraussichtlich 2007 erscheinen. Dieses Wörterbuch ist u. E. die beste Möglichkeit, sich über den historischen

Hintergrund und den Bedeutungsraum von Begriffen zu informieren. Die Schnittmenge der Begriffe, die in Philosophie und Psychologie auftreten, ist sehr groß, deshalb ist es ratsam, hier nachzuschlagen. Die Abhandlung einzelner Begriffe erfolgt jeweils von Fachwissenschaftlern – mehr als 1 500 Autorinnen und Autoren – und ist äußerst gedrängt, d. h., die Informationsdichte ist sehr hoch. Deshalb eignet sich dieses Werk weniger als einführende Lektüre, wohl aber zum ausgezeichneten Überblick. Als Empfehlung: Schlagen Sie dort einmal unter dem Begriff *Psychologie* oder *Physik* nach.)

Häcker, H. & Stapf, K.-H. (Hrsg.). (2004). *Dorsch – Psychologisches Wörterbuch* (14. Auflage). Bern: Huber.
(Das einbändige Standardwerk der psychologischen Lexika, mit bibliografischem Anhang und einem Ergänzungsteil mit neuesten Stichwörtern und einem Test-Teil, in dem die Tests nach Autorennamen alphabetisch aufgeführt und kurz beschrieben sind.)

Kriz, J. & Lisch, R. (1988). *Methodenlexikon für Mediziner, Psychologen, Soziologen.* München: Psychologie Verlags Union.
(Ein Nachschlagewerk für Methoden, gut zur Orientierung durch die Methodenlandschaft.)

Kruse, L. (Hrsg.). (1996). *Ökologische Psychologie. Ein Handbuch in Schlüsselbegriffen* (2. Auflage). München: Psychologie Verlags Union.
(Wie bereits oben zu Bruhn, Oerter & Rösing, 1985, beschrieben, ist dies ein ausführliches Lexikon, in dem man sich schnell über spezielle Fragestellungen der ökologischen Psychologie informieren kann.)

Otto, J. H., Euler, H. A. & Mandl, H. (Hrsg.). (2000). *Emotionspsychologie: Ein Handbuch.* Weinheim: Beltz, Psychologie Verlags Union.
(Hier hat man die Bezeichnung der Ausgabe von 1983 *Handbuch in Schlüsselbegriffen* aufgegeben, weil die einzelnen Artikel recht lang geraten sind. Der Vorteil: die einzelnen Probleme können intensiver dargestellt werden. Eine vorzügliche Möglichkeit, in die Emotionspsychologie eingeführt zu werden.)

Schmidt, H. & Schischkoff, G. (1991). *Philosophisches Wörterbuch* (22. Auflage). Stuttgart: Kröner.
(Ein Lexikon, das knapp über Personen und Begriffe Auskunft gibt – sehr gut zur ersten Orientierung.)

Strube, G., Becker, B., Freksa, C., Hahn, U., Opwis, K. & Palm, G. (Hrsg.). (1996). *Wörterbuch der Kognitionswissenschaft.* Stuttgart: Klett-Cotta.
(Ein zeitgemäßes Werk, hier findet man viele spezielle Begriffe aus der Kognitionswissenschaft in kurzer und klarer Darstellung erläutert.)

Einige Lexika, wie z. B. das von Häcker & Stapf, führen im Anhang Bibliografien auf, die Ihnen ebenfalls zur Orientierung über ein Fachgebiet weiterhelfen können. Ebenso können Sie sich mit Hilfe von Kongressberichten recht gut über den neuesten Stand der Forschung in einem Fachgebiet informieren (einzusehen in den Universitäts- oder Institutsbibliotheken). In der Regel werden die Kongresse von den jeweiligen Gesellschaften veranstaltet (z. B. Deutsche Gesellschaft für Psychologie, Deutsche Gesellschaft für Soziologie, Pädagogik, Biologie usw.) und diese fungieren zumeist auch als Herausgeber der Berichte.

All dies reicht für die Bearbeitung eines umgrenzten Problems jedoch noch nicht aus, es werden detaillierte Untersuchungen benötigt, und um diese zu finden, gibt es mehrere Möglichkeiten:

- Einen *ersten Überblick* über das Gebiet der Psychologie und die dort relevante Literatur gibt das folgende Werk:
Wilhelm, H. (1987). *Informationshandbuch Psychologie*. Frankfurt a.M.: Fischer-Taschenbuch.
Hier finden Sie eine kommentierte Übersicht über Enzyklopädien und Handbücher, Nachschlagewerke, Bibliografien und Periodika sowie eine ganze Reihe von weiteren Informationen über Bibliotheken, Forschungsförderung usw. Da dieses Buch in einer Reihe erschienen ist (Informationshandbücher Geistes- und Sozialwissenschaften, herausgegeben von Blinn, Keitz & Zimmermann), zitieren wir es nur als Beispiel, für andere Wissenschaften existiert vergleichbares Material. Nutzen Sie jeweils die neueste Auflage!
- *Allgemeine Informationen zur Psychologie* finden Sie unter der Internetadresse der Deutschen Gesellschaft für Psychologie: http://www.dgps.de/ oder auch unter http://www.psychologie.de oder bei der American Psychological Association: http://www.apa.org/ (sämtliche Internet-Adressen: Zugriff am 22.01.2006).
- Ganz allgemein gesehen ist natürlich das Internet eine ausgezeichnete Möglichkeit, Informationen zu suchen. Doch bedenken Sie, dass im Internet vieles nicht zuverlässig ist. In vielen Fällen wissen Sie nicht einmal, wer die Informationen zusammengestellt hat. Aber zur Suche von Literatur ist das Internet eine ausgezeichnete Adresse, denn viele Universitätsbibliotheken halten Ihre Bestände im Netzzugang verfügbar (in sog. OPACs = Online Public Access Catalogues). Die wohl umfassendste Recherche bietet die Suchmaschine des Virtuellen Katalogs der Universität Karlsruhe; hier können Sie in zahlreichen Bibliothekskatalogen gleichzeitig suchen (einschließlich der GVKs = Gemeinsame Verbund Kataloge): www.ubka.uni-karlsruhe.de/kvk.html (Zugriff am 22.01.2006).
- *Sammelreferate* berichten über die wichtigsten Arbeiten, die zu einem bestimmten Gebiet innerhalb eines bestimmten Zeitraumes veröffentlicht wurden. Im Annual Review of Psychology werden ausschließlich solche Sammelreferate abgedruckt, allerdings wird nicht in jedem Jahr jeder Problembereich abgehandelt.
- *Psychological Abstracts*: Hier kann man unter den entsprechenden Stichworten (Bsp.: emotion, dichotic listening, affective disorders etc.) jene Literatur finden, die mit der eigenen Untersuchung in Zusammenhang steht. Da in den Psychological Abstracts (wie auch in anderen Abstract-Diensten, s.u.) in der Regel nur die Kurzfassungen (= abstracts) von Zeitschriften-Artikeln wiedergegeben sind, ist dies eine besonders gute Möglichkeit, sich rasch über den neuesten Stand auf dem zu behandelnden Gebiet zu informieren (Psychological Abstracts erscheinen monatlich neu). Hat man anhand der Kurzfassung einen interessanten Artikel entdeckt, so ist es sinnvoll, sich diese Literatur im Originaltext zu besorgen. Da bei diesen Artikeln stets am Ende Literaturhinweise angeführt sind, kann man von dort aus auf weitere mit dem Thema in Zusammenhang stehende Literatur zurückgreifen. Es versteht sich von selbst, dass jene Arbeiten am besten geeignet sind, die dicht bei der eigenen Fragestellung angesiedelt sind und deren Erscheinungsdatum erst kurze Zeit zurückliegt. Hier ist die Wahrscheinlichkeit am größten, über den aktuellen Stand der Forschung informiert zu werden.
- *Abstract-Dienste* gibt es für zahlreiche Wissenschaften, z. B. Abstracts in Anthropology, Biological Abstracts, Chemical Abstracts, Historical Abstracts, Language and Language Behavior Abstracts, Linguistic Abstracts, Psychological Abstracts, Science Abstracts oder Sociological Abstracts.

- *Index-Systeme* gibt es – wie Abstract-Dienste – ebenfalls für andere Bereiche der Wissenschaft. Dies ist insbesondere für all jene Studierenden interessant, die ein interdisziplinär angelegtes Thema in ihrer Arbeit behandeln (z. B. im Bereich der Psychosomatik, der Umweltpsychologie oder Neuropsychologie). Aber auch dann, wenn man an einem klassisch-psychologischen Thema arbeitet, z. B. am Problem des Bewusstseins, wird man ohne einen Blick in die Gegenwartsliteratur auf dem Gebiet der Philosophie oder der Physiologie nicht auskommen. In allen diesen Fällen ist es also notwendig, Literatur zu einem Gebiet zu finden, in dem man wissenschaftlich nicht so zu Hause ist. Zudem kann man davon ausgehen, dass der Trend zu interdisziplinären Arbeiten zunehmen wird. Man findet: Social Science Index, Biological and Agricultural Index, Education Index, Index Medicus, Humanities Index, British Humanities Index, Philosopher's Index etc.
- *Psychologischer Index*: Die Zentralstelle für Psychologische Information und Dokumentation (ZPID, Universität Trier, Postfach 3825, 54286 Trier) gibt u. a. den Psychologischen Index heraus, in dem deutschsprachige Veröffentlichungen referiert werden – auch diesen Index können Sie in Universitäts- oder Institutsbibliotheken einsehen. Die einzelnen Arbeiten sind nach Sachgruppen aufgeführt, also nach Kategorien geordnet; man kann aber auch im Sachregister des Anhangs nachschlagen und dort relevante Literatur ausfindig machen. Diese Informationsstelle bietet noch eine Reihe weiterer Dienstleistungen an, den neuesten Stand der zur Verfügung stehenden Informationen können Sie unter der o.g. Adresse erfragen oder besser und einfacher im Internet abrufen: http://www.zpid.de/ (Zugriff am 22.01.2006). Hier erfahren Sie auch, welche Dienste Sie über diese Adresse in Anspruch nehmen können (z. B. die Suchmaschine PsychSpider), was es kostet usw.
- *Elektronische Datenbanken*: Allgemeine Literatur findet man z. B. in den Datenbanken des Gemeinsamen Bibliotheksverbundes (www.gbv.de; Zugriff am 22.01.2006) und vielen anderen frei zugänglichen Datenbanken. Eine Recherche in fachspezifischen Datenbanken kann man z. B. bei der *Zentralstelle für psychologische Information und Dokumentation* in Trier durchführen. Bei dieser Form der Literatursuche handelt es sich um Online-Recherchen, die sich auf verschiedene Literaturdatenbanken beziehen (Zugang über das Web-Portal der ZPID: http://www.zpid.de; zu Datenbanken wie z. B. Psyndex und Psytkom, PsycINFO), d. h., mit Hilfe eines oder mehrerer Stichwörter wird eine Datenbank nach zutreffenden Eintragungen durchsucht, die anschließend ausgedruckt werden können. Zur Demonstration: die Datenbank PsycINFO hat eine Berichtszeit von mehr als 100 Jahren!). Eine Suche lohnt sich auch in verwandten Gebieten, z. B. Deutsches Institut für medizinische Dokumentation und Information (DIMDI; hier können Sie in 70 Datenbanken suchen; http://www.dimdi.de Zugriff am 22.01.2006). Wenn Sie noch weitere Datenbanken aus anderen Fachgebieten benötigen, bemühen Sie einfach eine Suchmaschine oder Sie nutzen die häufig angegebenen Links. In jedem Fall ist eine Nachfrage in Ihrer Bibliothek ratsam; dort kennt man die Online- und Offline-Angebote genau und Sie wissen auch gleich, welche Dienste Sie über Ihre Universitätsbibliothek in Anspruch nehmen können.

Mittlerweile werden viele der genannten Verzeichnisse und Abstract-Sammlungen auf einer CD-ROM (also einer Compact Disc, Read Only Memory) geliefert, die mit Hilfe des Computers gelesen und nach relevanter Literatur durchsucht werden können (z. B. SciTech Reference Plus, Humanities Index, Social Sciences Index; Inspec Ondisc mit Teilgebieten wie Physik, Elektronik, Computer; Annals of Internal Medicine, British Medical Journal – dies ist nur eine kleine Auswahl). Solche Einrichtungen werden von zahlreichen Bibliotheken angeboten, sodass Sie auch von den neuesten Suchverfahren profitieren können; die Bedienung der dazu notwendigen Geräte ist einfach, fragen Sie in Ihrer Bibliothek, meist gibt es Einführungskurse. Wenn Sie unbedingt wollen, können Sie diese Informationen auch kaufen, rechnen Sie dann aber mit erheblichen Kosten (so müssen Sie z. B. für die *Dissertation Abstracts Ondisc* etliche hundert US-Dollar rechnen – gehen Sie lieber in Ihre Bibliothek).

Ist die Phase der Literatursuche und des Literaturstudiums abgeschlossen und haben Sie ein Exposee vorgelegt (vgl. S. 62), das Beifall gefunden hat, kann mit der Formulierung der ersten Teile der Arbeit begonnen werden.

3.1.3 Kommunikation: Schreiben und Lesen

Sämtliche schriftlichen Arbeiten, die im Rahmen wissenschaftlicher Fragen und Aufgaben angefertigt werden, sind stets auf zwei große Brennpunkte ausgerichtet: Einmal auf das Thema, auf das Problem, das behandelt werden soll, und zum anderen sind sie auf einen Leser bezogen, mit dem man kommunizieren möchte. Letzteres, den kommunikativen Aspekt, sollte man wörtlich nehmen und das behandelte Thema zur gemeinsamen (lat. communis) Sache von Leser und Autor machen.

Selbstverständlich gehört die Aufmerksamkeit des Autors zunächst dem Thema seiner Abhandlung. Dennoch hilft es bei der Suche nach guten Formulierungen, sich einen Leser vorzustellen, den man vielleicht am besten als *interessierten Laien* kennzeichnen kann. Bei Arbeiten, die innerhalb einer wissenschaftlichen Disziplin geschrieben werden, kann man fachbezogenes *Allgemein*wissen bei den potenziellen Lesern voraussetzen; dies bedarf daher keiner näheren Darstellung, der *interessierte Laie* verfügt über fachspezifisches Allgemeinwissen. Allerdings muss man all das erklären, was nicht vorausgesetzt werden kann: also sämtliches Spezialwissen. Es ist nicht notwendig, die Aufgaben der Wissenschaft zu erläutern (es sei denn, es handelt sich um eine Untersuchung zur Wissenschaftstheorie o. Ä.), aber die im Einzelnen verwendeten Theorien, Methoden und Hilfsmittel sind nicht allen Mitgliedern der scientific community bekannt, deshalb müssen sie erläutert werden.

Der Kommunikationsprozess kann durch die Art der Zusammenstellung und Formulierung des Textes erheblich beeinflusst werden. Die Darstellung wissenschaftlicher Arbeiten folgt deshalb einer traditionellen Gliederung, die sich aus sachlichen Gesichtspunkten ergeben hat. Es ist sinnvoll und ratsam, bei jeder einzelnen Arbeit stets zu versuchen, diese Gliederung beizubehalten. Will man dennoch davon abweichen, so ist eigens zu begründen, weshalb diese Abweichung notwendig oder zweckmäßig ist. Diese Begründung muss nicht unbedingt ausführlich im Text dargestellt werden, es genügt, wenn man im Vorwort kurz darauf eingeht. Auf jeden Fall sollten Sie die geplante Änderung *vorher* mit dem Betreuer oder der Betreuerin besprechen.

Wie stellt man nun den Text zusammen, was muss in welcher Reihenfolge behandelt werden? Zunächst muss gesagt werden, (1) *was* untersucht werden soll. Danach muss dargestellt werden, (2) *auf welche Weise* die Untersuchung durchgeführt wurde und *welche Ergebnisse gefunden* wurden. Schließlich muss in einem weiteren Abschnitt versucht werden, (3) die *Ergebnisse dieser Untersuchung zu erklären*. An diesen Dreiklang sollte man sich auf jeden Fall halten: (1) Fragestellung und Ziel, (2) Methode und Ergebnisse, (3) Diskussion und Interpretation.

Allerdings ist das genannte Schema nur ein Minimumkatalog und noch zu grob; wir werden es schrittweise entwickeln und dadurch transparenter machen. Es empfiehlt sich, die Gliederung einer Arbeit etwa so aufzubauen, wie es unten dargestellt ist (in Klammern sind hinter den einzelnen Abschnitten die Zahlen der Kapitel aufgeführt, in denen der jeweilige Abschnitt ausführlich besprochen wird; das Muster einer kompletten, feinstrukturierten Gliederung finden Sie im Anhang, S. 129, noch genauer auf den Seiten 130–132):

1. Kurzfassung (Abstract) (S. 68)	5. Diskussion und Interpretation (S. 78)
2. Fragestellung und Ziel (S. 68)	6. Zusammenfassung (S. 78)
3. Methode (S. 71)	7. Literaturverzeichnis (S. 79)
4. Ergebnisse (S. 75)	8. Anhang (S. 79)

3.2 Kurzfassung (Abstract)

An dieser Gliederung mag zunächst ungewöhnlich erscheinen, dass die Kurzfassung an erster und nicht an letzter Stelle genannt wird. Diese Aufteilung hat sich jedoch bewährt, (1) weil man sofort über die Untersuchung informiert ist und (2) weil ein Leser den nachfolgenden Text ganz anders (nämlich besser) verarbeiten kann, wenn er die zentralen Themen und Ergebnisse bereits kennt.

Die Kurzfassung kann selbstverständlich erst abgefasst werden, wenn die gesamte Arbeit inhaltlich fertiggestellt ist. Da sie unmittelbar nach dem Inhaltsverzeichnis eingeheftet wird, empfiehlt es sich, diese Seite bereits bei Erstellung des Manuskriptes zu paginieren, aber leer zu lassen. Die Kurzfassung sollte ihrem Namen Ehre machen und keinesfalls den Umfang einer halben Seite überschreiten: kürzer ist besser (deshalb werden Zahlen hier immer als Ziffern geschrieben; vgl. die Kästen auf Seite 87). Die Abschnitte 3.3–3.9 folgen nun dem üblichen Arbeitsablauf.

3.3 Fragestellung und Ziel der Untersuchung

Bei sozialwissenschaftlichen Untersuchungen kann man vier Phasen grob unterscheiden: Definitionsphase, Durchführungsphase, Analysephase, Publikationsphase (vgl. Alemann, 1977, der von „Disseminationsphase" spricht; lat. disseminare = aussäen, verbreiten; seminare = säen, erzeugen – nun wissen Sie auch, was ein Seminar ist). Die Fragestellung einer Untersuchung fällt in die Definitionsphase, in der vor allem die Wahl des Problems, eine Literaturanalyse und die Festlegung des theoretischen Bezugsrahmens anstehen. Dies soll nun näher dargestellt werden.

3.3.1 Einleitung

Die Frage, die in der anzufertigenden Arbeit beantwortet werden soll, muss eingangs in solcher Form dargelegt werden, dass sich auch jene Leser, die sich mit diesem *speziellen* Problem noch nicht befasst haben, vorstellen können, was untersucht werden soll; das Ziel der Arbeit muss deutlich zu erkennen sein, dieses ist in der Einleitung darzustellen.

Wenn irgend möglich, sollte die Fragestellung in einen größeren Zusammenhang vorzugsweise theoretischer oder aber praktischer Art eingebettet werden. Es ist nicht ganz einfach, den Rahmen dafür abzustecken, was unter „größerem Zusammenhang" verstanden werden soll: Sicherlich ist es übertrieben, jedes Problem bis zur Entstehung der Welt zurückzuverfolgen (der Adam-und-Eva-Fehler). Auf der anderen Seite entstehen Fragestellungen nicht im luftleeren Raum, sie betreten nicht wie ein deus ex machina (lat., wörtlich: Gott aus der Maschine) die Bühne der Wissenschaft. Es ist also erforderlich, den zum Verständnis notwendigen theoretischen und empirischen Hintergrund zu skizzieren, dazu gehört vor allem die Referierung und Erläuterung der für das anstehende Problem bedeutsamen Theorien.

Generell sollte die Fragestellung in solcher Weise entwickelt werden, dass sie vom allgemeinen Hintergrund zu jenem spezifischen Problem hinführt, das den Anlass zur Anfertigung der Arbeit gegeben hat. In einem danach folgenden Abschnitt muss begründet werden, warum die gestellte Frage gerade in der vorliegenden Form behandelt wird. Überlegungen dazu fasst man am besten in der *Problemstellung* zusammen.

Nur eine kurze Bemerkung darüber, was man in der Einleitung ganz bestimmt *nicht* erwähnen sollte: Ergebnisse aus der nachfolgenden Untersuchung. Die Versuchung, das trotzdem zu tun, ist besonders dann sehr groß, wenn man nach Abschluss der Arbeit noch einmal an der Einleitung „herumschreibt". Denken Sie daran, dass der Leser mit der Einleitung neu in das Problemgebiet eingeführt wird und vom Ausgang der Untersuchungen noch nichts weiß und auch noch nichts wissen soll.

3.3.2 Problemstellung

Hier ist ein knapper, übersichtlicher Bericht über die bereits vorliegenden Untersuchungen zu geben. Die mit dem Thema in Zusammenhang stehenden empirischen Befunde müssen unter Bezug auf die theoretischen Erörterungen der Einleitung referiert und kritisch besprochen werden. Insbesondere müssen die in früheren Arbeiten verwendeten Methoden und Ergebnisse so dargestellt werden, dass die Notwendigkeit der speziellen Fragestellung der Arbeit, die Sie nun durchführen wollen, daraus folgerichtig hervorgeht. Die Notwendigkeit für ihre Untersuchung kann aus verschiedenen Gründen gegeben sein; diese müssen Sie natürlich in der Einleitung nachweisen, z. B.:

- methodische Mängel der bisher vorliegenden Untersuchungen,
- Unvollständigkeit der bisher vorliegenden Untersuchungen (wenn beispielsweise zu wenig Stufen der unabhängigen Variablen untersucht worden sind),
- Widersprüche zwischen den Ergebnissen verschiedener früherer Untersuchungen,
- aus verschiedenen Theorien ergeben sich unterschiedliche Vorhersagen oder Interpretationen des untersuchten Themas, daher ist eine neue Bearbeitung notwendig,
- Nachweis einer Forschungslücke.

Hat man die Gründe argumentativ dargestellt, muss die vorher allgemein formulierte Fragestellung präzisiert werden. Anders gesagt: Haben in der Einleitung allgemeine Formulierungen die Szene beherrscht, so muss jetzt (u. U.) ein spezifisches Fachvokabular eingeführt werden. Selbstverständlich müssen die hier auftauchenden Fachtermini entweder fester Bestandteil der Fachsprache sein, dann braucht keine nähere Erklärung zu folgen, oder man muss die einzelnen Fachbegriffe in ihrer Definition erläutern. Werden zahlreiche verschiedene Fachausdrücke benutzt, kann es empfehlenswert sein, ihre Definitionen in einem kleineren Abschnitt zusammenzustellen, um dem Leser den schnellen Rückgriff auf ihre Bedeutung bei der Lektüre der gesamten Arbeit zu erleichtern (= Anfertigung eines Glossars).

Handelt es sich um eine Erkundungsstudie (engl. pilot study), mit der lediglich empirische Verhältnisse eines zu untersuchenden Gebietes vorgeklärt werden sollen, so hat man in der Regel keine Vorhersagen über die Wirkung eines bestimmten Effektes und braucht folglich auch keine Mühe auf die Formulierung zu erwartender Ergebnisse aufzuwenden. In allen anderen Fällen sollte das Kapitel *Problemstellung* mit den klar formulierten inhaltlich-wissenschaftlichen Hypothesen abgeschlossen werden. Diese Hypothesen sind die genaueste Formulierung der Fragestellung, da sie eine eindeutige Vorhersage über einen zu erwartenden Effekt machen.

Diese logische Gedankenkette, von der allgemeinen Fragestellung bis zur Hypothese, muss dem Leser so dargestellt werden, dass er sie unmittelbar nachvollziehen kann. Bildhaft ausgedrückt: Sie fertigen diese Teile der Arbeit nach dem Trichtermodell an. Ganz oben ist der Trichter breit, will sagen, dass man in der Einleitung etwas weiter ausholen kann. Danach wird der Trichter kontinuierlich enger und enger, die Problemstellung bezieht das Thema auf jenen Ausschnitt, den Sie empirisch behandeln wollen. Schließlich, nach dem Durchfluss durch den schmalsten Teil des Trichters, folgt die Hypothese, sie ist also der kürzeste und prägnanteste Teil der Versuchsfrage Ihrer Untersuchung und sollte in logisch stringenter Weise aus den Theorien und Argumenten im breiten Teil des Trichters folgen.

Tabelle 1

Gegenüberstellung der Inhalte von Einleitung und Problemstellung

Einleitung	Problemstellung
Allgemeiner theoretischer und empirischer Hintergrund der Fragestellung; Kritik der bestehenden Hypothesen und Erklärungsansätze	Engere Fragestellung und deren Begründung; methodische Kritik der bereits vorliegenden empirischen Befunde; genaue Analyse bereits vorliegender Arbeiten
Ziel der Untersuchung und Erwartungen in Bezug auf Ergebnisse	Formulierung der speziellen Hypothese(n): Alternativhypothese und Nullhypothese

Hat man in der *Problemstellung* die Hypothese(n) aufgestellt, ist das Kapitel *Fragestellung* abgeschlossen, und es ist nicht sinnvoll, noch einmal die Diskussion über die zugrunde liegenden Theorien zu eröffnen oder etwa neue Gesichtspunkte in die Diskussion einzuführen.

3.4 Methode

In diesem Abschnitt muss die Operationalisierung jener Begriffe erläutert werden, die in der Untersuchung einer Prüfung und Klärung unterzogen werden sollen. Man muss darstellen, welche Grundgesamtheit angezielt und welche Analyseeinheit gewählt wird. Weiter gehören in diesen Abschnitt die Darstellung der Forschungsinstrumente, der Auswahlplan (evtl. Vortest und Exploration) sowie ggf. die Kodierung der Daten (in Anlehnung an Alemann, 1977).

Alle Einzelheiten, die zur Durchführung der Arbeit notwendig waren und de facto auch realisiert wurden, sind zu beschreiben. Das gilt nicht nur für experimentelle Arbeiten, sondern auch für alle anderen Verfahren, in denen empirische Arbeitsweisen angewendet wurden. Hinweise auf frühere Methoden und deren mögliche Unzulänglichkeiten sind hier fehl am Platz, das hat bereits im einleitenden Abschnitt *Fragestellung* bzw. *Problemstellung* zu geschehen.

Oberster Grundsatz: Alle einzelnen Untersuchungsschritte sind so darzustellen, dass ein anderer Forscher die vorliegende Studie exakt wiederholen kann (dies ergibt sich aus der wissenschaftstheoretisch verankerten Forderung nach Wiederholbarkeit und Prüfbarkeit der Untersuchung). Das erfordert einmal eine detaillierte Darstellung der einzelnen Schritte und zum anderen einen logischen Aufbau der einzelnen methodischen Vorgehensweisen. Empfehlenswert ist dabei, die Methode zunächst mit ein oder zwei Sätzen kurz zu umreißen und danach die exakten Einzelheiten mitzuteilen. Müssen Zahlen mitgeteilt werden, denken Sie an die Regeln auf S. 87.

Vorschriften des Datenschutzes müssen bereits bei der Erhebung der Daten eingehalten werden; in welcher Weise dies geschehen ist, muss mitgeteilt werden. Da Probleme nur dann auftreten, wenn personenbezogene Daten erhoben wurden, sollte man von Beginn an darauf achten, dass diese in vollständig anonymisierter (und darüber hinaus *nicht deanonymisierbarer*) Form ermittelt werden. Geht man in dieser Weise vor, muss im Methodenkapitel dargestellt werden, *wie* diese Forderung eingehalten wurde.

> Personenbezogene Daten sind ‚Einzelangaben über persönliche oder sachliche Verhältnisse einer bestimmten oder bestimmbaren natürlichen Person (Betroffener)‘. Der Personenbezug ist auch dann gegeben, wenn aus einer Reihe von Zusatzangaben die Identifizierung des Betroffenen möglich ist. ... Anonymisierte Daten unterliegen den Datenschutzbestimmungen nicht. Demzufolge stehen Daten aus Testbefunden, EDV-Dateien, Gesprächs-, Video-, oder Interviewprotokollen u. a., die von Anfang an anonym oder nicht deanonymisierbar sind, der psychologischen Verwertung uneingeschränkt zur Verfügung. (Lecher, 1988, S. 10)

Kommt man nicht umhin, personenbezogene Daten zu erheben (dies kann etwa bei wiederholter Untersuchung derselben Personen erforderlich sein), müssen entsprechende Einwilligungen der betroffenen Personen eingeholt werden (schriftlich, vor Datenerhebung). Hinweise über mögliche Vorgehensweisen finden sich bei Lecher (1988, S. 18–21). Im Anhang (ab S. 165) geben wir nähere Informationen zum Datenschutz und führen auch eine Checkliste auf (S. 167–169), mit der geprüft werden kann, an welchen Stellen einer Untersuchung datenschutzrelevante Probleme auftreten können.

3.4.1 Unabhängige Variablen

Unabhängige Variablen (Treatments) sind jene Faktoren, die in ihrem Einfluss auf die abhängigen Variablen untersucht werden sollen. Für eine experimentelle Arbeit ist die eingehende Darstellung der Operationalisierung der Treatments unerlässlich; bei anderen empirischen Verfahren können unabhängige Variablen fehlen, z. B. wenn es sich um deskriptive (beschreibende) Untersuchungen handelt. Aber auch in diesen Fällen werden Vpn oft in verschiedene Gruppen eingeteilt etc. – auch diese Gesichtspunkte und Verfahren müssen mitgeteilt werden.

Das allgemeine Ziel einer *experimentellen* Arbeit besteht darin, einen kausalen Zusammenhang zu analysieren. Dieser zunächst hypothetisch angenommene Zusammenhang soll sich zwischen unabhängigen und abhängigen Variablen manifestieren, also zwischen der Einflussgröße (= Treatment, unabhängige Variable) und den Messungen (= abhängige Variable). Im Abschnitt über die unabhängigen Variablen muss deshalb präzise Auskunft über deren Festlegung gegeben werden. Die Begründung für die Wahl der Treatments gehört jedoch nicht in die Methodendarstellung, dies soll bereits in der Problemstellung geschehen sein; lediglich *die konkrete Festlegung der unabhängigen Variablen muss hier aufgeführt werden.*

Ein Beispiel: Eine experimentelle Studie soll Aufschluss über die Beeinflussung der Aufmerksamkeitsleistung durch Schall geben; *Schall* ist in diesem Falle also die unabhängige Variable. Die Mitteilungen im Abschnitt *Methode* müssen nun genau auf die Frage Auskunft geben: Wie wurde diese unabhängige Variable im Experiment realisiert? (= operationalisiert; lat. operare = beschäftigt sein mit, Gutes tun). Das könnte etwa heißen: Tieffluggeräusche in drei Lautstärkeabstufungen 50, 60 und 70 dB(A) oder 1000 Hz Sinuston, mit einer Lautstärke von 70, 80 und 90 dB(A). Sie sollten bemerken, dass hier lediglich die Lautstärke variiert wurde, dies ist aber nur *ein* Aspekt der unabhängigen Variable *Schall*. Über weitere Operationalisierungen sagen wir hier nichts, Sie können sich selbst welche ausdenken. Selbstverständlich gehört dazu auch die Mitteilung, wie diese Schalle im Labor appliziert wurden, also z. B. ob sie über Kopfhörer oder Lautsprecher dargeboten wurden.

3.4.2 Abhängige Variablen

Schließlich muss auch gesagt werden, welche abhängigen Variablen in der Untersuchung verwendet wurden oder noch spezifischer, welche Messwerte registriert wurden und auf welche Weise dies geschah. Auch hier gilt, dass keine Diskussion geführt werden kann, warum man gerade dieses Messverfahren und kein anderes benutzt hat, diese Erörterung muss bereits in der Problemstellung erfolgt sein. Wichtig ist in diesem Abschnitt, dass klar ersichtlich ist, wie einzelne abhängige Variablen definiert, ermittelt und aufgezeichnet wurden. Dazu ist es notwendig, Antwortbögen und ähnliches Versuchsmaterial, das der Vp ausgehändigt wurde, der Arbeit beizufügen (am besten im Anhang). Generell gilt auch hier der Grundsatz, alle im Zusammenhang mit dem behandelten Thema bedeutsamen Einzelheiten so präzise zu beschreiben, dass eine einwandfreie Rekonstruktion des Versuches möglich ist.

Um ein Beispiel zu geben: Im Allgemeinen ist es nicht notwendig mitzuteilen, welche Art von Schreibgerät eine Vp benutzt hat, in der Regel ist dies irrelevant. Wenn jedoch eine Untersuchung gemacht wurde, in der die Zeichentätigkeit einer

Vp entscheidend ist, dann kann die Mitteilung „sämtliche Vpn benutzten einen schwarzen Filzstift der Marke XY mit einer Schriftgröße von 0.8 mm" durchaus sinnvoll und notwendig sein.

Ein weiteres Beispiel: Angenommen Sie haben eine Untersuchung gemacht, in der die Reaktionszeit als abhängige Variable fungiert, dann reicht es nicht aus, allgemein zu sagen, dass „Reaktionszeiten gemessen" wurden, sondern es muss nun genau definiert werden, welche Zeitspanne im Versuch als Reaktionszeit definiert worden ist und wie diese Reaktionszeit gemessen und aufgezeichnet wurde. Allgemein ausgedrückt: Die Operationalisierung der abhängigen Variable muss präzise angegeben werden (vgl. auch die im vorigen Abschnitt geschilderten Beispiele für die Operationalisierung der unabhängigen Variable).

3.4.3 Versuchsplan (Design)

Experimentelle und nicht-experimentelle Versuchsbedingungen müssen hier eingehend besprochen werden. Legen Sie dar, ob es sich um einen Kontrollgruppen-Versuchsplan oder einen Prä-Post-Vergleich handelt oder welche Form des Versuchsplanes Sie verwendet haben (z. B. faktorielle Pläne). Auch die Techniken der Kontrolle von (möglichen) Störvariablen müssen hier aufgeführt werden (Eliminierung, Randomisierung, Parallelisierung, Blockbildung usw.; einen Überblick über verschiedene Versuchspläne findet man z. B. in Bortz & Döring, 1995, Kapitel 8). Wenn Sie zur Beschreibung Ihres Versuchsplanes Literatur benutzen, geben Sie diese natürlich in korrekter Weise an.

3.4.4 Stichprobe

Die in der Untersuchung verwendete Stichprobe muss hinreichend beschrieben werden. Die Anzahl der Versuchspersonen sowie deren Alter und Geschlecht, evtl. ihr sozioökonomischer Status sowie die Gründe, weshalb sie an diesem Versuch teilnahmen, sind näher darzustellen (Zahlenangaben gemäß der Regeln von S. 87). Selbstverständlich muss auch mitgeteilt werden, ob Vpn die Teilnahme am Versuch verweigert oder während des Versuches abgebrochen haben; die Gründe dafür sind mitzuteilen. Ebenso verlangt eine redliche Darstellung des Versuches eine genaue Mitteilung über jene Gründe und Verfahren, die evtl. zum nachträglichen Ausschluss von Vpn geführt haben (vgl. Bortz, 1984). Ein Rat: Gehen Sie äußerst vorsichtig und wohlbegründet mit dem Ausschluss von Versuchspersonen um, Sie geraten sonst in den (furchtbaren!) Verdacht der Datenmanipulation ...

Arbeiten Sie in einer Untersuchung mit Versuchstieren, sind ähnliche Regeln zu beachten. Freilich hängt es auch hier von der Fragestellung der Untersuchung ab, wie genau Sie eine Stichprobe von Versuchstieren beschreiben müssen; mindestens werden aber Spezies, Alter und Geschlecht mitgeteilt.

3.4.5 Instruktion

Die im Versuch gegebenen Instruktionen sind wörtlich mitzuteilen. Wenn sehr viele verschiedene Instruktionen verwendet wurden, empfiehlt es sich, sie in den Anhang zu übernehmen. Natürlich muss bei mehreren Instruktionen gewährleistet sein, dass ihre Reihenfolge nachvollziehbar ist. Beispiele für eine indirekt mitgeteilte Instruktion finden Sie im Anhang auf S. 155 und auf S. 157–159 finden Sie eine wörtliche Instruktion.

3.4.6 Versuchsablauf

Der Versuchsablauf ist so detailliert zu beschreiben, dass keinerlei Fehlinterpretationen möglich sind. Man muss aus dieser Beschreibung erkennen können, in welchen Schritten die Untersuchung abgelaufen ist, d. h., wann die Versuchspersonen welche Aufgaben bearbeitet haben, eine Taste drücken mussten usw. Eventuell empfiehlt es sich – vor allem wenn zwei oder mehrere Einflussfaktoren gleichzeitig untersucht werden – ein Rotationsschema anzulegen, aus dem hervorgeht, wann welche Versuchspersonen welche Bedingungen des Versuchs durchliefen (ein Beispiel für ein Rotationsschema finden Sie auf S. 155). Werden mehrere Instruktionen gegeben, muss deutlich werden, welche Instruktion zu welcher Zeit erteilt wurde.

Weiter muss angegeben werden, wann und wo die Versuche durchgeführt wurden, ob die Versuchspersonen einzeln oder in einer Gruppe untersucht wurden usw.; dies sind relevante Mitteilungen, die zur Abschätzung der Wirksamkeit möglicher Störvariablen benötigt werden. Schließlich gehört auch eine Beschreibung der Schritte, die nach Beendigung des eigentlichen Versuches durchgeführt wurden, zum Bestandteil dieses Abschnittes (z. B. die Nachbefragung der Vpn).

In diesem Abschnitt müssen Sie die einzelnen Phasen des Versuches nicht haarklein beschreiben – das erledigen Sie in den jeweils dafür vorgesehenen Abschnitten – sondern Sie benennen diese Phasen auf einer allgemeineren Ebene; zum Beispiel so, dass Sie die Instruktionen nur allgemein mitteilen, aber nicht mehr in allen Einzelheiten aufführen.

3.4.7 Versuchsraum

Bei der Beschreibung des Versuchsraumes ist es ratsam, alle jene Eigenschaften aufzuführen, die für die Untersuchung von Bedeutung sind. Einige Beispiele mögen dies verdeutlichen:

- In einer Untersuchung von Schallwirkungen auf die Gedächtnisleistung interessieren vor allem die gegebenen Schallbedingungen, d. h., es sollte eindeutig sein, welches Schallniveau im Versuchsraum herrscht.
- In einer Untersuchung, die die Beobachtung der Vpn erfordert, muss mitgeteilt werden, wie dies im Versuchsraum realisiert wurde (Einwegscheibe, Videokamera etc.). Die räumliche Lage dieser Geräte und Einrichtungen muss klar erkennbar sein.
- Bei Experimenten zum Crowding (= unangenehmes Gefühl des Beengtseins durch Überfüllung bzw. Dichte von Orten, Zimmern, Plätzen) interessieren vor allem die Ausmaße des Versuchsraumes sowie die Anzahl der anwesenden Personen, die Sitzverteilung in diesem Raum etc.

Die beste Möglichkeit, eindeutige und exakte Angaben über den Versuchsraum zu machen, ist eine schematische Zeichnung; ein Beispiel dazu finden Sie auf S. 156. Auch hier sollte deutlich werden, dass man nicht absolut festlegen kann, welche

Angaben mit welcher Genauigkeit gemacht werden müssen. Dies hängt wiederum sehr stark von der Fragestellung Ihrer Untersuchung ab: Ist die Distanz, die eine Vp zu einem zu beurteilenden Objekt einnimmt, die abhängige Variable, müssen Sie natürlich sehr genaue Mitteilungen über die Anordnung machen, während dies bei anderen Untersuchungen völlig irrelevant sein kann und folglich entfällt.

3.4.8 Benutzte Geräte und Materialien

Die in der Untersuchung verwendeten Geräte und Apparaturen oder sonstigen Materialien müssen genau dokumentiert werden. Dies kann bei handelsüblichen Apparaten darin bestehen, dass man den Hersteller und die Typenbezeichnung eines bestimmten Gerätes wiedergibt, das sich ein anderer Forscher nun beschaffen kann. Es kommt jedoch häufiger vor, dass für die Untersuchung eine Apparatur eigens angefertigt worden ist. In diesen Fällen muss die benutzte Apparatur so beschrieben werden, dass es möglich ist sie nachzubauen. Bei sehr komplizierten Apparaturen, z. B. einem speziellen Tachistoskop (griech. tachistos = schnellste; eine Vorrichtung zur kurzzeitigen Darbietung von optischen Reizen), kann diese Beschreibung in einer besonderen Dokumentation erfolgen, auf die dann verwiesen wird. Dasselbe gilt, wenn Sie in einem speziellen Labor arbeiten, das bestimmte Eigenschaften aufweist, z. B. eine schalltote Kammer. In einer gesonderten speziellen Dokumentation können Einzelheiten der Frequenzabschirmung, Nachhallzeit etc. mitgeteilt werden. Natürlich muss diese Literatur auch zugänglich sein, dies kann evtl. durch einen *Institutsbericht* geschehen, der dann auf Wunsch zugesendet werden kann.

In den Naturwissenschaften muss natürlich sehr viel mehr Gewicht auf die Darstellung der verwendeten Geräte und Apparaturen gelegt werden. Auch hier gilt aber, dass es möglich sein muss, die zu berichtende Untersuchung zu wiederholen und damit nachzuprüfen; dazu muss alles Notwendige mitgeteilt werden, auch wenn dies sehr lang ausfallen muss.

3.5   Ergebnisse

In diesem Abschnitt werden die gewonnenen Daten dargestellt und die Ergebnisse der Auswertung mitgeteilt. Bei der Darstellung und Aufbereitung von Daten sind die Regeln des Datenschutzes einzuhalten (vgl. Lecher, 1988). Minimalforderungen verlangen, dass keine der Vpn namentlich genannt wird. Natürlich kann es sinnvoll sein, einzelne Vpn gesondert zu besprechen, jedoch darf dies nur unter Anonymisierung geschehen. Die Nennung der Initialen einer Versuchsperson ist in der Regel keine hinreichende Verschlüsselung, deshalb sollten den Vpn generell Nummern zugeordnet werden, diese lassen keinerlei Rückschlüsse mehr zu. In manchen Forschungsbereichen ist es jedoch üblich, einzelne Fälle mit den Anfangsbuchstaben des Namens der untersuchten Person zu kennzeichnen (z. B. in der klinischen Psychologie oder der Neuropsychologie); auf die damit verbundene Datenschutzproblematik haben wir bereits hingewiesen. Oft werden zur Auswertung der Daten Rechner aus den Rechenzentren der Universitäten benutzt. Auch hier bestehen örtliche Datenschutzvorschriften, die selbstverständlich zu beachten sind.

Zunächst ist darzulegen, in welcher Art und Weise die Auswertung erfolgte. Insbesondere muss an dieser Stelle mitgeteilt werden, mit welchen Verfahren die

Analyse betrieben wurde; die Ergebnisse sind deskriptiv darzustellen und die Kausalanalyse ist mit geeigneten inferenzstatistischen Methoden abzusichern. Dies verlangt nicht die intensive Erklärung der statistischen Methoden, die dazu verwendet wurden, es sei denn, dass man für diesen Versuch eine spezielle Statistik oder eine spezielle Verrechnungsstrategie entworfen hat, die nicht allgemein zugänglich oder üblich ist. Es muss aber darauf hingewiesen werden, auf welche Verfahren man sich stützt und welche Literatur bei der Benutzung der statistischen Verfahren als Grundlage gedient hat. Mitzuteilen sind natürlich nur die Ergebnisse der statistischen Prozeduren; sämtliche Zwischenschritte, wie z. B. die Übertragung der Messwerte aus dem Protokollbogen oder etwa die Methode des Einspeicherns in ein elektronisches Datenverarbeitungssystem, sind höchstens dem Prinzip nach anzuführen. Für die Experimentalpraktika können hierbei besondere Regeln gelten, es wird meist eine ausführlichere Beschreibung verlangt, da Methodisches in diesen Lehrveranstaltungen naturgemäß im Vordergrund steht und dadurch auch die Zwischenschritte einzelner Verfahrensweisen von Interesse sind. In jedem Falle ist es aber sinnvoll, die jeweils für eine Berechnung relevanten Daten in einer (kleinen) Tabelle gesondert aufzuführen.

Die Ergebnisse der Berechnungen werden häufig in Tabellen oder grafischen Darstellungen wiedergegeben. Solche Einheiten enthalten jeweils die dichteste und abstrakteste Information. Man sollte die Daten stets so zusammenfassen, dass der Leser sich ein klares und rasches Bild über die Ergebnisse machen kann. Allerdings sollte der- oder diejenige, der/die den Bericht verfasst, die *allgemeinen Grundzüge* der Ergebnisse und die Tendenzen, die sich aus den Tabellen ergeben, exakt *verbal formulieren* (zur Schreibweise von Zahlen vgl. S. 87). Es versteht sich von selbst, dass die hier gemachten Aussagen anhand des Datenmaterials eindeutig nachvollziehbar sein müssen. Für die Mitteilung der Konsequenzen, die sich aus der statistischen Prüfung von Hypothesen ergeben, gibt es einige Standardformulierungen, die Sie unbedingt beachten sollten – man findet sie auf S. 30, zu h).

Ein Wort zur Formulierung der Ergebnisse: Es ist nicht einfach, Ergebnisse so mitzuteilen, dass der Text leicht lesbar ist (darum sollte man sich immer bemühen) und andererseits dennoch keinen Verlust an Exaktheit aufweist. Jeder, der einmal eine Darstellung von Versuchsergebnissen geschrieben hat, weiß, wie problematisch das sein kann. Generell gilt, dass die Eindeutigkeit der Formulierung vor der stilistischen Qualität rangiert. Dies bedeutet aber nicht, dass man dem Leser nun alles erdenklich schlecht Formulierte zumuten kann. Sätze wie dieser (er ist tatsächlich im Begleittext einer Einladung zu einem Vortrag geschrieben worden; wir verschweigen hier aber aus Höflichkeit die Quelle): „Psychotherapie tut mehr als heilen (wenn es denn gut geht)" müssen so nicht geschrieben werden, sie sind leicht korrigierbar. Schwieriger ist es jedoch, stets die Regel variatio delectat (lat. Abwechslung erfreut) in Ergebnisdarstellungen zu befolgen. Man kann sich leicht vorstellen, dass es notwendig sein kann, in ein und demselben Satz dreimal das Wort „Modelllernen", „Neuropsychologie", „Varianzanalyse", „Pegelstatistikgerät" oder „Bunsenbrenner" zu verwenden. Zweifellos ist dieses Vorgehen stilistisch nicht vorteilhaft, aber immer dann in Kauf zu nehmen, wenn die inhaltliche Präzision zugunsten der Stilistik leiden müsste (zum stilistischen Aspekt von wissenschaftlichen Arbeiten vgl. Standop & Meyer, 1998; Grebe, 1963; lesen Sie den nur 15 Seiten langen, sehr aufschlussreichen, wunderbaren Aufsatz von Reiners, 1963! Die Literaturangabe finden Sie auf S. 77).

Selbstverständlich sollte man immer prüfen, ob man den zu berichtenden Sachverhalt nicht doch anders formulieren kann, um solche Unglätten zu vermeiden. „Goethe hat einmal gesagt, die Deutschen hätten es verstanden, die Wissenschaft unzugänglich zu machen. Diese deutsche Neigung beruht auf unserer Gründlichkeit, aber man muss versuchen, die Darstellung lebendig zu gestalten, ohne dass die Gründlichkeit hierunter leidet" (Reiners, 1963, S. 13; die bibliographische Angabe finden Sie auf S. 77). Eine Möglichkeit dazu besteht in der Benutzung eines Synonymlexikons, eines Werkes also, in dem man sinnverwandte Wörter aufgezählt findet. Allerdings gibt es dies nur für den allgemeinen Wortschatz, Fachausdrücke suchen Sie hier vergebens. Als Beispiel seien sieben Werke genannt (s.u.), Sie finden aber mit Sicherheit weitere Ausgaben und Synonymlexika von anderen Autoren (und Ihr Textverarbeitungssystem bietet evtl. ebenfalls einen Vorschlag für ein Synonym). In den Titeln drücken sich die leichten Nuancierungen, die die Wörterbücher voneinander unterscheiden, hinreichend deutlich aus, sodass wir uns jeden Kommentar ersparen können:

Chiaro, M. G. (Hrsg.). (2001). *Duden – Das Stilwörterbuch* (8. völlig neu bearbeitete Auflage). Mannheim: Bibliographisches Institut & F. A. Brockhaus.

Dornseiff, F. (2004). *Der* deutsche *Wortschatz nach Sachgruppen* (8., vollst. neu bearbeitete Auflage). Berlin: de Gruyter.

Eickhoff, B. & Beil, C. (Hrsg.). (2004). *Duden – Das Synonymwörterbuch: ein Wörterbuch sinnverwandter Wörter* (3., völlig neu bearbeitete Auflage). Mannheim: Duden.

Iglhaut, B. (2002). *Grosses Wörterbuch Deutsch-Synonyme*. München: Compact.

Reiners, L. (1963). Vom deutschen Stil. In P. Grebe (Hrsg.), *Duden – Stilwörterbuch der deutschen Sprache: Das Wort in seiner Verwendung* (5. Auflage, S. 7–22). Mannheim: Bibliographisches Institut.

Wehrle, H. & Eggers, H. (1989). *Deutscher Wortschatz: Ein Wegweiser zum treffenden Ausdruck* (15., unveränderte Auflage). Stuttgart: Klett.

Da mittlerweile vieles in englischer Sprache publiziert wird und Sie selbst mindestens für die Abfassung von Titeln und Abstracts englische Versionen liefern müssen, seien auch drei Werke genannt, in denen englische Synonyma zu finden sind:

Meldau, R. (1972). *Synonymik der englischen Sprache* (2., verbesserte Auflage). Frankfurt am Main: Hirschgraben.

Rodale, J. I. (1986). *The synonym finder* (Completely revised edition, 8th print). New York, NY: Warner Books.

Gerritzen, C. (Hrsg.). (1988). *Synonyms: sinnverwandte Ausdrücke der englischen Sprache*. Eltville: Bechtermünz.

Die zweite Möglichkeit Synonyma zu finden, ist noch einfacher: Die meisten Textverarbeitungssysteme verfügen mittlerweile über einen Thesaurus (lat. Schatz, Fundgrube), in dem man nachschlagen kann, welche alternativen Vokabeln in Frage kommen. Es gibt aber Fälle, in denen man den oder die Ausdrücke nicht variieren kann. Allgemein ausgedrückt: Die mehrfache Verwendung desselben Ausdrucks ist immer dann angezeigt, wenn ein anderer Terminus den Sachverhalt nicht eindeutig wiedergäbe. Man sichert durch diese Vorgehensweise das Verständnis des Lesers für die Lektüre der gesamten Arbeit, vor allem im Hinblick auf die nach der Ergebnisdarstellung folgende Interpretation und Diskussion. Wird dann im Abschnitt *Diskussion* auf den Ergebnisteil verwiesen, ist immer eindeutig zu erkennen, welche Ergebnisse und welche Sachverhalte gemeint sind, wenn man dieselbe Terminologie beibehält.

3.6 Diskussion und Interpretation

In diesem Abschnitt müssen die Verfasser das Zustandekommen ihrer Ergebnisse erklären, also vor allem eine möglichst klare Aussage über das Verhältnis der Befunde zur eingangs formulierten Problemstellung und Hypothese machen. Dabei spielen die Entscheidungen über Zutreffen oder Nicht-Zutreffen der Hypothesen die tragende Rolle – wir weisen nochmals auf die hierbei üblichen Formulierungen hin, halten Sie sich unbedingt daran – vgl. S. 30, zu h).

Darüber hinaus müssen die Befunde Ihrer Arbeit in Zusammenhang mit jenen Überlegungen gebracht werden, die im Kapitel *Einleitung* als Stand des Problems und der gegenwärtigen Theoriedebatte referiert wurden. Sie müssen also Ihre Ergebnisse im Lichte der Befunde und theoretischen Erklärungen früherer Untersuchungen diskutieren, und die dort bereits zur Erklärung bemühten Hypothesen müssen auch auf ihre Erklärungseffizienz im Hinblick auf die Ergebnisse Ihrer Untersuchung besprochen werden. Schließlich soll eine psychologisch sinnvolle Begründung für die Hauptbefunde formuliert werden.

Da es immer alternative Interpretationsmöglichkeiten zu einem Befund gibt, sollte sich jeder Verfasser bzw. jede Verfasserin darüber Gedanken machen, welche Einwände oder alternativen Erklärungsmöglichkeiten gegen die Befunde und ihre Interpretation vorgebracht werden könnten und diese kritisch besprechen; man muss sich also mindestens mit Aspekten der internen und externen Validität der Untersuchung auseinander setzen. Auf diese Weise kann die wissenschaftliche Diskussion gefördert werden, weil die Menge der möglichen Interpretationen bereits eingeschränkt wird und andere Forscher nicht mehr an diesen Einwänden oder Interpretationen herumlaborieren müssen, sondern neue Ideen entwickeln, die dem Verfasser gar nicht eingefallen sind. Dadurch beflügelt man den Gang der wissenschaftlichen Erkenntnisgewinnung.

Auch wenn es möglich ist, durch eine dergestalt aufgebaute Diskussion einen klaren Beweisgang deutlich werden zu lassen, so sollen dennoch Mängel oder Versäumnisse der eigenen Untersuchung hier besprochen und bewertet werden – eventuell lassen sich auf diese Art und Weise weitere Einwände gegen die vorliegende Arbeit entkräften. Es versteht sich von selbst, dass dies in schlüssiger Art und Weise geschehen muss. Gelangt man zu der Schlussfolgerung, dass auch durch die eigene Arbeit jene Vorgänge, die untersucht wurden, noch nicht restlos geklärt sind oder können Fragen aufgezeigt werden, die noch unbeantwortet sind, so kann über eine mögliche Fortsetzung oder Veränderung der Versuche hier nachgedacht und berichtet werden.

3.7 Zusammenfassung

Abweichend von der bereits unter Punkt 3.2 genannten Kurzfassung (vgl. S. 68) sollte der Text hier etwas länger sein. Eine allgemeine Richtlinie kann man dafür kaum angeben, rechnen Sie als Faustregel maximal 10 % der gesamten Textlänge (mit einer absoluten Obergrenze von fünf Seiten). Der Autor kann in dieser Zusammenfassung die einzelnen Abschnitte der Arbeit kurz referieren (Fragestellung, Methode, Ergebnisse, Diskussion). Diejenigen Leser, denen die Informationen der anfangs abgedruckten Kurzfassung nicht intensiv genug sind, können hier noch einmal etwas ausführlicher lesen, worum es in der Arbeit geht, bevor sie sich zur Lektüre des gesamten Textes entschließen.

Natürlich sollten in diese Zusammenfassung keine neuen Gedanken oder Ideen aufgenommen werden (denken Sie auch an Standardformulierungen, vgl. S. 30, zu h und die Regeln zur Schreibweise von Zahlen, vgl. S. 87). Es soll prinzipiell nur dasjenige wiedergegeben werden, was man im übrigen Text in ausführlicherer Form wiederfinden kann. Insbesondere ist es unsinnig und daher nicht erlaubt, in dieser Zusammenfassung Ergebnisse mitzuteilen, die zuvor in der Arbeit ungenannt blieben.

3.8 Literaturverzeichnis

Im Literaturverzeichnis sind nur jene Arbeiten aufzuführen, auf die im Text explizit Bezug genommen worden ist, d. h. jeder Autor, der im Text der Arbeit erwähnt wird, muss im Literaturverzeichnis wieder auftauchen, während alle jene Autoren, die im Text namentlich keine Erwähnung finden, unberücksichtigt bleiben. Grundsätzlich muss die Zusammenstellung des Literaturverzeichnisses so erfolgen, dass jeder Leser die zitierten Literaturstellen mühelos auffinden kann. Die hierzu notwendigen Angaben folgen allgemeinen bibliothekarischen Gepflogenheiten, die auf den Seiten 104–110 und 132–143 näher erläutert werden. Werden in einer Untersuchung zusätzliche Medien benutzt, wie Schallplatten oder Video-Filme etc., dann ist es u.U. günstig, diese Quellen in einem eigenen Verzeichnis zusammenzustellen. Für die genannten Fälle wäre also eine *Diskografie* bzw. *Videografie* anzulegen (ein Beispiel für eine Diskografie finden Sie auf S. 141–142). Sinnvoll ist ein solches Verzeichnis, das weitgehend analog zum Literaturverzeichnis gestaltet wird, stets dann, wenn eine größere Menge dieser Medien benutzt worden ist. Sind nur wenige (non-book-)Medien anzugeben, kann man diese (etwas abgesetzt) vor dem Literaturverzeichnis anführen.

3.9 Anhang

Im Anhang sollen sämtliche in der Untersuchung benutzten Materialien übersichtlich zusammengestellt werden. Als Beispiele seien genannt:

- Bogen mit Angaben zur Person der Versuchs- oder Interviewteilnehmer und -teilnehmerinnen,
- Protokollbögen, Fragebögen, Stimulusmaterial, Rohdaten, spezielle Rechen- oder Datentransformationsverfahren,
- Auflistung und Beschreibung der in die Untersuchung einbezogenen Institutionen (z. B. Schulen, Beratungsstellen, Kliniken, Forschungsanstalten etc.).

Auch hier gilt, dass man dem Leser ein müheloses Zurechtfinden ermöglichen muss. Sind größere, inhaltlich voneinander unterscheidbare Teile im Anhang unterzubringen, dann ist es sinnvoll und üblich, diese Bereiche durch Buchstaben grob und durch arabische Ziffern fein zu untergliedern, man kann jedoch auch hier die numerische Gliederung beibehalten. Dieses Inhaltsverzeichnis stellt man dem Anhang voran.

3.10 Vollständige Gliederung

Die vollständige Gliederung, die sich nach den obigen Ausführungen (vgl. die Abschnitte 3.2–3.9, Seite 68–79) ergibt, haben wir in den Anhang aufgenommen, Sie finden dort eine Grob- (S. 129) und eine Feingliederung (S. 130–132). Wenn Sie sich mit den Einzelheiten des Textaufbaus vertraut gemacht haben, werden Sie in Zukunft nur noch dort im Anhang nachschlagen, um sich vor oder während der Erstellung einer Arbeit nochmals schnell zu orientieren.

3.11 Mehrere Experimente in einer Arbeit

In vielen Fällen bestehen insbesondere experimentelle Untersuchungen aus mehreren Experimenten, in denen die Klärung eines Sachverhaltes unter verschiedenen Aspekten vorgenommen wird. Es empfiehlt sich dabei, die Darstellung jedes einzelnen Experimentes gesondert und vollständig vorzunehmen, also jeweils Methode und Ergebnisse, eventuell auch die Diskussion in eigenen Abschnitten mitzuteilen. Die Einleitung hingegen behandelt die allgemeinen Aspekte, die für alle Experimente als Hintergrund erforderlich sind, sie fällt also wesentlich länger aus. Analog dazu muss man am Ende der Arbeit eine zusammenfassende Diskussion anfügen, in der auf die Gesamtlage der Befunde besprechend eingegangen wird, eventuell gesondert für jede einzelne Hypothese.

Die Gliederung einer solchen Arbeit könnte dann etwa so aussehen (in Klammern haben wir die Seiten aufgeführt, auf denen die jeweiligen Abschnitte genauer beschrieben sind):

1.	Kurzfassung (Abstract)	(S. 68)
2.	Fragestellung und Ziel der Untersuchung	(S. 68)
2.1	Einleitung	(S. 68)
2.2	Theoretische Konzeptionen	
2.3	Bereits vorliegende empirische Befunde	
2.4	Problemstellung	(S. 69)
3.	Experiment I	
3.1	Methode	(S. 71)
3.2	Ergebnisse	(S. 75)
3.3	Diskussion Experiment I	(S. 78)
4.	Experiment II	
4.1	Methode	(S. 71)
4.2	Ergebnisse	(S. 75)
4.3	Diskussion Experiment II	(S. 78)
5.	Experiment III	
5.1	Methode	(S. 71)
5.2	Ergebnisse	(S. 75)
5.3	Diskussion Experiment II	(S. 78)
6.	Gesamt-Diskussion und Interpretation	(S. 78)
6.1	Folgerungen zu Hypothese 1	
6.2	Folgerungen zu Hypothese 2 etc.	
7.	Zusammenfassung	(S. 78)
8.	Literaturverzeichnis	(S. 79)
9.	Anhang	(S. 79)

4 Tipps und Regeln zur formalen Gestaltung

Prinzipiell haben Sie nur zwei Wahlmöglichkeiten, wenn Sie überlegen, in welcher Form Sie Ihren Text einreichen wollen: Sie können lediglich zwischen einer Schreibmaschinen- und einer Rechner-Version wählen (PC). Natürlich können Sie für sich selbst zunächst eine Rohfassung in Handschrift erstellen. Diese muss aber in eine maschinenschriftliche Form übertragen werden, und da wir im Zeitalter der Elektronik leben, ist die Benutzung des Rechners der Standardfall, wir gehen deshalb auf die Schreibmaschinenversion gar nicht mehr näher ein.

Egal in welcher Weise Sie Ihren Text zu Papier bringen wollen, das Schreiben des Manuskriptes fällt natürlich leichter und geht schneller, wenn Sie mit Zehn-Finger-System schreiben können. Das verlangt einige Übung, die Ihnen aber niemand ersparen kann, es sei denn, Sie nehmen einen kommerziellen Schreibdienst in Anspruch. Das ist selbstverständlich zulässig, kostet aber Geld und die meisten Schreibdienste lehnen es aus gutem Grund ab, nach handschriftlichen Vorlagen zu arbeiten, sodass Sie um eine maschinenschriftliche Fassung nicht herumkommen.

Bei Ihrer Planung müssen Sie einige Zeit veranschlagen, wenn Sie Ihre Arbeit mit einem Rechnersystem anfertigen wollen, das Sie erst noch kennen lernen müssen (Einarbeitungszeit in das System + Anfertigung der Arbeit). Benötigen Sie Tabellen und Zeichnungen für Ihre Arbeit (das ist die Regel), müssen Sie mit zusätzlichem Zeitaufwand rechnen, weil man oft erst einmal ausprobieren muss, wie man Tabellen oder Abbildungen auf einer Seite platziert. Natürlich kann man dies alles in sehr guter Qualität anfertigen, dazu gehört aber schon eine recht gute Kenntnis verschiedener Programme. Da Sie z. B. eine Semesterarbeit nicht in druckreifer Form abgeben müssen, steht es Ihnen frei, verschiedene Herstellungsverfahren zu kombinieren. Die einzige Forderung, die Sie einhalten müssen, liegt in der guten Lesbarkeit und Übersichtlichkeit des Textes.

Generell gilt aber, dass sich bei der formalen Gestaltung Ihrer Arbeit die Vorteile eines PCs am meisten bemerkbar machen. Angefangen von der Wahl der Schrifttype und der Schriftgröße bis zum Satzspiegel (s.u.) lassen sich fast alle Probleme mithilfe einfacher Formatierungen lösen. Bei den Schrifttypen können Sie in aller Regel zwischen zwei großen Schriftgruppen wählen: Normalschrift und Proportionalschrift. In der normalen Schriftausführung wird jedem Buchstaben derselbe Platz eingeräumt, während Proportionalschriften darauf Rücksicht nehmen, dass z. B. ein *i* nicht soviel Platz beansprucht wie ein *m*, d. h., die Schriftzeichen werden bei einer Proportionalschrift wie im Buchdruck zusammengeschoben, wodurch sich die Lesbarkeit des Textes bedeutend erhöht. Darüber hinaus stehen Ihnen meist verschiedene Schrifttypen zur Verfügung (z. B. Courier, Letter Gothic, Prestige Elite, Times Roman, Arial, Helvetica). Wenn Sie sich für eine Schrifttype entschieden haben, besteht selbstverständlich die Möglichkeit, sie jederzeit zu wechseln, sogar innerhalb eines einzelnen Wortes – machen Sie von dieser Verlockung aber nur äußerst sparsam Gebrauch, denn die Lesbarkeit eines Textes leidet unter einem häufigen Wechsel sehr. Noch ein Wort zur Lesbarkeit: In der Leseforschung hat sich gezeigt, dass Schriften mit Serifen (das sind die unteren und oberen Abschlussstriche der Buchstaben) leichter lesbar sind als Schriften ohne Serifen (vgl. Küpper, 1996). Serifen leisten einen Beitrag zur besseren Differenzierung der Buchstaben, daher die bessere Leseleistung. Klar, dass Sie sich für Serifen-Schriften entscheiden (z. B. Times oder Palatino). Serifenlose Schriften (z. B. Tempus oder

Arial) eignen sich aber gut für Legenden in Abbildungen; es ist günstig, wenn sich die Fließtext-Schrifttype von der Abbildungs-Schrifttype unterscheidet.

Für die äußere Gestaltung des Textes haben Sie die Möglichkeit, Absätze so zu formatieren, dass Zeilenabstand, rechter oder linker Einzug (oder beide), Erstzeileneinzug und eine ganze Reihe weiterer Merkmale festgelegt werden können. Außerdem können Sie zwischen linksbündigem, rechtsbündigem, zentrischem und im Blocksatz angeordnetem Text wählen. Ein Vorteil, der sich vor allem bei zentrisch angeordneten Überschriften bemerkbar macht: Was Sie bei der Schreibmaschinenmethode mühsam auszählen müssten, erledigt der Rechner für Sie durch Tastendruck oder Anklicken. Blocksatz (also linker und rechter Rand sind jeweils bündig ausgerichtet) lässt sich ebenfalls leicht verwirklichen, Ihr Text gleicht einem in der Druckerei gesetzten immer mehr. Gerade bei der Blocksatzform wird es notwendig, Worttrennungen durchzuführen, auch dazu haben Sie maschinelle Möglichkeiten. Textverarbeitungssysteme berechnen den Zeilenumbruch und machen Ihnen Vorschläge, an welcher Stelle des Wortes die Trennung durchgeführt werden soll.

Wollen Sie bestimmte Absatzformate, also Festlegungen für das äußere Erscheinungsbild von Absätzen, häufiger verwenden, können Sie über eine spezielle Aufzeichnungsmethode eine Liste solcher Absatzformate anlegen (sog. Formatvorlagen). Solchermaßen aufgezeichnete Formate lassen sich nun bei Bedarf durch einen einfachen Tastenschlüssel vergeben. Ändern Sie das Format in der Liste, so ändern sie automatisch sämtliche Absätze des gesamten Textes, ohne dass Sie jeden Absatz einzeln aufsuchen müssen.

Leistungsfähige Textverarbeitungssysteme bieten Ihnen beispielsweise auch eine Gliederungsfunktion, d. h., Sie können unter Ausblendung des gesamten übrigen Textes die Hierarchie der Überschriften, die Gliederung, verändern (Passagen löschen, umstellen, andere Abschnitte einfügen usw.). Da sich bei solchen Bearbeitungen auch die Nummerierung einzelner Kapitel verschiebt, können Sie die Maschine anweisen, eine neue Nummerierung durchzuführen usw. Haben Sie Ihren Text mit einer solchen Gliederung versehen, können Sie mit dem System ein Inhaltsverzeichnis anlegen, in dem automatisch die Seitenzahlen aufgeführt werden. Auch Stichwortverzeichnisse, Fußnoten und Querverweise richtet das System ein.

Zur Korrektur der gröbsten Tippfehler haben Sie eine Rechtschreibkorrektur zur Verfügung, die Ihnen sämtliche, dem eingebauten Wörterbuch unbekannten Wörter zur Korrektur vorlegt, d. h., Sie behalten die Kontrolle über die Korrekturen. Grammatische Fehler kann die Maschine allerdings nicht oder nur begrenzt aufdecken, ein Nachteil, der eine Korrektur „von Hand" unabdingbar macht.

Auch die Einrichtung der Seitenaufteilung ist denkbar einfach. Zur Erläuterung geben wir hier einen Satzspiegel an, wie er in den Abschnitten für die verschiedenen schriftlichen Arbeiten erwähnt worden ist. Eine solche Aufteilung ist in jedem Fall erforderlich und möglichst über die gesamte Arbeit einzuhalten; weichen Sie nur dann davon ab, wenn es keine andere Möglichkeit gibt. Die Maße für den Satzspiegel sind in vielen Fällen vorgegeben, bei Prüfungsarbeiten geben die Prüfungsämter Auskunft. Auch bei der Anfertigung von Abstracts auf vorgedruckten Formularen haben Sie einen Anwendungsfall, bei dem Sie Ihrem Rechner lediglich die erforderlichen Angaben eingeben müssen und damit die geforderten Randaufteilungen leicht einhalten können.

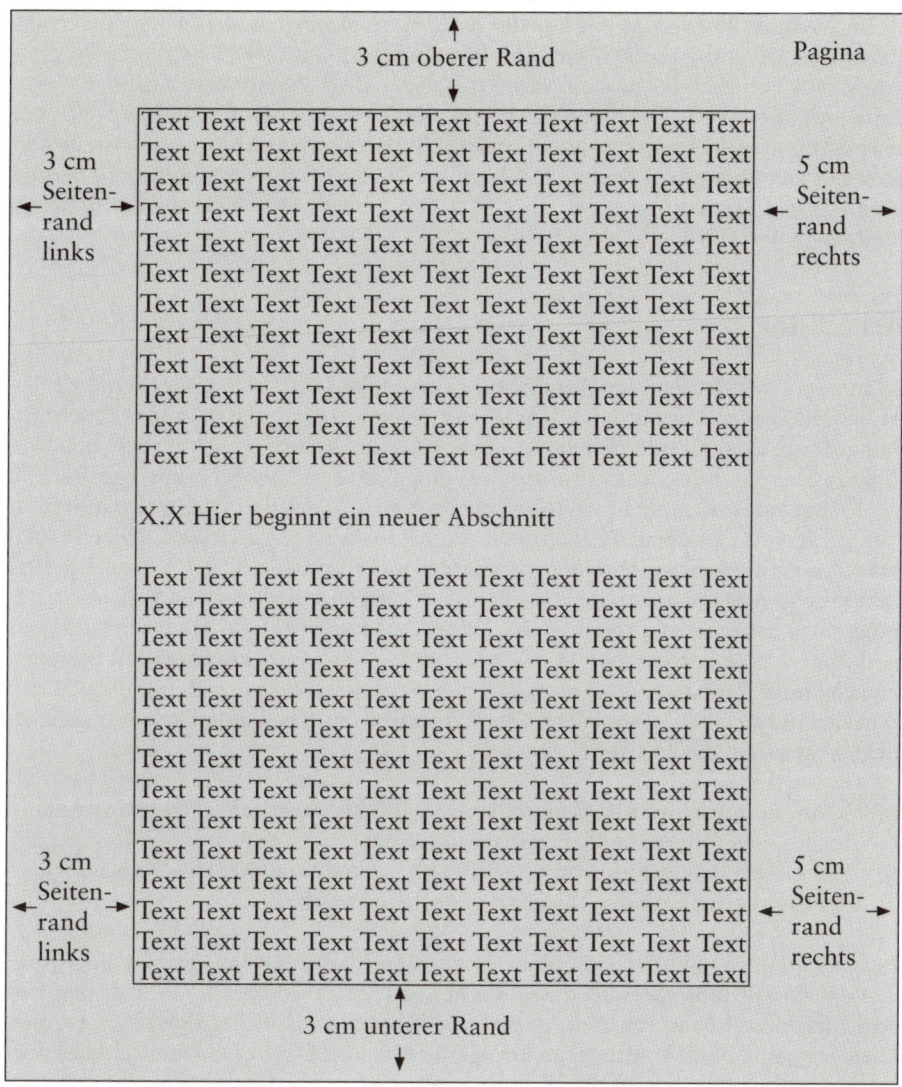

Text inside figure:

3 cm oberer Rand

Pagina

3 cm Seitenrand links

5 cm Seitenrand rechts

X.X Hier beginnt ein neuer Abschnitt

3 cm Seitenrand links

5 cm Seitenrand rechts

3 cm unterer Rand

Abbildung 2. Aufteilung einer DIN-A4-Seite (sog. Satzspiegel) für Hausarbeiten, Referate und Abschlussarbeiten (Bachelor-, Master- oder Diplomarbeiten).

Die Einhaltung dieser Regeln ist vor allem in der Publikationsphase von Bedeutung, also dann, wenn man sich mit der Abfassung eines Textes beschäftigt, der in der ein oder anderen Form öffentlich zugänglich gemacht werden soll. Unter „öffentlich zugänglich" wird hier nicht nur der Abdruck in einer Zeitschrift oder einem Buch verstanden, sondern auch die Aushändigung des Textes zu Prüfungszwecken (also bei allen Formen von Abschlussarbeiten) oder zur Niederlegung von Befunden im Rahmen von Institutsberichten etc. Es ist jedoch dringend zu empfehlen, bei *jeglicher* Abfassung von Texten diese Regeln zu berücksichtigen. Auch wenn Sie für eine Veröffentlichung eventuell noch einmal andere Regeln anwenden müssen, verringert sich Ihr Aufwand doch erheblich, wenn Sie bereits eine gängige Struktur angewendet haben.

Im Weiteren besprechen wir nun der Reihe nach alle Probleme, die bei der schriftlichen Ausarbeitung eines Textes anfallen (Referat, Hausarbeit oder was immer), zunächst kümmern wir uns um den Satzspiegel, also die Art und Weise, wie eine Seite aufgeteilt wird. Um einen solchen Satzspiegel einzurichten, haben Sie es mit einem Textverarbeitungssystem sehr leicht: Sie geben an entsprechender Stelle einfach die hier genannten Werte ein. Auch die Festlegung der Seitennummerierung (Pagina; lat. Seite) können Sie dort festlegen, sodass jede Seite an der gleichen Stelle paginiert wird.

4.1 Titel

Man bemühe sich stets, für eine Arbeit einen kurzen und prägnanten Titel zu formulieren. Die Forderung nach Kürze und Prägnanz findet jedoch ihre Beschränkung darin, dass der Titel kein zu großes Gebiet umreißen sollte. Hat man ein Thema über ein minutiöses Problem aus einem bestimmten theoretischen Bereich bearbeitet, so ist es schlicht irreführend, wenn der Titel nur eine globale Umschreibung trägt. Ein Beispiel: Wurde über „Angstauslösende situative Gegebenheiten bei Klaustrophobie" geschrieben, dann ist es nicht sinnvoll, dieser Arbeit den Titel „Phobische Angstreaktionen" zu geben. Darunter erwartet der Leser die Abhandlung eines gesamten Gebietes, d. h., Informationen über alle phobischen Angstreaktionen, aber keine Arbeit, die sich auf enge Ausschnitte konzentriert. Bestehen Zweifel hinsichtlich der Angemessenheit des Titels, sollte man sich für einen längeren Titel entscheiden. Grundsatz: Der Titel sollte das Thema der Arbeit möglichst präzise angeben. Dazu zwei Beispiele:

(a) Sozioökonomische Invarianzen beim Erlernen akustischer Warnsignale und Situationen unterschiedlicher Kompatibilität.
(b) Motorische Gedächtniskomponenten als partiell unabhängige Komponenten des Engramms verbaler Handlungsbeschreibungen.

In beiden Fällen sind die Titel nicht ganz einfach, aber sie sind präzise und grenzen den Inhalt sehr zutreffend auf die behandelte Problematik ein. Um den Unterschied deutlich zu machen, geben wir hier zwei schlechte Beispiele, vergleichen Sie selbst: zu (a) Situationsbezogenes Lernen, zu (b) Das menschliche Gedächtnis. Diese beiden Titel indizieren einen viel zu großen Problembereich, insbesondere das schlechte Beispiel zu b). Für eine Semesterarbeit oder eine Abschlussarbeit (Bachelor-, Master- oder Diplomarbeit) sind solche Titel wenig angemessen. Man sollte also den Titel stets aussagekräftig gestalten und streng am behandelten Inhalt ausrichten. Sollen spezielle Variablen wie z. B. Alter, Geschlecht, Hörfähigkeit der untersuchten Personen oder besondere Methoden schon im Titel Erwähnung finden, so kann es sinnvoll sein, einen Untertitel hinzuzufügen, da der Haupttitel sonst zu lang ausfiele. Dazu ein Beispiel: „Praktiken des Veranstaltungsbesuchs – Ergebnisse qualitativer Interviews mit Oldenburger Studentinnen und Studenten".
    Umgekehrt kann man aber die Spezifizierung im Titel auch zu weit treiben, der Titel wird dann zu lang und schwerfällig: „Praktiken des Vorlesungs- und Seminarbesuchs im Bereich Pädagogische Psychologie für das Lehramt an höheren Schulen – Eine Untersuchung über fünf Semester mittels qualitativer Methodik an der Carl von Ossietzky Universität Oldenburg – Berichte Oldenburger Studentinnen und

Studenten im Alter von zwanzig bis fünfundzwanzig Jahren". Das muss nicht sein, arbeiten Sie also mit Augenmaß und einem klaren Blick für das Wesentliche.

4.2 Anordnung des Textes

Grundsätzlich sind bei allen schriftlichen Arbeiten DIN-A4-formatierte Blätter zu verwenden, die nur auf einer Seite beschrieben werden. Die Zeilen*breite* sollte stets so bemessen sein, dass Korrekturen in den Text eingefügt werden können; der Zeilen*abstand* ist immer 1,5-zeilig. Auch die Beschriftungen von Tabellen und Abbildungen machen hierbei keine Ausnahme. Die Abstände des Textes vom Blattrand (Satzspiegel) sind folgende: Lassen Sie links und rechts jeweils 3 cm Rand, oben und unten 2–3 cm. Bei Abschlussarbeiten (Bachelor-, Master- oder Diplomarbeiten) muss der Raum für Korrekturen größer bemessen werden: links 3 cm, rechts 5 cm, oben und unten 3 cm (vgl. den Satzspiegel in Abbildung 2, S. 83).

Innerhalb des so markierten Feldes befindet sich nun der Text. Die Seitenzahl (Pagina) liegt außerhalb dieses Satzspiegels und es genügt, sie oben in der Mitte oder oben rechts anzubringen (es ist nicht notwendig, die Pagina der folgenden Seite unten rechts anzukündigen, wie dies früher üblich war). Achten Sie darauf, dass auch Tabellen und grafische Darstellungen, die häufig erst später eingeklebt werden, in diesen Satzspiegel hineinpassen und nicht über den genannten Rand hinausreichen.

Selbstverständlich müssen Sie den Text auch innerhalb der einzelnen Abschnitte in Absätze gliedern. Dafür gibt es eine einfache Regel: Jeder Absatz soll einen zusammenhängenden Gedanken enthalten. Beginnen Sie mit einer neuen Gedankenführung, so wählen Sie auch einen neuen Absatz. Eine Textseite sollte wenigstens in zwei bis drei Absätze untergliedert sein – das erleichtert dem Leser die Orientierung erheblich. Ungünstig ist es jedoch, wenn Sie einen einzelnen Satz als Absatz niederschreiben.

4.3 Überschriften

Die einzelnen Kapitel wie auch die Unterkapitel sind jeweils durch Überschriften zu kennzeichnen, die selbstverständlich auch in das Inhaltsverzeichnis aufgenommen werden. Zur formalen Gestaltung dieser hierarchischen Struktur gibt es folgende Möglichkeiten:

- Kapitelüberschriften setzen Sie am besten zentrisch in die Mitte, schreiben Sie in Großbuchstaben (Gliederungsebene 0).
- Unterkapitel kennzeichnen Sie so, dass Sie linksbündig am Zeilenanfang beginnen (in Groß- und Kleinbuchstaben; Gliederungsebene 1). In der danach folgenden Zeile beginnt dann der Text.
- Wenn Sie weitere Unterabschnitte kennzeichnen möchten, können unterstrichene Überschriften an den Anfang des Abschnittes gesetzt werden, wobei der Text (evtl. nach einem Doppelpunkt) auf derselben Zeile fortgeführt wird (Gliederungsebene 2).

Zur *Nummerierung* von Textteilen empfiehlt es sich, eine numerische Gliederung zu benutzen. Römische und arabische Ziffern waren früher üblich, werden aber mehr und mehr zugunsten der numerischen Gliederung aufgegeben. Hier werden der Einfachheit halber Ziffern miteinander kombiniert, die sich je nach gewünschter Untergliederungstiefe erweitern lassen; die Ziffern werden durch Punkte voneinander getrennt, wobei die letzte Ziffer *stets ohne Punkt* bleibt. Beispiel: Hat das Kapitel die Ziffer 1 erhalten, wird der erste Unterabschnitt mit der Kombination 1.1 markiert. Die nachfolgenden Einheiten können durch Hinzufügen weiterer Ziffern zugeordnet werden: 1.1.1, 1.1.2, 1.2.1, 1.2.2 usw. (um genau zu sein, achten Sie bitte auf die Punkte: 1.1 usw. – nicht aber 1.1.! Man spricht „eins Punkt eins" und nicht „eins Punkt erstens"). Der Nachteil dieses Verfahrens liegt darin, dass bei starker Untergliederung verwirrende Zahlenkombinationen auftreten, die die Lektüre des Textes erschweren (z. B. ein Verweis auf Kapitel 5.3.2.2.1.6). Um dies zu vermeiden, sollte man sich mit einer Untergliederungstiefe von insgesamt drei Stellen begnügen. Sind feinere Unterteilungen notwendig, sollte nach Kleinbuchstaben geordnet werden (z. B. 1.2.2 a, 1.2.2 b), noch feinere Untergliederungen durch Doppelbuchstaben (z. B. aa, ab, ac).

4.4   Rechtschreibung und Zeichensetzung, Schreibweise von Zahlen, Symbolen, Formeln und Personennamen

Bei einer schriftlichen Arbeit wird erwartet, dass sie in Bezug auf Orthografie und Zeichensetzung korrekt abgefasst ist. Die Einführung der neuen Rechtschreibung in den 90er Jahren des Zwanzigsten Jahrhunderts hat eine ganze Reihe von Veränderungen gebracht, die von heftigen Auseinandersetzungen begleitet waren. Die Übergangsfrist (bis zum 31. Juli 2005) ist mittlerweile verstrichen (Bayern und Nordrhein-Westfalen haben aber noch Ausnahmeregelungen), es gelten also nur noch die neuen Regeln.

Ein Problem hat sich dadurch ergeben, dass mittlerweile viele Verlage Wörterbücher zur Orthografie herausgeben dürfen, die einstmalige Festlegung des Dudens als Referenz für Zweifelsfälle gilt nicht mehr. Dies hat schlimme Folgen, denn die verschiedenen Wörterbücher behandeln die Grenz- und Zweifelsfälle durchaus unterschiedlich. Es ist schwierig, hier einen Rat zu geben. Es ist vielleicht am besten, wenn Sie erfahren, dass wir der Orthografie dieses Buches die Duden-Ausgabe 2004 zugrunde gelegt haben und das bedeutet z. B., dass „Orthographie" in beiden hier aufgeführten Schreibweisen toleriert wird.

4.4.1   Zahlen und Symbole

4.4.1 a   Schreibweise

Empirische Wissenschaften haben viel mit Zahlenmaterial zu tun. Es ist also nicht verwunderlich, wenn im laufenden Text Zahlen auftreten; dabei sind jedoch einige Regeln zu beachten. In den beiden Kästen (s.u.) kann man sich schnell darüber orientieren, in welchen Fällen Zahlen in Buchstaben ausgeschrieben werden müssen und in welchen Fällen Ziffern zu verwenden sind.

Zahlen sind als Buchstaben (Wörter) auszuschreiben, wenn sie	Zahlen sind als (arabische) Ziffern zu schreiben, wenn sie
• **kleiner als 10** sind: eins, zwei, drei, ... neun (z. B.: zwei Interviews, vier von acht Versuchsdurchgängen, neun Probanden)	• **größer als neun** sind: 10, 11, 12, usw. (z. B.: 14 Vpn, 11 Pbn, 36 Fragen)
• **kleiner als 10** sind und **keine exakten Messwerte** ausdrücken (z. B.: zwei Versuche, sechs Antwortalternativen, drei Items)	• **in Vergleichen mit Zahlen** auftreten, die größer als zehn sind (z. B.: 4 von 25 Items, 8 von 1000 Vpn, 9 von 32 Treffern)
• **am Beginn eines Satzes** stehen (Vierundzwanzig, dreihundertzweiunddreißig; was man aber am besten ganz vermeiden sollte)	• **in Aufzählungen mit vier oder mehr Einheiten** stehen (z. B.: die 6-, 7-, 8- und 9-jährigen Schüler)
• **allgemein gebräuchliche Brüche** darstellen (z. B.: zwei Drittel der Vpn, drei Viertel des Buches, die Hälfte der Versuchsdurchgänge, ein Achtel der Versuchspersonen, ein Fünftel der Items)	• **eine Skala oder einen Skalenwert** bezeichnen oder eine exakte Bezifferung wiedergeben (z. B.: 7-Punkt-Skala, ein Wert von 4 auf der Neurotizismus-Skala, Vp 7)
• **als Wörter besser verständlich** sind; dies gilt insbesondere für die Ziffern 0 und 1 (z. B.: der Wert Null entspricht unendlich geringer Merkmalsausprägung, nur einer von neun Kandidaten erhielt eine Eins)	• **mit Maßeinheiten oder Abkürzungen** verknüpft sind (z. B.: 4 cm, 3 s, 6 kg, 8 %, 9 IQ-Punkte, 8° Celsius, 2 h, 34 min
• **als Ordnungszahlen** verwendet werden und **kleiner als 10** sind (z. B.: ein Faktor dritter Ordnung, das erste Item, die achte Vp, der neunte Versuchsdurchgang)	• **Zeit-, Alters-, Stichproben- oder Populationsgrößen** bezeichnen (z. B.: 5 Jahre, 9 Minuten, 8 männliche Vpn)
Bei Zahlen, die ausgeschrieben werden, müssen Sie außerdem auf Groß- und Kleinschreibung achten: **Substantivisch gebrauchte Zahlen werden groß geschrieben** (z. B.: eine Acht zeichnen, eine Vier im Zeugnis); dasselbe gilt für substantivisch gebrauchte Bruchteilangaben (z. B.: ein Zehntel der Vpn, ein Viertel der Versuchsdurchgänge, jede Zweite wurde Bedingung B zugeordnet).	• **in mathematisch-statistischem Zusammenhang** stehen (z. B.: $z = 0.618$, ein Mittelwert von 3.39)
	• **in Kombination mit Wörtern eine gerundete Zahl** zum Ausdruck bringen (z. B.: 7 Millionen Einwohner)
	• **auf eine bestimmte Stelle** verweisen oder Teil einer nummerierten Folge sind (z. B.: Kapitel 3, Tabelle 9, Abbildung 4)
	• **im Abstract** oder der **Zusammenfassung** stehen.

4.4.1 b Kennzeichnung der Dezimalstelle, Gruppierung und Rundung

Im Zuge der internationalen Vergleichbarkeit wurde eine Übereinkunft in Bezug auf die Art der Zahlenangabe erzielt. Fußend auf dem Publication Manual (Fourth Edition) der American Psychological Association wird, wie im Englischen, die Dezimalstelle generell auch im Deutschen durch Punkt (und nicht durch Komma!) gekennzeichnet (Beispiel: Es ergab sich ein Mittelwert von 3.89). Bei allen statistischen Kennzahlen, die nicht größer als 1 werden können (z. B. Korrelationskoeffizienten oder Signifikanzniveaus) wird auch die führende Null weggelassen und die Dezimalstelle nur durch den Punkt gekennzeichnet: $r = .51$ (nicht: $r = 0,51$ oder 0.51). Alle anderen Angaben müssen mit der führenden Null aufgeführt werden (z. B. $M = 0.253$).

Wenn lange Zahlen mitgeteilt werden müssen, werden die Ziffern in Dreierblöcken gruppiert, um eine rasche und eindeutige Ablesung sicherzustellen. Zwischen den Blöcken ist ein Leerzeichen eingefügt, zum Beispiel: 523 889; 1 665 747; 45 778.29. Die Stellen rechts vom Dezimalpunkt bleiben dagegen ohne Gruppierung: 23.576893.

Bei der Wahl der Stellenzahl nach dem Dezimalpunkt sollte man bedenken, dass in den meisten Fällen eine kurze Angabe den Sachverhalt ebenso gut, wenn nicht sogar deutlicher bezeichnet, als wenn man die gesamte Länge aufführt; in den meisten Fällen genügen zwei Stellen nach dem Dezimalpunkt. Hat die Berechnung der Werte, die Sie in der Regel mit einem Statistik-Programm durchführen, mehr Dezimalstellen ausgegeben, sollten Sie entsprechend auf- oder abrunden, es genügt beispielsweise die Mitteilung von $M = 34.55$ anstatt der vom Rechner gelieferten Zahl von 34.5451. Aber Vorsicht: Bei manchen Angaben ist die dritte oder sogar vierte Dezimalstelle von Bedeutung; in diesen Fällen müssen Sie selbstverständlich alle Stellen aufführen (dies ist z. B. beim Kolmogorov-Smirnov-Test notwendig; vgl. Clauß & Ebner, 1977, S. 236). Noch eine Ausnahme von der Rundungsregel: Reaktionszeiten werden oft in Millisekunden gemessen, folglich führen Sie hier drei Stellen nach dem Dezimalpunkt auf.

4.4.1 c Statistische Abkürzungen und Symbole

Mittlerweile sind etliche statistische Symbole und deren Schreibweise international festgelegt worden. Dies gilt vor allem für die in Tabelle 2 (S. 89) aufgeführten Abkürzungen (achten Sie bitte darauf, dass einige der Abkürzungen immer *kursiv* zu schreiben sind, sowohl im Text als auch in Tabellen). Statistische Symbole werden im Text jedoch stets ausgeschrieben. Es stehen daher zwei Möglichkeiten der Berichterstattung zur Verfügung, hier exemplarisch gezeigt an einer Mitteilung über Mittelwerte, zunächst die richtige Version: Die experimentelle Gruppe erzielte einen Mittelwert von 8.85, während der Mittelwert der Kontrollgruppe deutlich niedriger lag ($M = 6.32$). Falsch: Die experimentelle Gruppe erzielte $M = 8.85$, während der M der Kontrollgruppe deutlich niedriger lag (6.32).

4.4.1 d Wahl der Buchstabenart für Parameter

Einige Parameter (z. B. Populationskennwerte aber auch Symbole für statistische Tests) werden in griechischen Buchstaben geschrieben (z. B. m, χ^2) wenn sie in einer Gleichung oder mit Zahlen kombiniert auftreten (z. B. $\chi^2 = 10.45$). Im laufenden Text schreibt man dies aber aus: Populationsmittelwert (statt m) bzw. Chi^2 oder Chi-Quadrat (statt χ^2).

Natürlich muss man dem Leser und der Leserin die Möglichkeit geben, den geschilderten Sachverhalt möglichst leicht zu interpretieren. Für die Mitteilung von statistischen Prüfungsergebnissen gibt man deshalb die Bezugsgrößen (= deskriptive Statistiken) vorher an. Diese deskriptiven Kennwerte sind in den meisten Fällen Mittelwerte, aber es können auch Standardabweichungen, Häufigkeiten oder andere Kennwerte sein. Da sie sich meist auf Stichproben beziehen, werden sie mit lateinischen Buchstaben abgekürzt und kursiv geschrieben (z. B. $M = 735$ ms; $n_1 = 37$, $n_2 = 48$).

Tabelle 2

Häufig verwendete statistische Bezeichnungen, ihre Abkürzung und Schreibweise.

Bezeichnung	Abkürzung	Erläuterung
Gesamtstichprobe	N	lat. numerus = Anzahl
Teilstichprobe (mit Index)	$n_1, n_2 \ldots$	lat. numerus = Anzahl
Mittelwert (arithmetisch)	M	engl. mean
Median	Mdn	lat. medianus = in der Mitte befindlich
Standardabweichung	SD	engl. standard deviation
Standardfehler	SE	engl. standard error
Varianzanalyse	ANOVA	engl. analysis of variance
Multivariate Varianzanalyse	MANOVA	engl. multivariate analysis of variance
Freiheitsgrade	df	engl. degrees of freedom
Quadratsumme	SS	engl. sum of squares
Mittleres Abweichungsquadrat	MS	engl. mean square
Häufigkeit	f	lat. frequentia = Häufigkeit
Nullhypothese	H_0	griech.-lat. hypóthesis = (unbewiesene) Annahme
Alternativhypothese	H_1	lat.-frz. alternativ = Entscheidung zwischen zwei Möglichkeiten
Irrtumswahrscheinlichkeit	p	lat. probabilitas = Glaubhaftigkeit, Wahrscheinlichkeit
Signifikant	s	besser, weil genauer: $p < .05$ bzw. .01, .001 etc.
Nicht signifikant	ns	besser, weil genauer: $p > .05$ bzw. .01, .001 etc.

4.4.1 e Kürze der Mitteilung

Damit im Text keine sehr langen Ausführungen zu statistischen Ergebnissen gemacht werden müssen, verwendet man für diese Angaben am besten eine Kurzform, die in Klammern in den Satz eingefügt wird. Hier zunächst eine lange Version: „Die statistische Prüfung mittels Chi-Quadrat-Test ergab einen Chi²-Wert von 13.15. Bei drei Freiheitsgraden und einem Stichprobenumfang von 125 Vpn liegt die Irrtumswahrscheinlichkeit für diesen Wert unter 1 Prozent, das Ergebnis ist signifikant." Dieselbe Aussage läßt sich in wesentlich kürzerer Weise mitteilen, Sie haben drei Möglichkeiten:

(a) χ^2 ($df = 3$, $N = 125$) = 13.15, p < .01
(b) $\chi^2_{(df = 3, N = 125)}$ = 13.15, p < .01
(c) $\chi^2_{(3, N = 125)}$ = 13.15, p < .01

Es dürfte eindeutig sein, dass Sie eine Kurzversion verwenden. Welcher Sie den Vorzug geben, ist z. T. eine Geschmacksfrage – behalten Sie aber die Reihenfolge und ggf. die Kursivschreibung *exakt* bei. Im Kasten sehen Sie die Regel, sie lautet:

(1) Angabe des statistischen Symbols	Bsp.: χ^2, F, t etc.
(2) In Klammern die numerische Angabe der Freiheitsgrade; durch Komma abgetrennt von der	*df*
(3) Angabe der Stichprobengröße	*N*
(4) Angabe des numerischen Wertes	z. B. 153.87
(5) Kennzeichnung der Irrtumswahrscheinlichkeit	*p*
(6) Kleiner-Größer-Zeichen	< >
(7) Niveau der Irrtumswahrscheinlichkeit ohne führende Null	.05, .01, .001 etc.

4.4.1 f Maßeinheiten

Die meisten Zahlenangaben haben einen Bezug zu einer variablen Größe; d. h., die Zahlen sind bezeichnet, je nachdem, ob sie sich auf Gewicht, Zeit oder Volumina usw. beziehen. Die Grundlage für Messungen nach diesen wie zahlreichen anderen Einheiten richtet sich generell nach dem metrischen System, das im *International System of Units* festgelegt ist (weil es ein Ergebnis der französischen Revolution ist, heißt es eigentlich: Système International d'unités; kurz: SI-System; für weitere Information: http://physics.nist.gov/cuu/Units/index.html; Zugriff am 27.01.2006).

Die Abkürzungen (Zeichen) metrischer Einheiten sind diesem System folgend im Duden aufgenommen, dort finden Sie auch die korrekten Schreibweisen. Die Abkürzungen werden an die Zahl angehängt, aber durch ein Leerzeichen getrennt (vgl. Tabelle 3). Die Maßeinheiten werden sämtlich in normaler Schriftausrichtung geschrieben (also kein Kursiv- oder Fettdruck). Beachten Sie bitte, dass es – abweichend von den Angaben des Duden – bei den Volumeneinheiten eine Besonderheit gibt. Bei Volumina, die in Litern angegeben weden, schreibt man ein großes L, um Vewechslungen auszuschließen, die sich beim Kleinbuchstaben l mit der Ziffer 1 ergeben. Bruchteile von Litern schreibt man allerdings klein (also: 364 ml oder 0.364 l).

Tabelle 3

Auflistung verschiedener Maßeinheiten und deren Zeichen.

Art der Einheit	Bezeichnung	Abkürzung (Zeichen)	Beispiel
Längeneinheiten	Meter	m	4.31 m
	Zentimeter	cm	5.49 cm
	Millimeter	mm	6.33 mm
Zeiteinheiten	Stunde	h	5 h
	Minute	min	48 min
	Sekunde	s	43.453 s
	Millisekunde	ms	453 ms
Gewichtseinheiten	Kilogramm	kg	66.49 kg
	Gramm	g	45.23 g
	Milligramm	mg	453.45 mg
Volumeneinheiten	Liter	L	5.89 L
	Zentiliter	cl	20 cl
	Milliliter	ml	1.52 ml

4.4.2 Gleichungen und Formeln

sollten stets in den fortlaufenden Text integriert werden. Dies setzt allerdings voraus, dass ihre Struktur auch in ein normales Textbild passt, also in einer Zeile geschrieben werden kann wie z. B. Lewins Verhaltensformel: V = f (P,U). Ist dies nicht der Fall, d. h., hat man es mit komplexeren Formeln zu tun (Bruchdarstellungen oder ausgiebige Indizierung, komplizierte mathematische Symbole), sollte sich jede Formel deutlich aus dem übrigen Schriftbild herausheben, deshalb setzt man sie in die Mitte des Satzspiegels (zentrisch). Der Abstand zum vorangehenden und nachfolgenden Text muss so groß sein, dass die Formel nicht in das Schriftbild des Textes hineinragt. Das wird dadurch erreicht, dass Sie zwei 1,5-zeilige Leerzeilen vor und hinter der Formel oder Gleichung einfügen. Werden mehrere Formeln im Text verwendet (auf die womöglich später im Text verwiesen werden soll), so nummeriert man sie am äußersten rechten Rand des Satzspiegels und setzt die Nummer in runde Klammern. Natürlich müssen die in der Formel aufgenommenen Symbole oder Abkürzungen erläutert werden, wenn sie nicht Allgemeingut sind (ein Wurzelzeichen müssen Sie nicht erläutern).

4.4.3 Personennamen

Bislang gab es zur Schreibung von Personennamen zwei verschiedene Möglichkeiten: (1) Alle Autoren und Eigennamen werden wie üblich mit einem großen Anfangsbuchstaben versehen und dann in normaler Schreibweise zu Ende geführt (z. B.: Clauß & Ebner). Die mittlerweile aufgegebene Version (2) sah so aus, dass der gesamte Eigenname in Großbuchstaben geschrieben wurde (z. B.: HAYAKAWA)[2]. Inzwischen ist die erste Version (normale Schreibweise) international etabliert – folgen Sie also dieser Regel.

---

[2] Zu diesem Problem erlauben wir uns ausnahmsweise einmal eine Fußnote. Wir wollen nicht versäumen, darauf hinzuweisen, dass die Großschreibung von Personennamen auch Vorteile hatte. Zum einen erlaubte sie das schnelle Auffinden einer Textstelle, in der sich ein Autor auf einen anderen Autor bezieht, zum anderen sind Kombinationen grammati-

Falls Sie dennoch anders verfahren, sollten Sie diese Schreibweise in jedem Fall in der gesamten Arbeit aufrechterhalten. Der Nachteil der Großschreibung von Eigennamen liegt in einer typografisch, also visuell unbefriedigenden Seitenaufteilung – es sieht nicht sehr schön aus, wenn das Schriftbild einer Seite häufig von Großbuchstaben (sog. Versalien) unterbrochen wird. Will man aber auf eine Hervorhebung nicht verzichten, dann könnte man Kapitälchen verwenden, d. h., Großbuchstaben, deren Schriftgröße nicht über die Größe von Kleinbuchstaben hinausgeht: HÖRMANN oder HÖRMANN – sehr schön sieht das wirklich nicht aus. Die großen Psychologenverbände – APA und DGPs – haben die Normalschreibweise zur Regel definiert. Schreiben Sie also: Hörmann (und nicht HÖRMANN). Weichen Sie von dieser Regel nur dann ab, wenn Ihr Betreuer dies ausdrücklich verlangt.

4.5 Abkürzungen

Selbstverständlich können in allen Texten die in der deutschen Schrift gebräuchlichen Abkürzungen verwendet werden (z. B., d. h., etc., usf.); hinzu kommen noch einige weitere, die in der Psychologie gebräuchlich sind: Vl für Versuchsleiter (engl. E für Experimenter), Vp für Versuchsperson (engl. S für subject, Plural Ss) oder Pb für Proband. Pb findet man häufiger in diagnostischen Arbeiten, insbesondere im Bereich der klinischen Psychologie (vgl. auch Tabelle 2, S. 89 und Tabelle 4, S. 140). Im Zuge der geänderten Auffassung über die Rolle der Versuchsperson sprechen manche Autoren lieber von *Versuchsteilnehmerinnen* und *Versuchsteilnehmern*. In diesem Fall muss der Begriff einmal ausgeschrieben und die Abkürzung (Vt) in Klammern dahinter gesetzt werden, um eine Verwechslung mit der in manchen Bereichen der Psychologie üblichen Abkürzung Vt für *Versuchstier* von vornherein zu vermeiden.

Generell sollte man auf eigene Abkürzungen nach Möglichkeit verzichten, weil andernfalls die Lesbarkeit des Textes unnötig erschwert würde. Dennoch kann es notwendig sein, spezielle Abkürzungen für eine Arbeit zu kreieren. Werden etwa Untersuchungen mit sogenannten sinnfreien Silben durchgeführt (z. B. MIV, POR, ZEM) und muss deren Typbezeichnung *Konsonant-Vokal-Konsonant-Silben* häufiger wiederholt werden, dann empfiehlt es sich, von KVK-Silben zu sprechen. Selbstverständlich muss diese Abkürzung an einer geeigneten Stelle erläutert werden. Kommt man nicht umhin, eine größere Menge von Abkürzungen für seinen Text zu definieren, so ist es unabdingbar, sie auf einem gesonderten Blatt aufzulisten – etwa als erste Seite im Anhang unter der Überschrift *Abkürzungsverzeichnis*.

Beim Entwurf solcher Abkürzungen ist unbedingt darauf zu achten, dass das verwendete Kürzel leicht mit jenen Begriffen in Verbindung gebracht werden kann, die es symbolisieren soll. Dies könnte einmal durch die Verwendung der Anfangsbuchstaben geschehen, wie im o. g. Beispiel der KVK-Silben, oder man kann eine Kombination von Buchstaben aus den verschiedenen Wörtern so wählen, dass eine

---

scher Art leichter zu erkennen. Im folgenden Beispiel wird der Autorname Hörmann mit unterschiedlichen grammatischen Suffixen verwendet. Die Großschreibung erlaubt in diesen Fällen sofort, den richtigen Eigennamen korrekt zu erkennen: In HÖRMANNs Konzept des Verstehens von Sprache wird eine neue Art von Konstanzphänomen vertreten. Diese HÖRMANNsche Sinnkonstanz wird als Beitrag zur Rolle der Semantik im Sprachgeschehen aufgefasst.

Art neuer Begriff entsteht (z. B. SYMLOG = A System for the Multiple Level Observation of Groups; Bales, Cohen & Williamson, 1982). Noch ein Beispiel: In vielen experimentellen Arbeiten zur Wahrnehmungs- oder Gedächtnispsychologie kommt es vor, dass die Präsentation von Stimuli in bestimmten Zeitintervallen stattfinden muss. Um nicht permanent die umständliche Formulierung *Inter-Stimulus-Intervall* schreiben zu müssen, ist die Abkürzung ISI eingeführt worden, eine wirkliche Erleichterung.

Berücksichtigen Sie bitte auch, dass eine ganze Reihe von Buchstaben bereits im Rahmen statistischer Tests und Formeln festgelegt ist und deshalb nicht in einer neuen Bedeutung verwendet werden sollte. Ein Beispiel: Der Buchstabe r ist für die Kennzeichnung von Korrelationskoeffizienten reserviert (ursprünglich stand der Buchstabe r für *Regression*, die mathematische Wurzel für den Korrelationsbegriff); es wäre wenig sinnvoll, diesen Buchstaben nun als Kürzel für *retrograde Amnesie* (= rückwirkender Gedächtnisverlust) zu benutzen.

Wenn Ihre Arbeit viele Details aus der Informationstechnologie benutzen muss, kann es sehr umständlich werden, alle Abkürzungen stets beim ersten Gebrauch auszuschreiben. Hier gilt es, mit Augenmaß die Kenntnis- und Interessenlage der potenziellen Leser im Auge zu halten. Rechnen Sie mit einem Leserkreis, der diese Abkürzungen ohnehin gut kennt, ist es ein wenig kurios, wenn Sie nun alle Abkürzungen erklären; so würde es merkwürdig klingen, wenn Sie in einem psychologischen Kontext „Vp" erklären würden. Für Informationstechnologie-Kontexte mag dieses als Beispiel dienen: HTML ist dort eine sehr gebräuchliche Abkürzung und daher muss man in *diesem* Kontext nicht schreiben, dass es Hypertext Markup Language bedeutet. Die Regel lautet also: Die Erklärungsbedürftigkeit von Abkürzungen ist kontextabhängig, neu generierte Abkürzungen müssen immer erklärt werden.

4.6 Abbildungen

Zunächst seien zwei Sprachregelungen getroffen, damit eindeutige Beziehungen zwischen den verschiedenen Begriffen hergestellt werden.

(1) Was ist eine Abbildung? Sämtliche zeichnerischen Darstellungen heißen Abbildung – sie sind grundsätzlich nur in Schwarz-Weiß auszuführen! Es ist gleichgültig, ob es sich um eine Grafik mit Koordinatensystem handelt oder um eine Darstellung mit Pfeilen und Textblöcken, ein Kuchen-, Säulen- oder Flussdiagramm, eine Handzeichnung oder eine Fotografie. Alles dies sind Abbildungen und sie werden deshalb im Text auch so bezeichnet. Sie werden fortlaufend nummeriert und mit dem kursiv geschriebenen Wort *Abbildung* versehen (vgl. Abbildung 3).

(2) Was sind Titel und Legende? Der *Titel* einer Abbildung liefert eine Inhaltsangabe dessen, was in der Abbildung dargestellt ist, er steht stets *unter der Abbildung*. Die *Legende* erläutert einzelne Symbole, Strichführungen oder Säulen, sie gehört nach Möglichkeit *in die Abbildung selbst*, also unmittelbar in die Nähe der Kurven, Säulen etc. (vgl. Abbildung 3).

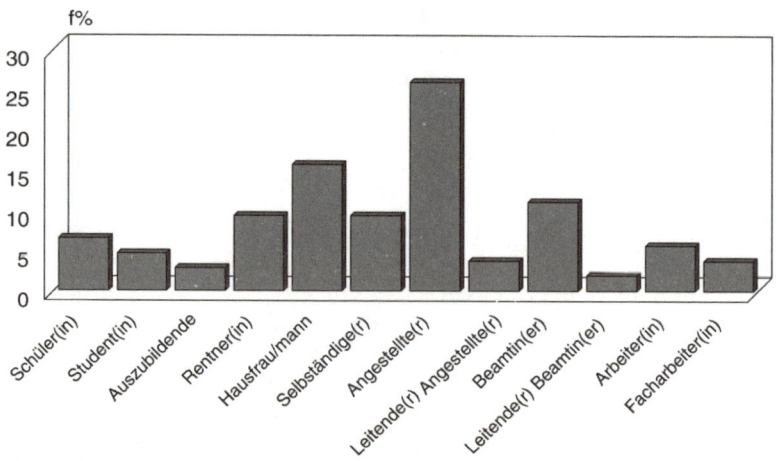

Abbildung 3. Häufigkeitsverteilung verschiedener Berufe (f %) der untersuchten Besucherstichprobe (*N* = 99). Wehrpflichtige bzw. Zivildienstleistende waren in dieser Stichprobe nicht vertreten, sie sind daher nicht aufgeführt.

Damit dürfte die Entscheidung leicht fallen, ob eine Darstellung zur Kategorie *Abbildung* oder *Tabelle* gehört. Auf eine Abbildung sollte man stets dann zurückgreifen, wenn es sinnvoll ist, eine Vielzahl von Informationen übersichtlich und einfach zusammenzufassen. Generell gilt, dass grafische Darstellungen so gestaltet werden müssen, dass sie ohne Rückgriff auf den Text gut verständlich sind. Dieses Ziel unterstützen die Legende und der Titel; sie sind dann gelungen, wenn sie alle notwendigen Informationen zum Verständnis zusammenstellen. Es empfiehlt sich daher nicht, Titel und Legende sehr kurz zu halten und mit der Bemerkung zu versehen „Näheres siehe Text". Nur wenn Titel und Legende *sehr* lang ausfallen müssten, kann man von einer solchen Vorgehensweise Gebrauch machen, aber bitte nur im äußersten Notfall.

Prinzipiell wird der Titel *unter* der Abbildung aufgeführt (grau unterlegt in Abbildung 3), während die Erklärung von Symbolen in der Abbildung selbst vorgenommen werden sollte. Die Abbildungen werden fortlaufend nummeriert (also: Abbildung 1, Abbildung 2, usw.). Bei längeren Arbeiten mit einem größeren Seitenumfang (> 150 Seiten) kann es jedoch sinnvoll sein, die Nummerierung kapitelweise vorzunehmen (im Kapitel 1 also: Abbildung 1.1, Abbildung 1.2; im Kapitel 2: Abbildung 2.1, 2.2, 2.3 usw.).

Eine Standardindikation zur Daten-Interpretation mittels Abbildung ist bei einer varianzanalytischen Prüfung gegeben, wenn eine statistisch bedeutsame Interaktion zweier oder mehrerer Faktoren gefunden wird. In diesen Fällen ist eine Abbildung Voraussetzung für die einwandfreie Interpretation (Beispiele für diesen Fall findet man in Bortz & Döring, 1995, S. 500).

Im Allgemeinen ist es unnötig, dass dieselben Informationen einmal in Form von Tabellen und *zusätzlich* durch Abbildungen im Text erscheinen; hier sollte man sich für diejenige Form entscheiden, welche die zu beschreibenden Sachverhalte am klarsten zur Geltung bringt. Abbildungen sollten sehr gewissenhaft angefertigt werden. Schwer zu interpretierende oder sogar irreführende Abbildungen entstehen häufig aus einem der folgenden Gründe:

(a) Die Ergebnisse einer Reihe von Gruppen werden in Säulendarstellung wieder-gegeben, ohne dass die Anordnung der einzelnen Gruppen einem erkennbar rationalen Prinzip folgt. Eine Möglichkeit sinnvoller Anordnung liegt z. B. darin, die Säulen in absteigender Reihenfolge ihres Wertes auf der Ordinate (Y-Achse) anzuordnen. Schauen Sie sich dazu noch einmal die Abbildung 3 auf S. 94 an: eine Rangordnung nach den Häufigkeiten der Berufsgruppen hätte die Information verbessert.

(b) Es ist ein Kunstfehler, Ergebnisse, denen beispielsweise eine dichotome Merkmalseinteilung zugrunde liegt, in Kurvenform mitzuteilen. Dazu ein Bei-spiel: Hat man Reaktionszeiten gemessen und findet einen Mittelwertunter-schied zwischen männlichen und weiblichen Versuchspersonen, dann ist es nicht statthaft, in einer Abbildung die Werte der beiden Vpn-Gruppen mit einer geraden Strecke oder einer Kurve zu verbinden. Dies legt stets die Inter-pretation eines Verlaufs nahe. Ein Verlauf wiederum fordert, dass zwischen den angegebenen Messwerten Zwischenstufen möglich sein müssen (auch dann, wenn man diese Zwischenstufen nicht untersucht hat), das ist aber z. B. bei dichotomen Variablen (hier: Geschlecht) gar nicht möglich.

(c) Ein weiterer, recht häufiger Fehler liegt darin, dass der Ursprung des Koordi-natensystems, in das die Abbildung eingetragen wird, nicht dem Nullpunkt der Skala entspricht, auf der die Merkmale gemessen wurden. In solchen Fäl-len kann durch die entsprechende Wahl der Maßeinheit der in der grafischen Darstellung auftretende Kurvenzug nahezu beliebig abgeändert werden. Stim-men also der Ursprungspunkt des Koordinatensystems und der Nullpunkt der Messwerte nicht überein, so ist das in der grafischen Darstellung entsprechend zu kennzeichnen (z. B. durch eine Durchbrechung der Achsen).

(d) Weiter muss bei einer Abbildung immer beachtet werden, dass die Dimensions-bezeichnung jeder Koordinate eingetragen wird und selbstverständlich muss auch eine Skala für die Messwerte angegeben werden. Hat die Untersuchung, über die berichtet wird, unabhängige und abhängige Variablen, werden die Stufen der unabhängigen Variable stets der Abszisse (X-Achse), die abhängige Variable der Ordinate zugeordnet (Y-Achse).

Anschauungsmaterial zu diesen Problemen findet man in einer guten (und kurzen) Übersicht z. B. in Clauß und Ebner, 1977, Kapitel II.

4.7 Tabellen

Zunächst auch hier ein paar Bemerkungen zur Definition von Tabelle:

(1) Eine Tabelle besteht aus Zeilen und Spalten, in denen Zahlen aber auch Texte nach einem Prinzip geordnet aufgeführt werden (Beispiel für eine Text-tabelle: Tabelle 1, S. 70).

(2) Bei Tabellen unterscheidet man den Titel von der Anmerkung: Der *Titel steht stets über der Tabelle*, die *Anmerkungen* (sofern überhaupt notwen-dig) immer *unter der Tabelle*. Der Unterschied zwischen *Titel* und *Anmer-kung* wird im Beispiel deutlich (vgl. Tabelle 6, S. 154).

Bei Tabellen ist wie bei Abbildungen darauf zu achten, dass sie ohne Rückgriff auf den Text interpretierbar sind, sie sollen aus sich heraus verständlich sein (ein schlechtes Beispiel dazu finden Sie auf Seite 87: Hier fehlt nicht nur die Bezeichnung *Tabelle*, sondern auch der Titel. Also: So sollten Sie es in Ihrer Arbeit niemals schreiben!). Verständlichkeit ist bei Tabellen in der Regel leichter zu erreichen als bei Abbildungen, weil neben dem Titel und den Anmerkungen auch die Beschriftung der Zeilen und Spalten zur Verfügung steht. Im *Titel* wird der Inhalt der Tabelle beschrieben, es wird gesagt, was die in der Tabelle aufgeführten Zahlen bzw. Texte bedeuten. Die Angabe, wie z. B. Unterschiede zwischen den mitgeteilten Zahlen zu interpretieren sind, geschieht in den Anmerkungen (zur Wiederholung: Sie werden stets *unter* der Tabelle aufgeführt!). Es gibt drei Arten von Anmerkungen:

(1) Erläuterung von Abkürzungen, Symbolen etc., die sich auf die gesamte Tabelle beziehen und Hinweise auf Quellen, wenn die Tabelle aus einem anderen Werk entnommen wurde. Wird die Tabelle unter Veränderung übernommen, muss auf die Veränderung hingewiesen werden mit den Worten: „Adaptiert aus" und danach die Angabe der Fundstelle.
(2) Spezielle Hinweise auf einzelne Spalten, Zeilen oder Zellen werden durch hochgestellte Kleinbuchstaben von links oben nach rechts unten Zeile für Zeile gekennzeichnet, beginnend mit dem Buchstaben a.
(3) Die Mitteilung von Signifikanzniveaus geschieht mittels Sternchen (*). Das niedrigste Signifikanzniveau wird mit *einem* Sternchen, das nächsthöhere Signifikanzniveau mit zwei Sternchen usw. angegeben (z. B. *$p < .05$, ** $p < .01$, *** p < .001).

Alle Anmerkungen beziehen sich jeweils nur auf diejenige Tabelle, unter der sie aufgeführt werden. Das bedeutet, dass Mitteilungen über Signifikanzniveaus stets erneut angegeben werden müssen. Es ist natürlich sinnvoll, wenn Sie die einmal eingeführte Anmerkung (wie z. B. *$p < .05$) für die anderen Tabellen beibehalten, notwendig ist dies aber nicht, Sie könnten in einer anderen Tabelle folgende Anmerkung verwenden: *$p < .01$. Das ist z. B. dann ratsam, wenn ausschließlich dieses Signifikanzniveau in der Tabelle vorkommt, es wäre unsinnig, dies nun mit zwei Sternchen zu kennzeichnen. Beispiel: Bei einer Korrelationstabelle sollte man angeben, welcher numerische Korrelationskoeffizient den kritischen Wert darstellt, also schreibt man darunter: *Anmerkung:* r > .30; p < .05. Übrigens: Das Wort *Anmerkung* wird stets kursiv geschrieben!

Tabellen sind so anzuordnen, dass Ablesefehler vermieden werden, insbesondere muss ein Verwechseln von Zeilen oder Spalten ausgeschlossen sein. Wenn immer möglich, sollten Sie die senkrechten Trennungslinien weglassen, das erhöht die Ablesefreundlichkeit. Viele Tabellen können als „Dreieckstabelle" angelegt werden, d. h., man könnte nur die absolut notwendigen Zahlen eintragen und redundante Felder, die sich aus der Kombination von Zeilen und Spalten doppelt ergeben, einfach offen lassen. Erfahrungsgemäß vermindert dies die Ablesegenauigkeit. Füllen Sie deshalb alle Felder der Tabelle aus, auch wenn damit manche Information doppelt aufgeführt wird.

Die Nummerierung von Tabellen wird – analog zur Vorgehensweise bei Abbildungen – fortlaufend vorgenommen (also: Tabelle 1, Tabelle 2, Tabelle 3 usw.), nur bei längeren Arbeiten mit einem größeren Seitenumfang lohnt es sich, die

Nummerierung kapitelweise vorzunehmen (also für Kapitel 1: Tabelle 1.1, Tabelle 1.2, Tabelle 1.3 usw.; für Kapitel 2: Tabelle 2.1, 2.2, 2.3 usw.).

Es ist zu bedenken, dass innerhalb einer Tabelle nicht zu viele statistische Maßzahlen mitgeteilt werden; nur in Ausnahmefällen sollten mehr als zwei Kennzahlen aufgeführt werden. Bei Mittelwerten und Standardabweichungen ist die Angabe innerhalb derselben Tabelle jedoch günstig, weil Maße der zentralen Tendenz immer zusammen mit Streuungsmaßen beurteilt werden.

Generell gilt, dass die mitgeteilten Zahlen nicht unnötig viele Stellen enthalten sollen. Auf diese Weise vermeidet man, dass eine Exaktheit vorgespiegelt wird, die in keinem Verhältnis zur tatsächlichen Genauigkeit der Messwerte steht. Im Allgemeinen wird bei der Darstellung von Ergebnissen sowie bei der Angabe von statistischen Kennzahlen eine Begrenzung auf zwei Stellen nach dem Dezimalpunkt ausreichend sein. Ebenso wie bei Abbildungen gilt auch hier, dass die Zahlenwerte nicht im Text wiederholt werden sollten. Ausschnitte aus den Tabellen, d. h., der Bezug oder Hinweis auf einzelne Werte der Tabelle, bilden hiervon selbstverständlich die Ausnahme.

Die Größe einer Tabelle im Text ist einmal durch den Satzspiegel begrenzt, zum anderen aber auch durch die Verständlichkeit. Eine Tabelle, die mehr als eine Seite umfasst, sollte nur in Ausnahmefällen verwendet werden. Sollte es dennoch unvermeidlich sein, größere Tabellen mit aufzunehmen, so ist zu überlegen, ob sie nicht besser im Anhang untergebracht sind und diejenigen Teile, die zum Verständnis der Ergebnisse unabdingbar notwendig sind, in einer kleineren Tabelle innerhalb des Textes zusammengefasst werden.

Bei Tabellen, die größere Dimensionen annehmen, ist es manchmal zweckmäßig, sowohl die Null vor der Dezimalstelle als auch den Dezimalpunkt selbst wegzulassen. Natürlich muss dann in der Legende zu dieser Tabelle darauf hingewiesen werden, dass die Werte ohne Dezimalpunkt aufgeführt sind (Beispiel: statt -0.69 enthält die Tabelle nur noch -69; ohne Hinweis in der Legende wäre dieser Wert missverständlich). Tabellen sind aber nicht nur für Zahlenmaterial sinnvoll, sondern auch bei Textzusammenstellungen (vgl. Tabelle 1, S. 70; Beispiele für Tabellen mit Zahlenmaterial finden Sie auf den Seiten 153–155). Texttabellen sind immer dann sinnvoll, wenn über einen Sachverhalt verbal und kurz informiert werden soll, etwa bei Gegenüberstellungen wie in Tabelle 1 (S. 70). Beachten Sie bitte, dass beim Tabellentitel das Wort „Tabelle" und die nachfolgende Nummer immer in normaler Schrift geschrieben werden, während der Text des Tabellentitels in kursiver Schreibweise aufgeführt wird. Die Anmerkungen können, wenn sie größeren Umfang aufweisen, in kleinerer Schriftgröße geschrieben werden (10- oder 11-Punkt-Schrift).

4.8 Die Qual der Wahl: Abbildung oder Tabelle oder nur Mitteilung im Text?

In manchen Fällen ist es nicht einfach zu bestimmen, welche Darstellungsart die richtige ist. Es gibt aber drei allgemeine Regeln:

(1) Die geforderte Genauigkeit ist zu beachten.
(2) Die deutlichste und anschaulichste Darstellung hat den Vorrang.
(3) Die kürzere Darstellung ist vorzuziehen.

Deshalb: Müssen Werte exakt aufgeführt werden, ist die Tabelle immer von Vorteil (weil Sie die Zahlen direkt eintragen können). Ist der absolute Betrag eines Messwertes weniger von Bedeutung und die Abhängigkeit der Werte von, sagen wir, zwei Faktoren wichtiger, dann gebührt der Abbildung der Vorzug. Auf die Interpretation von Interaktionen, die stets anhand einer Abbildung erfolgt, haben wir bereits hingewiesen, aber auch bei anderen Messwerttypen sind Abbildungen im Vorteil, z. B. bei der Mitteilung von wiederholten Messungen. In aller Regel interessiert hier insbesondere der Verlauf einer Messwertreihe und das lässt sich am besten durch eine Abbildung kommunizieren.

Allerdings sollte man bedenken, dass viele Ergebnisse oder Beschreibungen sehr gut als numerische Angabe im fließenden Text mitgeteilt werden können. So ist es übertrieben, wenn man die Aufteilung der Stichprobe nach Geschlecht als Kreis- oder Balkendiagramm aufführt; es reicht völlig, wenn man etwa schreibt, dass die verwendete Stichprobe zu 64% aus weiblichen und zu 36% aus männlichen Vpn bestand. Hat eine Variable mehr als nur drei Ausprägungen (z. B. die nach Klassen aufgeteilte Alterszusammensetzung der Stichprobe), kann ein Histogramm (= Darstellung in Säulenform) oder ein Kreisdiagramm sinnvoll sein.

Schließlich zeigt das Beispiel der Texttabelle (Tabelle 1, S. 70), dass die Mitteilung einer solchen Gegenüberstellung in normaler Textform viel länger ausfallen muss und daher die gebotene schnelle Vergleichbarkeit nicht erreichen kann. Hier ist eine Texttabelle weit überlegen.

4.9 Fußnoten

Im Allgemeinen sollte man Fußnoten in schriftlichen Arbeiten vermeiden. Als grobe Orientierung kann etwa folgende Faustregel dienen: Ist eine Bemerkung, die man etwa in einer Fußnote treffen möchte, für das Verständnis des Textes unabdingbar notwendig, so gehört sie nicht in eine Fußnote, sondern in den Text. Und umgekehrt: Will man in einer Fußnote lediglich eine Anmerkung machen, die zum Verständnis des Textes nicht entscheidend beiträgt, so kann man sie weglassen (Sie können diese Regel gern anhand von Fußnote 2, S. 91–92 selbst überprüfen, Fußnote 2 könnte entfallen).

Die Gepflogenheiten in Bezug auf Fußnoten sind jedoch von Fach zu Fach verschieden. Im Bereich der Psychologie sind sie an einer einzigen Stelle üblich, nämlich bei Danksagungen an Förderer, Mitarbeiter oder Kritiker. Dies geschieht vor allem bei Artikeln in Zeitschriften mittels einer an den Titel der Arbeit angefügten Fußnote, deren Text auf der untersten Zeile der ersten Seite zu finden ist. Ein Beispiel: Wallbott veröffentlichte 1991 einen Artikel über den mimischen Ausdruck in Trivial-Fernsehserien. Nach dem Titel wird mit einer Fußnote auf Folgendes hingewiesen: „Die hier vorgestellte Untersuchung wurde im Rahmen des Projektes WA 519/3–1 von der Deutschen Forschungsgemeinschaft gefördert. Ich danke Thomas Schlüter für seine Mithilfe bei der Auswahl der Stimuli, der Durchführung der Untersuchung sowie bei Teilen der statistischen Auswertung" (S. 16).

Will man dennoch nicht auf Fußnoten verzichten, dann stehen zwei Arten der Anordnung zur Verfügung. (a) Die Fußnote wird unten auf derjenigen Seite aufgeführt, in deren Text sie auftritt (vgl. Fußnote 1 auf S. 51 oder Fußnote 2 auf Seite 91–92) oder (b) sämtliche Fußnoten finden sich am Schluss des Textes. Mit dem letzteren Vorgehen erschwert man die Lektüre eines Textes erheblich. Die Leserin (oder der Leser) muss jedes Mal nach hinten blättern, um die Fußnote zu lesen (und dann vielleicht feststellen, dass sie nicht so wichtig war). Der Vorzug gehört damit klar der Anordnung der Fußnoten auf derselben Seite, in der sie im Text auftreten, so hat man keine Mühe, sich rasch zu informieren, was der Autor nebenbei noch zu sagen hat.

4.10 Zitate

Gedanken, die nicht vom Autor bzw. der Autorin stammen, aber in der Arbeit niedergeschrieben sind, müssen nach ihrer Herkunft gekennzeichnet werden. Erfolgt kein Hinweis, so bedeutet dies, dass der ausgedrückte Gedanke entweder von der Autorin bzw. dem Autor selbst stammt oder dass er bereits Allgemeingut der Wissenschaft geworden ist. Im letzteren Fall handelt es sich um die grundlegenden Begriffe und Tatsachen, die man in Lehrbüchern findet und deren Kenntnis für die Verfasser und Leser der Arbeit selbstverständlich ist. Sämtliche anderen Inhalte, die nicht vom Autor selbst stammen, müssen jedoch entsprechend gekennzeichnet werden. Aber welche Quellen sind eigentlich zitierwürdig? Vor allem natürlich alle wissenschaftlichen Werke, auf sicherem und gut dokumentiertem Wissen sollen Sie Ihre Arbeit ja aufbauen – Zeitschriften und Tageszeitungen, sowie Rundfunk, Fernsehen und Internet sind demgegenüber eher unbedeutend. Es gibt drei Formen der Wiedergabe von Literaturstellen, wörtliche, sinngemäße und sekundäre Zitate.

4.10.1 Wörtliche Zitate

Sie sind nur sinnvoll, wenn (a) die Zitatstelle als Beweis zitiert wird, (b) eine besonders prägnante Aussage einer Autorin oder eines Autors wiedergegeben werden soll oder (c) die Originalversion des Textes als Ausgangspunkt für weitere Interpretationen verwendet wird. Außer bei Blockzitaten (s.u.) sind wörtliche Zitate immer in doppelte Anführungszeichen („ ") einzuschließen, und es folgt danach in Klammern die exakte Mitteilung der jeweiligen Literaturfundstelle. Diese Literaturangabe besteht aus dem Namen des Autors, der Jahreszahl der Veröffentlichung und der Seitenzahl jener Seite, auf welcher der Wortlaut des Zitates zu finden ist; vgl. die Ausführungen weiter unten. Damit ist es dem Leser möglich, das Zitat ohne großen Aufwand auffinden und nachlesen zu können.

Das Zitat wird in derselben Schrifttype, -größe und -form geschrieben wie der übrige Text (also nicht kursiv!). Sind im Originaltext Fehler enthalten – gleich welcher Art – müssen diese Fehler so zitiert werden, wie sie im Original zu finden sind. Unmittelbar nach der fehlerhaften Stelle fügen Sie in Klammern das Wort [*sic*] ein (lat. sic = so; in *eckigen* Klammern und *kursiv* geschrieben) und machen damit kenntlich, dass der Fehler nicht von Ihnen stammt, sondern in genau dieser Weise im Original enthalten ist. Allgemeine Regel: An einem Zitat darf überhaupt nichts gegenüber dem Original verändert werden (also auch nicht die Interpunktion; siehe Kasten). Sind im Original Hervorhebungen enthalten, werden sie in das Zitat übernommen, Gleiches gilt für die im Zitat enthaltenen Literaturangaben. Es gibt aber Ausnahmen von der Regel der unveränderten Übernahme (s. Kasten).

Allgemeine Regel:
Das Zitat muss genau in der Weise übernommen werden, in der es im Originaltext zu finden ist.

Erlaubte Veränderungen:
Anfangsbuchstabe: Den ersten Buchstaben des Zitates darf man in Klein- oder
  Großbuchstaben verwandeln, wenn dies im Zusammenhang des eigenen Tex-
  tes notwendig ist.
Satzzeichen: Das *abschließende* Satzzeichen des Zitates darf aus syntaktischen
  Gründen geändert werden, um das Zitat dem neuen Zusammenhang anzu-
  passen.
Folgende Änderungen müssen gekennzeichnet werden:
Auslassungen: Werden im Zitat Wörter oder Satzteile ausgelassen, muss das
  jeweils durch Einfügen von drei Auslassungspunkten deutlich gemacht werden (jeweils ein Leerzeichen vor und hinter den Pünktchen: ...). Lässt man
  einen oder mehrere ganze Sätze aus, werden vier Auslassungspunkte eingefügt (jeweils ein Leerzeichen vor und hinter den Pünktchen: ....).
Ergänzungen: Sämtliche Hinzufügungen, die im Zitat vorgenommen werden,
  müssen durch eckige Klammern gekennzeichnet werden, damit erkenntlich
  ist, dass dieser Textteil vom zitierenden Verfasser stammt.
Hervorhebungen: Wollen Sie ein Wort oder einen Satz im Zitat besonders hervorheben, schreiben Sie diesen Teil in Kursivschrift und setzen hinter die Hervorhebung in eckigen Klammern diesen Hinweis: [Hervorhebung v. Verf.].
  Um keine Missverständnisse aufkommen zu lassen: mit „Verfasser" (= Verf.)
  sind stets Sie selbst gemeint und nicht Autor oder Autorin des Zitats.

Fremdsprachige Literaturstellen müssen, wenn sie wörtlich zitiert werden sollen,
in der Originalsprache angeführt werden. Im Allgemeinen wird hier die Kenntnis
des Englischen beim Leser vorausgesetzt. Zitate aus anderen Sprachen müssen in
der Regel übersetzt werden. Die Übersetzung des Zitates ins Deutsche wird in
einer Fußnote angegeben. Die Fußnote wird nach dem letzten Anführungszeichen
des Zitates (hochgestellt) angefügt, bei Blockzitaten nach dem letzten Punkt. Die
Fußnote enthält nur die Übersetzung, nach der Übersetzung wird angegeben, von
wem sie stammt. In der Regel ist das der zitierende Verfasser selbst, auch dies muss
mitgeteilt werden (und zwar durch die nicht kursiv geschriebene Angabe „Übersetz-
zung vom Verfasser" bzw. in abgekürzter Version „Übers. v. Verf."). Es kommt
jedoch auch vor, dass die zitierte Stelle einer bereits veröffentlichten Übersetzung
entnommen worden ist. In diesem Fall ist der Name jenes Autors anzugeben, der
die Übersetzung gefertigt hat, sowie die Seitenzahl, auf der sie gefunden werden
kann.

Liegt das Buch eines fremdsprachigen Verfassers vollständig in deutscher Übersetzung vor, dann wird aus diesem zitiert, ohne *im Text* den oder die Übersetzer
anzugeben. Dazu zwei Beispiele, zunächst die Zitierung eines vollständig übersetzten Buches im Text; beachten Sie, dass hier das Erscheinungsjahr der Originalaus-
gabe und der Übersetzung angegeben werden: „Die Beobachtung von Gruppen
wurde durch ein Kodierschema von Bales, Cohen und Williamson (1979/1982)
weiterentwickelt." Das Original dieser Arbeit ist also bereits 1979 in englischer
Sprache erschienen. Dieses Buch wurde nun ins Deutsche übersetzt, erhielt also
auch einen deutschen Titel. Im Literaturverzeichnis wird dieses Buch deshalb mit

der Jahreszahl des Erscheinungsjahres der deutschen Fassung angegeben + Angabe der Übersetzer + Angabe des Erscheinungsjahres des Originaltitels (ohne Abschlusspunkt!, s.u.). Im Beispiel finden Sie alle notwendigen Angaben:

Bales, R. F., Cohen, S. P. & Williamson, S. A. (1982). *SYMLOG. Ein System für die mehrstufige Beobachtung von Gruppen* (J. Schneider & P. Orlik, Übers.). Stuttgart: Klett-Cotta. (Original erschienen 1979: SYMLOG. A system for the multiple level observation of groups)

Die Übersetzer werden hier also mit aufgeführt, während sich die Autorenangabe *im laufenden Text* nur insoweit vom üblichen Schema unterscheidet, als zwei Jahreszahlen angegeben werden: zuerst das Erscheinungsdatum der Originalarbeit, danach das Datum der Übersetzung.

Zweites Beispiel: Nehmen wir an, ein Text der amerikanischen Autoren Schachter und Singer würde nach einer deutschen Übersetzung zitiert, die in einem anderen Buch zu finden ist, dann muss diese Angabe folgen: Schachter & Singer, 1962, S. 399, dt. Übersetzung in Mandler, 1979, S. 122 (dt. = allgemein übliche Abkürzung für deutsch).

Auch hier muss vermerkt werden, dass diese Regel in verschiedenen Wissenschaftsbereichen unterschiedlich gehandhabt werden kann. Es wäre z. B. nicht sinnvoll, eine Ausarbeitung in Romanistik so auszuführen, dass alle französischen Zitate übersetzt werden (es sei denn, es handelt sich um die Auslegung eines speziellen Textes, an dem gerade die Übersetzung geübt oder demonstriert werden soll). Desgleichen sind Begriffe, die in einem Fachgebiet zur normalen (nicht-englischen) Nomenklatur gehören, natürlich vom Gebot der Übersetzung ausgenommen (in einer musikwissenschaftlichen Arbeit muss man *adagio* nicht übersetzen, wirklich nicht).

Nun könnte es sein, dass Sie diese pingeligen Anweisungen doch für reichlich übertrieben halten (obwohl Sie von wissenschaftlicher Exaktheit schon etwas gehört haben). Wenn Sie die beiden folgenden Begebenheiten gelesen haben, sollten Sie aber restlos überzeugt sein, dass solche Akribie wirklich erforderlich ist. Das erste Beispiel bezieht sich auf eine Interpretation Sigmund Freuds über eine Kindheitserinnerung Leonardo da Vincis, 1910 veröffentlicht. Selg, Klapprott und Kamenz (1992) schreiben dazu:

Für die Interpretation in dieser Arbeit ist ein Satz ganz entscheidend wichtig, der Freud in deutscher Übersetzung vorlag und in dem es u. a. heißt, es sei ein Geier zu Leonardos Wiege herabgeflogen und habe dem Kind mit dem Schwanz den Mund geöffnet. Freuds Assoziationen führen über die ägyptische Bilderschrift (in der ‚Mutter' mit dem Bild des Geiers geschrieben wird) und die ägyptische (mütterliche) Göttin Mut zum Geier als *Muttersymbol*, und die karge Kindheitserinnerung wird für Freud zum Schlüssel für die ‚Hemmungen in Leonardos Sexualleben und seiner künstlerischen Tätigkeit' (S. 89): Die Homosexualität [Leonardos] wird auf eine überstarke *Mutterbindung* zurückgeführt. Nur: Der Leonardo-Text, der Freud vorlag, enthielt einen Übersetzungsfehler: Das Original handelt nicht von einem Geier, sondern von einem Milan (Clark 1981). Damit bricht die Konstruktion ... zusammen ... (S. 84–85).

Das zweite Beispiel handelt ebenfalls von einer wenig transparenten Form der Behandlung von Texten, in diesem Fall eines Gedichtes – ein Beispiel für die nicht oder zumindest nicht korrekt erfolgte Quellenangabe, die schlimme Folgen haben kann. In Crystal (1998, S. 346) findet sich folgendes schöne Beispiel einer sehr eigenartigen Rückübersetzung, die in dieser Weise nur geschehen konnte, weil die Vorstellungen und Ideen des Übersetzers aufgrund der falschen oder fehlenden Quellenangabe in eine völlig falsche Richtung gelenkt wurden. Zunächst das Original, das Sie natürlich kennen, Johann Wolfgang von Goethes „Wanderers Nachtlied":

Über allen Gipfeln
Ist Ruh,
In allen Wipfeln
Spürest Du
Kaum einen Hauch;
Die Vögelein schweigen im Walde.
Warte nur, balde
Ruhest Du auch.

Im Jahre 1902 wurde das Gedicht ins Japanische übertragen, 1911 aus dem Japanischen ins Französische und kurz darauf zurück ins Deutsche in der Annahme, es handele sich um ein japanisches Gedicht. Eine Literaturzeitschrift druckte es unter dem Titel *Japanisches Nachtlied* wie folgt ab:

Stille ist im Pavillon aus Jade
Krähen fliegen stumm
Zu beschneiten Kirschbäumen im Mondlicht
Ich sitze
Und weine.
(S. 346).

4.10.2 Sinngemäße Zitate

werden nicht in Anführungszeichen gesetzt. Wird sinngemäß zitiert, ist es auch nicht notwendig, den Originaltext einer anderen Sprache mit abzudrucken. Der Leser weiß, dass solche Zitate bereits auf einer Interpretation des zitierenden Autors beruhen können. Die Regel der genauen Angabe der Fundstelle gilt generell auch bei sinngemäßen Zitaten. Lediglich in jenen Fällen, in denen der wesentliche Inhalt einer kürzeren Arbeit oder der Grundgedanke eines Buches summarisch wiedergegeben wird, kann auf die Angabe einer Seitenzahl verzichtet werden.

4.10.3 Sekundärzitate

sollte man nach Möglichkeit vermeiden, Zitate sollen sich in aller Regel auf die Originaldarstellung des referierten Autors beziehen. Wird dennoch einmal ein Autor „aus zweiter Hand" zitiert (z. B. aus Lehrbüchern), so ist dies mit dem Zusatz „zitiert nach" exakt zu kennzeichnen (Beispiel: Engelkamp, 1973, zitiert nach Hörmann, 1976, S. 449). Generell sollten Sie von dieser Zitierweise selten Gebrauch machen. Man sollte stets bemüht sein, sich das entsprechende Original zu beschaffen, um den Originaltext nachlesen zu können (z. B. durch die Universitätsbibliothek, evtl. Fernleihe). Nur dann, wenn man vergeblich versucht hat, die Arbeit des zitierten Autors zu finden, ist es erlaubt, die Sekundärliteratur zu verwenden. Be-

denken Sie immer, dass bei solchen Sekundärzitaten die Gefahr besteht, dass die
ursprünglichen Absichten des ersten Verfassers bereits verzerrt worden sind.

Dennoch gibt es Fälle, in denen ein Sekundärzitat unumgänglich ist, dazu zwei
Beispiele: Ein chinesischer Autor hat eine Arbeit geschrieben, die exakt in den
Begründungszusammenhang Ihrer Studie passt. Da Sie die Arbeit nicht im Original lesen können, dies sei hier einmal angenommen, dürfen Sie jenen Autor zitieren, in dessen Text die chinesische Arbeit dargestellt worden ist; selbstverständlich
muss dies durch korrekte Zitierweise dokumentiert werden (s.o.). Der zweite Fall
der (erlaubten) Sekundärzitation ist dann gegeben, wenn ein Autor ein unveröffentlichtes Werk eines anderen Autors zitiert. Hier hat man kaum eine Möglichkeit, die Originalliteratur zu erhalten, also nutzt man die Information aus zweiter
Hand, verknüpft mit einem unguten Gefühl.

4.10.4 Länge der Zitate

Natürlich soll ein Zitat auch von der Länge her lediglich eine markante Stelle aus
einem anderen Werk übernehmen, schließlich soll man ja nicht abschreiben. Wird
dennoch ein längeres Zitat erforderlich, dann sollte es vom übrigen Text optisch
abgehoben werden. Generell gilt: Zitate, die maximal 40 Wörter umfassen, werden in den fließenden Text eingearbeitet; ist das Zitat länger als 40 Wörter, wird es
gesondert als Blockzitat gesetzt. Um zu verdeutlichen, wie das aussehen könnte,
geben wir hier zwei Beispiele:

- Zitat im Text (mit Anführungszeichen, Literaturangabe einschließlich Seitenzahl in Klammern, Satzabschlusspunkt nach der Klammer):
  Auch unter dem Gesichtspunkt der gegenwärtigen Bewusstseinsdiskussion
  bleibt gültig, dass „the rational psychology of consciousness could not compete
  with the psychology of the irrational and the unconscious of which Freud
  was only a part" (Leahey, 1987, S. 200).
- Blockzitat (engzeilig[3], rechts und links eingezogen, deshalb erscheint es wie
  ein Block, keine Anführungszeichen, die Seitenangabe steht am Ende des Blo-
  ckes, vgl. Beispiel):

Auch unter dem Gesichtspunkt der gegenwärtigen Bewusstseinsdiskussion bleibt
nach Leahey (1987) gültig, dass

> The rational psychology of consciousness could not compete with the psychology of
> the irrational and the unconscious of which Freud was only a part. The aloof, arcane,
> and subjective method of introspection could not compete with the objective study
> of behavior that held out the promise of Utopia. Americans in particular were
> deadened and depressed by working with Wundt .... As Ganzheit psychology could
> not compete, it became an unsuccessful variant in the struggle for scientific existence.
> (S. 200)

---

[3] Die Richtlinien der Deutschen Gesellschaft für Psychologie schreiben hier einen zweizeiligen
     Abstand vor. Allerdings sieht dies in einer Semester- oder Prüfungsarbeit sehr merkwür-
     dig aus. Da in den *Richtlinien* angenommen wird, dass das Manuskript für den Druck
     gesetzt wird, erscheint der zweizeilige Text nach dem Druck als engzeilig gesetzte Passa-
     ge. Wir haben daher hier einen einzeiligen Abstand angegeben.

Schließlich wollen wir der Vollständigkeit halber noch hinzufügen, dass man für sehr lange Zitate eine Genehmigung einholen muss. Die Grenze des (ohne Einwilligung des Copyright-Inhabers) Zitierfähigen ist erreicht, wenn mehr als 500 Wörter aus dem Text eines anderen Autors übernommen werden. Dies ist zumindest die Grenze, welche die APA für Zitate aus ihren Zeitschriften toleriert (natürlich unter Angabe der Quelle). Generell sollte man solche sehr langen Zitate vermeiden, für den Fall, dass es sich nicht umgehen lässt, in noch größerem Umfang zu zitieren, muss man eine Regelung mit dem Inhaber des Copyrights treffen. Dies gilt nicht nur für Wort-Zitate, sondern auch für die Verwendung von Abbildungen oder Tabellen. So kann man nicht ohne weiteres ein Bild von z. B. René Magritte als Umschlagseite einer Diplom-Arbeit verwenden, auch für solche Werke gilt das Urheberschutzrecht.

4.11 Literaturangaben

Literaturangaben tauchen in zwei Bereichen auf: einmal im Text selbst und zum anderen im Literaturverzeichnis. Beide Bereiche müssen in dieser Hinsicht korrespondieren, was im Text an Literatur erwähnt wird, muss auch im Literaturverzeichnis aufgeführt werden. Die Besonderheiten dieser Angaben behandeln wir in ein und demselben Abschnitt, weil dadurch Gemeinsamkeiten und Unterschiede der Zitation in den beiden Bereichen leichter sichtbar werden.

4.11.1 Zitierte Literatur im Text

Bezieht man sich in einem Text auf Arbeiten anderer Forscherinnen und Forscher, dann muss die Veröffentlichung, auf die man Bezug nimmt, natürlich genannt werden. Diese Literaturangaben im Textteil werden kenntlich gemacht, indem der Autor und das Erscheinungsjahr der Arbeit genannt werden. Einige Beispiele und deren Variation mögen dies verdeutlichen:

(1) Durch Arbeiten von Bousfield (1950) und Bower (1981) wird nahe gelegt, dass ...
oder: Einige Arbeiten (z. B. Bousfield, 1950; Bower, 1981) legen die Annahme nahe, dass ...
oder: Bereits 1950 schreibt Bousfield über ein Thema, das erst 1981 von Bower wieder aufgenommen wird.
(2) Die Forschungen von Guiraud (1963, zitiert nach Hörmann, 1970, S. 91) weisen auf eine Beziehung zwischen der Phonemzahl eines Wortes und seiner Auftretenshäufigkeit hin.
oder: Hörmann (1970, S. 91) zitiert eine Arbeit von Guiraud (1963), in der eine Beziehung ...
(3) Einer Hypothese von Lacey, Kagan, Lacey und Moss (1963) folgend kann man annehmen, dass die Lerngeschwindigkeit ...
oder: 1963 formulieren Lacey, Kagan, Lacey und Moss eine Hypothese, in welcher die Lerngeschwindigkeit ...

Aus den Beispielen wird ersichtlich, dass Verfassernamen einmal vor, das andere Mal innerhalb der Klammer stehen können, je nach Art der Formulierung. Lediglich die *Kombinationen* von Jahreszahlen und Seitenangaben müssen immer innerhalb einer Klammer stehen, da sie sonst nicht hinreichend deutlich als Literaturhinweis kenntlich sind. Beachten Sie bitte, dass sich die Schreibweise bei der Zitierung von Literatur *mit zwei Autoren* ändert, je nachdem ob die beiden Autoren im Text genannt werden oder in der Klammer aufgeführt sind: in der Klammer werden die Namen durch das &-Zeichen verbunden, während im Text „und" geschrieben wird (s.o. Beispiel 4).

In den obigen Beispielen (und auch insgesamt in diesem Text) haben wir zwischen den Autorennamen und der Jahreszahl ein Komma platziert, dies ist die gültige Regel.

In der überwiegenden Zahl der Fälle wird bei Literaturhinweisen im Text eine Seitennummer angegeben, die den Ort der Fundstelle exakt bestimmt. Man *muss* zwar bei sinngemäßen Zitaten nicht unbedingt eine Seitenzahl einfügen, aber man sollte! Es ist für einen Leser sehr schwer eine Textstelle ausfindig zu machen, wenn z. B. summarisch auf ein ganzes Buch verwiesen wird; er muss nämlich das gesamte Buch durchsehen, bis er jene Stelle findet, auf die sich der zitierende Autor bezogen haben *könnte*. Sie sollten also leserfreundlich schreiben und stets eine Seitenzahl angeben. Ist das entnommene Zitat (gleichgültig ob wörtlich oder sinngemäß) auf mehreren Seiten zu finden, so muss auch dies gekennzeichnet werden, damit genau zu erkennen ist, auf welche Textstellen Bezug genommen wird. Die ältere Schreibweise, Zitatstellen, die sich über mehrere Seiten erstrecken, mit den Buchstaben f. (= folgende Seite) oder ff. (= folgende Seiten) zu bezeichnen, sollte nicht mehr verwendet werden. Ein Beispiel:

falsch: Hörmanns Konzept der Sinnkonstanz (1976, S. 33 ff.) ...
richtig: Hörmanns Konzept der Sinnkonstanz (1976, S. 33–48) ...

Selbstverständlich können innerhalb einer Klammer auch Hinweise auf Veröffentlichungen mehrerer Autoren stehen, wenn sie in denselben Zusammenhang gehören (jeweils getrennt durch Semikolon). Ein Beispiel: ... einige Kognitionsforscher (z. B. Arnold, 1970; Isen, 1984; Mandler, 1984) halten physiologische Erregung für einen notwendigen Bestandteil von Emotionen ...

Natürlich kann man auch auf mehrere Veröffentlichungen desselben Verfassers in einer Klammer hinweisen, z. B.: (Laucken, 1974, 1984, 1985; auch solche Kombinationen können mit den jeweiligen Seitenzahlen versehen sein, z. B.: Laucken, 1974, S. 34; 1984, S. 15). Je nach Formulierung des Zusammenhangs kann der Name des Autors oder der Autorin auch hier außerhalb der Klammer stehen, es werden dann in den Klammern nur die Jahres- und Seitenzahlen der zitierten Werke bzw. Fundstellen erwähnt.

4.11.2 Spezialfälle

a) Gleiche Jahreszahl: Ein besonderer Fall im Zitieren ist immer dann gegeben, wenn zwei oder mehr Veröffentlichungen desselben Verfassers genannt werden, die die gleiche Jahreszahl tragen. In diesem Fall werden an die betreffende Jahreszahl die Buchstaben a, b, c usw. angehängt (z. B. Mees, 1977a, b). Man muss jetzt sorgfältig darauf achten, dass im Literaturverzeichnis die Autorennamen nicht nur nach der Jahreszahl, sondern nun auch nach den angehängten Buchstaben geordnet werden. Ein Beispiel:

Mees, U. (1977a). Methodologische Probleme der Verhaltensbeobachtung in der natürlichen Umgebung: I. Zuverlässigkeit und Generalisierbarkeit von Beobachtungsdaten. In U. Mees & H. Selg (Hrsg.), *Verhaltensbeobachtung und Verhaltensmodifikation. Anwendungsmöglichkeiten im pädagogischen Bereich* (S. 43–65). Stuttgart: Klett.
Mees, U. (1977b). Methodologische Probleme der Verhaltensbeobachtung in der natürlichen Umgebung: II. Beobachter und Beobachtete als mögliche Fehlerquellen von Beobachtungsdaten. In U. Mees & H. Selg (Hrsg.), *Verhaltensbeobachtung und Verhaltensmodifikation. Anwendungsmöglichkeiten im pädagogischen Bereich* (S. 66–78). Stuttgart: Klett.

b)   Literatur ohne Erscheinungsdatum: Ist man gezwungen eine Arbeit zu zitieren, die keine Jahreszahl enthält, dies kommt leider noch relativ häufig vor, so sind im Literaturverzeichnis und auch im Text bei Angabe des Zitats, die Buchstaben „n.d." einzufügen (dies steht für „nicht datiert"). Beispiel: Hayakawa (n.d., S. 37). Diese Angabe gilt auch für den englischsprachigen Bereich, dort heißt n.d. no date.

c)   Literatur ohne Verfasser: Solche Werke werden unter Verwendung der ersten zwei oder drei Wörter (meist aus dem Titel) in Quellenangaben zitiert und unter diesen Wörtern werden sie auch im Literaturverzeichnis aufgeführt *(kursiv!)*, gefolgt vom Erscheinungsjahr:

Merriam-Webster's collegiate dictionary (10th ed.). Springfield, MA: Merriam-Webster.
Pschyrembel – Klinisches Wörterbuch (259., neu bearbeitete Auflage). (2002). Berlin: Walter de Gruyter.

Wird ein Werk ausdrücklich unter der Autorenangabe *Anonymus* (griech.-lat. Ungenannter) veröffentlicht, wird es auch mit diesem „Namen" zitiert und in der üblichen alphabetischen Reihenfolge und Form ins Literaturverzeichnis aufgenommen.

d)   Autoren mit demselben Familiennamen werden durch ihre Initialen voneinander differenziert. Berühmtes Beispiel: Anna Freud und Sigmund Freud. Zitiert man beide im Text, dann wie folgt: „A. Freud (1934) und S. Freud (1933) wiesen darauf hin ...". Die Namen Müller oder Schulze geben hier für vielerlei Überlegungen Anlass, denn nun können auch identische Initiale auftreten, wir wollen es aber nicht zu weit treiben.

e)   Beitrag in einem Sammel- bzw. Herausgeberwerk: Wird auf den Beitrag eines Verfassers zu einem Sammelwerk Bezug genommen (z. B. Lüer, 1987), so muss einmal der Artikel des zitierten Autors im Literaturverzeichnis aufgeführt werden sowie auch der Herausgeber des Sammelwerkes, selbst wenn es sich um denselben Autor handelt, wie in unserem Beispiel. Eine solche Literaturangabe hat dann im Literaturverzeichnis folgende Form:

Lüer, G. (1987). Wissenschaftstheoretische Grundlagen der experimentellen Psychologie. In G. Lüer (Hrsg.), *Allgemeine experimentelle Psychologie* (S. 5–42). Stuttgart: Fischer.

Beachten Sie bitte in jedem Fall, dass bei der Angabe solcher Artikel auch die Seitenzahlen erwähnt werden, die der Artikel im genannten Buch einnimmt! (Bei dieser Gelegenheit können wir einmal demonstrieren, wie man mit Sekundärzitaten in Probleme geraten kann. An anderer Stelle haben wir eine Literatur von Guiraud *sekundär* zitiert. Da uns die Originalarbeit nicht vorlag, waren wir gezwungen, auch die Literaturangabe aus der Sekundärliteratur zu übernehmen und dort steht leider eine unvollständige Angabe.)

f) Mehrere Autoren: Sind an einer Arbeit, die zitiert werden soll, zwei Autoren beteiligt, so werden selbstverständlich beide Autoren aufgeführt.

Beispiel: Laucken und Mees, 1987.

Sind *mehr als zwei,* aber *weniger als sechs* Autoren an der Abfassung eines Buches oder eines Artikels beteiligt gewesen, werden bei der *ersten Erwähnung* im Text *alle Autoren genannt.* Bei weiteren Verweisen auf diese Veröffentlichung wird *danach* nur noch der *Erstautor mit dem Zusatz et al.* (lat. et alii = und andere) aufgeführt. Auch dazu ein Beispiel:

Bei der ersten Erwähnung: Bock, Lazarus und Höge (1986),
später nur noch: Bock et al. (1986).

Generell gilt, dass *im Literaturverzeichnis sämtliche Autorennamen* angeführt werden *müssen,* auch wenn dies sehr viele sind! Es gibt Artikel mit mehr als zehn Autorinnen und Autoren. Die nachfolgenden Beispiele zeigen dies: Im ersten findet man sieben Autorinnen, im zweiten sogar 13! Im laufenden Text wird so zitiert: „In der Untersuchung von Hoge et al. (1997) ... und in der Studie von Krosnik et al. (2002) ergibt sich eine neue Sichtweise ..."
Im Literaturverzeichnis müssen aber sämtliche Autorinnen und Autoren genannt werden:

Hoge, S., Lidz, C., Eisenberg, M., Gardner, W., Monahan, J., Mulvey, E., Roth, L. & Bennett, N. (1997). Perceptions of coercion in the admission of voluntary and involuntary psychiatric patients. *International Journal of Law and Psychiatry, 20,* 167–181.
Krosnik, J. A., Holbrook, A. L., Berendt, M. K., Carson, R. T., Hanemann, M. W., Kopp, R. J., Mitchell, R. C., Presser, S., Ruud, P. A., Smith, V. K., Roody, W. R., Green, M. C. & Conaway, M. (2002). The impact of 'no opinion' response options on data quality. *Public Opinion Quarterly, 66,* 371–403.

4.11.3 Literaturangaben im Literaturverzeichnis

Zunächst wieder eine Sprachregelung. Ein Literaturverzeichnis ist nicht zu verwechseln mit einer Bibliografie. Das Literaturverzeichnis listet lediglich die in der Arbeit benutzte Literatur auf, während in einer Bibliografie relevante Literatur für ein Sachgebiet genannt wird – ohne Rücksicht darauf, ob sie im Text auch verwendet wurde. Deshalb findet man Bibliografien nicht bei Zeitschriftenaufsätzen, wohl aber in Büchern. Dort sind sie sinnvoller, z. B. wenn man weiterführende Literatur nennen will, etwa in Lehrbüchern. Ein weiterer Fall von Bibliografie ist gegeben, wenn die genannte Literatur kurz besprochen wird, um dem Leser mitzuteilen,

was ihn in diesem Werk erwartet. Diesen Typ der Bibliografie findet man z. B. in
der Psychologiegeschichte von Leahey (1987) jeweils am Ende eines Kapitels. Aber
auch wenn man eine größere Arbeit verfasst, die sich einem speziellen Gebiet wid-
met, kann eine Bibliografie für andere Forscher nützlich sein. Schließlich gibt es
Bibliografien, die gar keinen inhaltlichen Text enthalten, sondern ein möglichst
vollständiges Werkverzeichnis zu einem umgrenzten Sachgebiet. Arbeiten, die im
Rahmen eines Studiums zu verfassen sind, enthalten in der Regel aber nur ein
Literaturverzeichnis im oben beschriebenen Sinne. Nun zu den Einzelheiten:

Das Literaturverzeichnis steht immer am Ende der Arbeit (aber *vor* dem Anhang!). Darin werden nur diejenigen Titel aufgenommen, die unmittelbar für die
Abfassung des Textes herangezogen wurden, d. h. im Text ausdrücklich genannt
worden sind. Alle anderen Werke bleiben unerwähnt; das mag frustrierend sein,
weil man in aller Regel mehr gelesen hat als nur die im Text aufgeführte Literatur
(keine Angst: Ihr Betreuer oder Ihre Betreuerin weiß darum). Aber Sie sollen mit
einer Ausarbeitung ja keine große Literaturliste vorlegen, sondern ein Sachgebiet
bearbeiten und darstellen, und dazu gehört nur die relevante Literatur.

Die zitierten Veröffentlichungen werden nach dem Alphabet der Erstautoren-
Nachnamen und dem Erscheinungsjahr sortiert (bei mehreren Veröffentlichungen
derselben Autorin bzw. desselben Autors in aufsteigender Reihenfolge der Jahreszahlen). Vornamen werden grundsätzlich abgekürzt, und zwar mit dem ersten Buchstaben des Vornamens (Christian und Theodor werden also als C. bzw. T. und
nicht als Chr. oder Th. abgekürzt). Die früher übliche Sitte, den Vornamen von
Autor*innen* auszuschreiben, ist im Zuge der Gleichstellung verschwunden, das ist
gut so und macht die Sache einfacher. Nachdem die Autorennamen und das Erscheinungsjahr aufgeführt worden sind, folgen nun der vollständige Titel, der Verlagsort und der Verlagsname bzw. der Titel der Zeitschrift (Beispiele siehe S. 132–
143). Zur Sicherheit wollen wir dies noch einmal in ausformulierter Form wiederholen, dann wird klarer, wie es aussehen muss (bitte beachten Sie unbedingt Satzzeichen und Kursivschriften!):

> (a) Bücher: Verfassername, Initialen der Vornamen. (Erscheinungsjahr). *Voll-*
> *ständiger Titel des Buches.* Verlagsort: Verlagsname.
> (b) Zeitschriftenartikel: Verfassername, Initialen der Vornamen. (Erscheinungs-
> jahr). Vollständiger Titel des Artikels. *Vollständiger Name der Zeitschrift,*
> *Bandzahl,* Anfangsseite-Endseite.

Die Satzzeichenregel lautet: Alle einzelnen Abschnitte der Literaturangabe werden
mit einem Punkt abgeschlossen. Also: Nachname *Komma*, Initialen getrennt durch
Leerzeichen und jeweils abgeschlossen durch *Punkt*, Erscheinungsjahr in Klam-
mern *Punkt*, kursiv gesetzter Titel *Punkt*, Verlagsort *Doppelpunkt* Verlagsname
Punkt. Sie stöhnen natürlich, warum das alles so kompliziert sein muss. Es dient
aber der Vereinfachung der Kommunikation und ist deshalb wirklich notwendig.
Spätestens wenn Sie auf eine ungenaue Mitteilung in einem Literaturverzeichnis
gestoßen sind und vergeblich versucht haben, diese Literatur zu besorgen, werden
Sie glauben, dass es wichtig ist, korrekt zu zitieren. Deshalb ein einfacher Rat zum
Erlernen der Regeln: Wenn Sie in derselben Weise alle folgenden Zitationsregelungen
mit ihren Satzzeichen laut lesen, richten Sie Ihre Aufmerksamkeit genau auf jene
Details, auf die es beim Literaturverzeichnis ankommt.

Bei *Büchern* können einige Besonderheiten auftreten: Der Verlagsname wird
ohne die Zusätze „Verlag" oder „Publishers" aufgeführt, z. B. „Verlag für Psycho-

logie Dr. C. J. Hogrefe, Göttingen" als „Göttingen: Hogrefe"; „PenguinBooks Ltd.,
Harmondsworth" als „Harmondsworth: Penguin". Bei mehreren Verlagsorten wird
nur der erste angegeben: Der Springer Verlag gibt Berlin, Heidelberg und New
York als Verlagsorte an, wird aber nur als „Berlin: Springer" aufgeführt.

Existieren von einem Werk mehrere Auflagen, ist nur die benutzte Auflage im
Literaturverzeichnis zu erwähnen. Ein Beispiel: Ist ein Werk 1950 erschienen und
eine 2. Auflage im Jahre 1970 (mit entsprechender bibliografischer Kennzeichnung im Buch), so wird bei der Zitierung dieses Werks im Text nur die Angabe
1970 mitgeteilt (weil damit automatisch die 2. Auflage gekennzeichnet ist). Im
Literaturverzeichnis müssen Sie aber nach dem Titel die Auflage angeben. Als Beispiel:

Schenk-Danziger, L. (1977). *Entwicklungspsychologie* (11., neubearbeitete Aufl.).
    Wien: Österreichischer Bundesverlag.

Als weitere bibliografische Angabe ist aufzuführen, ob es sich bei dem zitierten
Werk um einen Sammelband handelt, bei dem ein oder mehrere Herausgeber genannt werden müssen (in beiden Fällen abgekürzt: Hrsg.). Hier kann die Literaturangabe von Lüer ebenfalls als Beispiel dienen. Werden mehrere Arbeiten von Autorinnen und Autoren aus diesem Sammelband zitiert, dann müssen bei jeder Literaturangabe der Name des Herausgebers und die bibliografische Angabe des gesamten Buches aufgeführt werden. Achten Sie darauf, dass lediglich der Titel des
Sammelwerkes in Kursivschrift erscheint (und nicht der Titel des Beitrages!).

Becker, D., Oldenbürger, H.-A. & Piehl, J. (1987). Motivation und Emotion. In G.
    Lüer (Hrsg.), *Allgemeine experimentelle Psychologie* (S. 431–470). Stuttgart:
    Fischer.
Lüer, G. (1987). Wissenschaftstheoretische Grundlagen der experimentellen Psy-
    chologie. In G. Lüer (Hrsg.), *Allgemeine experimentelle Psychologie* (S. 5–42).
    Stuttgart: Fischer.

Eine ähnliche Situation wie bei der Zitierung von übersetzten Büchern ergibt sich,
wenn man z. B. einen wieder aufgelegten Text zitieren will, dies ist bei alten Texten
recht häufig der Fall (echte Neuauflagen oder sog. Reprints, d. h., fotomechanische
Wiederveröffentlichungen eines Werkes). Dies gilt insbesondere für philosophische Texte; so gibt es beispielsweise Kant-Ausgaben, die 1974 erschienen sind,
während der ursprüngliche Text aus dem Jahre 1799 stammt. In diesen Fällen wird
der jeweilige Autor so zitiert, dass man in Klammern sowohl die erste Veröffentlichung als auch die benutzte Auflage, Neuausgabe oder Reprint kennzeichnet. Dies
sieht im laufenden Text folgendermaßen aus: Kant (1799/1974); Freud (1922/1933)
und im Literaturverzeichnis so:

Kant, I. (1974). *Kritik der Urteilskraft*. Hamburg: Meiner. (Originalarbeit erschie-
    nen 1799)
Freud, S. (1933). *Vorlesungen zur Einführung in die Psychoanalyse*. Berlin:
    Kiepenheuer. (Originalarbeit erschienen 1922)

Ein Wort zur Gestaltung des Literaturverzeichnisses. Die meisten Literaturangaben passen innerhalb des Satzspiegels nicht in eine einzige Zeile. Es erhöht die
Lesbarkeit eines Literaturverzeichnisses ungemein, wenn Sie die *zweite Zeile* (und

alle weiteren Zeilen, falls das erforderlich sein sollte) nach rechts einziehen, so wie Sie das unten, aber auch in vielen anderen Beispielen dieses Buches sehen können. Weil das so praktisch ist, ist es auch Vorschrift: Rücken Sie die zweite Zeile um 5–7 Leerschritte ein, mit einem Textverarbeitungssystem können Sie einen „hängenden Einzug" von 1–1,3 cm definieren, das kommt auf dasselbe hinaus.

Bei *Zeitschriftenaufsätzen* folgt nach den Verfassernamen und dem Jahr der Publikation ebenfalls zunächst der volle Titel der Veröffentlichung. Dahinter wird der *vollständig ausgeschriebene Titel der Zeitschrift* angegeben, in welcher der Artikel erschienen ist. Früher war es üblich, nur Abkürzungen für die Zeitschriften anzugeben (z. B. *Psychol. Rev.* für *Psychological Review*). Es ist jedoch bei der gegenwärtigen Flut von Zeitschriften nicht mehr möglich, diese Abkürzungen auf ein sinnvolles Maß zu beschränken. Deshalb wird jetzt stets der volle Titel genannt. Heißt eine Zeitschrift etwa *Journal of Abnormal Social Psychology*, so wird keinerlei Abkürzung vorgenommen (auch „Journal" wird nicht durch „J." abgekürzt!). Wenn Sie eine ältere Veröffentlichung lesen und aus den dort mitgeteilten abgekürzten Literaturangaben mühsam den vollständigen Namen der Zeitschrift rekonstruieren müssen, werden Sie diese Regel gerne beherzigen. Tipp: In den Psychological Abstracts ist eine Liste mit den Abkürzungen abgedruckt; wenn Sie also einmal eine Abkürzung dekodieren müssen, schauen Sie am besten dort nach. Diese Liste bezieht sich natürlich nur auf die für die Psychologie relevanten Zeitschriften.

Bei Zeitschriftenangaben ist nicht nur die Jahreszahl des Erscheinens, sondern auch die Bandzahl der Zeitschrift anzugeben (stets in arabischen Ziffern und, wie der Name der Zeitschrift, ebenfalls kursiv); sie wird jeweils vor der Seitenzahl aufgeführt (Seitenzahlen werden aber in Normalschrift aufgeführt, also nicht kursiv). Auch hierzu ein Beispiel, achten Sie auf die Kursivschreibung:

Schiffman, H. R. (1966). Golden section: preferred figural orientation. *Perception & Psychophysics, 1,* 193–194.

Manchmal bestehen Unklarheiten darüber, ob man bei einem Zeitschriftenaufsatz nicht nur die Jahreszahl und die Bandzahl der Zeitschrift aufführen soll, sondern zusätzlich auch noch die Heftzahl (ein Band besteht in der Regel aus mehreren Heften). Dies ist nur sinnvoll, wenn es sich um eine Zeitschrift handelt, die die Hefte eines Jahrgangs stets mit der Seitenzahl 1 beginnen lässt (also den Band nicht fortlaufend durchnummeriert). Die Heftangabe muss in Klammern hinter die Bandzahl gestellt werden, die *Heftzahl wird nicht kursiv* geschrieben! Dazu ein Beispiel (ausführlich dazu s. S. 132–143):

Walster, E. & Walster, G. W. (1975). Equity and social justice. *Journal of Social Issues, 31* (3), 21–43.

5   Veröffentlichungen

„Die Zerstreuung eines Buches durch die Welt", schrieb Friedrich Schiller in einem Brief vom 1. September 1794 an seinen Verleger Cotta, „ist ein fast ebenso schwieriges und wichtiges Werk wie die Verfertigung desselben." Und daran hat sich wohl nichts Grundsätzliches geändert, es ist immer noch mit ganz erheblichem Aufwand verbunden, die endlich fertiggestellte Arbeit in den Kommunikationsprozess einzuführen. Sie sollten diese Arbeiten nicht unterschätzen und es ist gut, wenn Sie die nachfolgenden Hinweise bereits gelesen haben, bevor Sie mit dem Problem direkt konfrontiert sind. Zunächst sollte man bedenken, dass Veröffentlichungen keine Prüfungsarbeiten sind, folglich auch anderen Regeln unterworfen sind. Die Schnittmenge beider Arten von Arbeiten ist natürlich die Dissertation, hier besteht die Pflicht zur Veröffentlichung. Gleichzeitig wird hier aber deutlich, dass der Verlag andere Ansprüche an den Text stellt als die Prüfungskommission, dazu unten mehr. In vielen Fällen ist man gezwungen, nach dem Abschluss der eigentlichen Arbeit noch einmal zusätzlichen Text zu verfassen oder größere Veränderungen am Format, dem Seitenumbruch etc. vorzunehmen. Das ist alles ganz einfach, weil es ja elektronisch funktioniert? Erhalten Sie sich diesen Optimismus.

5.1   Zeitschriftenveröffentlichung

Man kann grob vier Typen von Zeitschriftenartikeln unterscheiden: (a) Sammel- oder Überblicksreferate (engl. review articles), (b) theoretische Beiträge, (c) experimentell/empirische Arbeiten und (d) Fallstudien (engl. case studies).

Das Sammelreferat (a) hat die Aufgabe, über ein bestimmtes Gebiet alles das zusammenzutragen, was in einem zurückliegenden Zeitraum zu einem bestimmten Thema geschrieben wurde. Hier ist eine intensive Literaturanalyse gefordert und der Bericht soll über die in der Literatur behandelten Themen, die theoretischen Ansätze, die zur Untersuchung verwendeten Methoden und die erzielten Ergebnisse Auskunft geben. Die Leser erwarten keine detaillierten Darstellungen einzelner Studien (es sei denn, sie sind als exemplarisch zu werten oder können als typischer Vertreter einer bestimmten Untersuchungstechnik gelten), sondern sind am raschen, aber exakten Überblick interessiert. Die Vollständigkeit des Überblicks ist wichtiger als detaillierte Besprechungen; exakte Literaturangaben sind zwar immer erforderlich, hier aber absolut unerlässlich.

Theoretische Arbeiten (b) richten das Schwergewicht entweder auf die vergleichende Darstellung der theoretischen Ansätze, die in einem Gebiet miteinander konkurrieren, oder es handelt sich um die Präsentierung einer neu entwickelten Theorie. Bei der vergleichenden Darstellung sollten die Unterschiede und Gemeinsamkeiten von theoretischen Ansätzen deutlich werden. Man möchte nach dem Lesen eines solchen Artikels wissen, welche Annahmen und Folgerungen in den Theorien enthalten sind, welche Sichtweisen und Grundkonzeptionen aus den Theorien extrahiert werden können. Natürlich ist es auch günstig, wenn die empirische Basis der Theorien wenigstens anhand einiger Beispiele verdeutlicht wird, mindestens soll jedoch dargestellt werden, wie es um die empirische Untermauerung der Theorie(n) bestellt ist. Die Leser möchten also über die Leistungsfähigkeit der Theorien vergleichend informiert werden und einen Eindruck bekommen, welche Theorien in der Zukunft größere Bedeutung erhalten und welche einen eher begrenzten Erklärungsbereich aufweisen. Geht es um die Präsentation einer neuen Theorie, spielt das empirische Fundament, das dazu herangezogen wird, natürlich eine bedeutendere Rolle. Das Schwergewicht liegt hier aber nicht in der Darstellung der Empirie, sondern in der Art und Weise, wie aus diesem Material Schlussfolgerungen gezogen und welche Erklärungsentwürfe daraus entwickelt werden. Es geht um den Nachweis der Erklärungskraft des neuen Ansatzes und darum, welche neuen Hypothesen daraus abgeleitet werden können. Man tut gut daran, die Theorie zunächst in einem oder mehreren Abschnitten darzustellen, sie mit anderen zu vergleichen und die Leistungen des neuen Ansatzes dann einer ersten Prüfung anhand von Befunden aus der Literatur zu unterziehen. Schließlich kann man dann Ausblicke auf künftig zu untersuchende Fragen mitteilen, die eine Prüfung der Theorie zulassen.

Experimentelle Arbeiten (c) werden hier in ihrem Aufbau so ausführlich dargestellt, dass sich weitere Kommentare an dieser Stelle erübrigen. Allerdings müssen die Besonderheiten der Manuskriptanweisungen für Zeitschriftenartikel natürlich beachtet werden, dazu unten mehr.

Fallstudien (d) folgen ebenfalls dem Aufbau der empirischen bzw. experimentellen Arbeiten, allerdings mit dem wichtigen Unterschied, dass hier ein einzelner Fall als „Stichprobe" fungiert (auch als $N = 1$ Forschung bezeichnet). Bei der Darstellung der Spezifika eines Einzelfalles sind daher ethische und datenschutzrechtliche Belange peinlich genau zu beachten (vgl. Anhang S. 164). Aufbau und Darstellung können aus den Hinweisen für die experimentellen Arbeiten aber leicht übertragen werden.

Nun aber zu den allgemeinen Anforderungen, die an einen Zeitschriftenartikel gestellt werden müssen. Die Veröffentlichung in einer Zeitschrift ist insofern leichter als im Buchverlag, als Sie sehr genau unterrichtet werden, in welcher Form (s.u.) und welchem Umfang ein Manuskript einzureichen ist (in der Regel nicht mehr als 20 Seiten). Der einfachste Weg, sich hierüber zu informieren, besteht in der Lektüre der „Hinweise für Autoren", die in den meisten Zeitschriften auf der hinteren Umschlaginnenseite abgedruckt sind, schauen Sie einmal dort hinein. Als Beispiel geben wir hier eine Auswahl der Anforderungen an Manuskripte, die in der *Psychologischen Rundschau* abgedruckt sind. Sehr ähnliche Anforderungen finden Sie auch in anderen deutschsprachigen Zeitschriften, z. B. in der *Zeitschrift für Gesundheitspsychologie, Medienpsychologie* oder in *Sprache und Kognition – Zeitschrift für Sprach- und Kognitionspsychologie und ihre Grenzgebiete*. In der *Psychologischen Rundschau* finden Sie u. a. folgende Spezifikationen (sinngemäß entnommen aus Heft 1 des 57. Jahrgangs, 2006, letzte Seite):

- Hinweise in Bezug auf die Art der behandelten Themen und Beiträge, die in dieser Zeitschrift abgedruckt werden:
  Originalbeiträge, Überblicksdarstellungen, Positionspapiere, Forschungsartikel etc.
- Hinweise zur Gestaltung der Manuskripte:
  Manuskriptseiten sollten zweizeilig gedruckt sein (mit einer Schriftgröße von 12 Punkten), zusätzlich zur deutschen wird eine englische Zusammenfassung sowie ein englischer Titel gefordert und es wird summarisch auf die Richtlinien zur Manuskriptgestaltung der Deutschen Gesellschaft für Psychologie (1997) verwiesen (s. u.). Das gesamte Manuskript ist als Papierdruck in vierfacher Ausfertigung und möglichst auch als Textdatei auf einer Diskette einzureichen.

- Anweisungen zu Tabellen und Abbildungen, z. B.:
  Jede Tabelle und jede Abbildung ist auf einem gesonderten Blatt einzureichen, Abbildungen müssen in reproduktionsfähiger Qualität geliefert werden.
- Anweisungen zur Anordnung des Literaturverzeichnisses:
  Im Literaturverzeichnis werden nur die im Text zitierten Werke aufgelistet, in Bezug auf die Einzelheiten der Gestaltung fungieren wiederum die *Richtlinien* der DGPs als Richtschnur.

Dies ist nur eine Auswahl der Spezifikationen, genaue Information finden Sie in jeder Ausgabe der Fachzeitschriften, auch bei ausländischen Zeitschriften. Zudem sind die Regeln für Manuskripte von einer Zeitschrift zur anderen leider immer noch recht unterschiedlich, was zum Teil mit dem behandelten Fachgebiet zusammenhängt, aber auch mit dem speziellen Layout, das den Texten der Zeitschriften ein charakteristisches Erscheinungsbild sichern soll. Wenn Sie also einen Artikel einreichen, der nicht in dieses Bild passt, haben Sie von vornherein keine Chance auf Annahme und Veröffentlichung. Es hilft nichts, Sie müssen Ihren Text entsprechend (um-)gestalten, so wie das in den Anforderungen an Manuskripte verlangt wird.

In manchen Fällen wird in Bezug auf die Manuskriptgestaltung auf eine Zusammenstellung von Regeln verwiesen. So wird beispielsweise erwartet, dass die eingereichten Manuskripte gemäß den Regeln der *Richtlinien zur Manuskriptgestaltung* der Deutschen Gesellschaft für Psychologie (1997) angefertigt wurden (s.o.). Bei englischsprachigen Journalen – auch dann, wenn sie in einem deutschen Verlag erscheinen, wie z. B. Psychological Research – wird meist auf die Anforderungen der APA (American Psychological Association) verwiesen. Die dort niedergelegten Regeln sind also jeweils verbindlich. In diesen Fällen müssen Sie sich die Konventionen zunächst zugänglich machen, die Universitätsbibliotheken verfügen darüber; benutzen Sie immer die neueste Auflage. Wir führen beide Werke hier auf und bei dieser Angabe haben Sie zugleich ein Beispiel dafür, wie man Werke korrekt zitiert, bei denen eine Körperschaft (und nicht eine natürliche Person) als Herausgeber fungiert:

American Psychological Association (Ed.). (2001). *Publication manual of the American Psychological Association* (Fifth edition). Washington, DC: Author.
Deutsche Gesellschaft für Psychologie (Hrsg.). (1997). *Richtlinien zur Manuskriptgestaltung* (2., überarbeitete und erweiterte Auflage). Göttingen: Hogrefe.

Wenn Sie sich entschließen, einen Beitrag bei einer bestimmten Zeitschrift einzureichen, sehen Sie sich zumindest *einen* der dort abgedruckten Artikel im Hinblick auf Formalia *genau* an: Sie können so am schnellsten erfahren, wie etwa das Literaturverzeichnis oder eine Tabelle usw. aufgebaut werden muss. Richten Sie sich nach den Angaben der *letzten* Ausgabe jener Zeitschrift, denn gelegentlich werden die „Hinweise für Autorinnen und Autoren" geändert.

Noch eine Bemerkung zur Sprache eines Zeitschriftenartikels. Wir haben bereits bei Bachelor-, Master- und Diplomarbeit sowie der Dissertation über die Veröffentlichung in englischer Sprache geredet. Diese Frage stellt sich bei der Zeitschriftenveröffentlichung noch gravierender, denn Zeitschriften sind für den raschen Austausch von Ideen und Befunden gedacht, erfüllen also die Aufgabe des schnellen Informationsaustausches am besten. Da die scientific community aber international vernetzt ist und zunehmend in der englischen Sprache kommuniziert, haben bereits etliche Zeitschriften ihre Ursprungssprache aufgegeben und erscheinen nur noch in englischer Sprache. Beispiel: Die als *Psychologische Forschung* in Deutschland gegründete Zeitschrift führt jetzt den Namen *Psychological Research* und akzeptiert nur Beiträge in englischer Sprache. In anderen Sprachräumen zeigt sich eine ähnliche Tendenz, europaweit seit etwa 1970. Man sollte also stets gut überlegen, ob die englische Veröffentlichung nicht der beste Weg ist, Neues zu verbreiten.

In den „Instructions for Authors", die meist auf der inneren letzten Umschlagseite der Zeitschriften abgedruckt sind, findet sich oft ein Auszug mit den wichtigsten Angaben zur Manuskriptgestaltung. Zur Lösung aller spezielleren Probleme wird meist auf das Publication Manual der APA verwiesen. Dieses Manual besteht seit 1929, wird ständig aktualisiert und hat seinen Gültigkeitsbereich kontinuierlich ausgedehnt. Es gilt nicht nur in den 27 Journals, die von der APA herausgegeben werden, sondern in „at least a thousand other journals in psychology, the behavioral sciences, nursing, and personnel administration" (American Psychological Association, 2001, p. XXI). Es gibt fast keinen Bereich der Manuskripterstellung, der hier nicht behandelt wird (von der Zeichensetzung über die Vermeidung von alltagssprachlichen Ausdrücken bis zur Verlags-Politik der APA-Zeitschriften und ethischen Richtlinien). Daher ist auch der Umfang mittlerweile auf über 400 Seiten angestiegen. In Zweifelsfällen sollte man also hier nachschlagen.

Reviewsystem: Die meisten Zeitschriften drucken Ihr Manuskript erst dann, wenn es ein Bewertungssystem durchlaufen hat. Das geschieht so, dass Ihr Manuskript an Gutachter verschickt wird und der Gutachter bzw. die Gutachterin gebeten wird, zur Qualität des Artikels Stellung zu nehmen. Dies geschieht in den meisten Fällen anonym, d. h., die Gutachter wissen nicht, von wem das Manuskript stammt, Sie wissen nicht, wer begutachtet. Die meisten Zeitschriften veröffentlichen gelegentlich, wer als Gutachter in der zurückliegenden Zeit fungiert hat, sodass man zwar die Namen kennt, aber nicht weiß, ob Gutachterin X oder Gutachter Y beim eingereichten Manuskript aktiv war (in der Regel werden zwei Gutachten eingeholt, manchmal auch mehr). Aus dieser Verfahrensweise resultiert auch die Forderung, dass Sie mehrere Exemplare Ihres Manuskriptes einreichen müssen, die dann an die Gutachter verteilt werden. Damit man das anonym bewerkstelligen kann, muss das Manuskript so aufgebaut werden, dass Ihre persönlichen Angaben (Name, Adresse etc.) vom Text getrennt werden können.

Die Gestaltung des Manuskriptes halten Sie bitte genau so, wie es von der jeweiligen Zeitschrift gefordert wird. Das bedeutet, dass Sie auch die „Anweisungen für den Setzer", der Ihren Text drucken wird, beachten müssen. Als Beispiel: Alles, was im Druck *kursiv* erscheinen soll, muss im Manuskript <u>unterstrichen</u> werden. Noch einmal: Dies gilt aber nur für den Druck! Ziehen Sie deshalb bei dieser Art der Veröffentlichung die *Richtlinien zur Manuskriptgestaltung* der DGPs zu Rate, (bzw. das *Publication Manual* der APA). Wir gehen hier nicht näher darauf ein, weil sich die Anforderungen an schriftliche Arbeiten in Studium und Beruf nicht darauf beziehen, welche Veränderungen ein Setzer mit Ihrem Text durchführt. Hier haben wir insoweit Identität hergestellt, als das Druck*bild*, das Sie in Ihrer Prüfungsarbeit einhalten sollen, demjenigen entspricht, das durch den Setzer erreicht würde. Als Beispiel: was kursiv erscheinen soll, schreiben Sie bereits *kursiv*, wenn die zweite Zeile von Literaturangaben eingezogen sein soll, dann schreiben Sie das von vornherein in dieser Form.

5.2 Buch- oder elektronische Veröffentlichung

Während des Studiums wird eine Veröffentlichung wohl eher die Ausnahme sein. Mit der Promotion rückt das Problem aber deutlich näher, denn hier besteht die Pflicht, die Dissertation zu veröffentlichen. Da dies meist eine recht umfangreiche Arbeit sein wird, bleibt nur die Buchform oder die elektronische Publikation. Über die Manuskriptanfertigung müssen wir hier nicht mehr viel sagen, denn wenn Sie ein Studium absolviert und vielleicht sogar Ihre Bachelor-, Master- oder Diplomarbeit als Zeitschriftenartikel veröffentlicht haben, dann wissen Sie bereits genug, um ein Manuskript nach den üblichen Regeln zu schreiben. Dennoch wollen wir ein paar Bemerkungen über die Veröffentlichung machen.

Zunächst sei erwähnt, dass die Buchform zwar die klassische Form der Publikation einer Dissertation ist, aber mittlerweile haben die elektronischen Medien deutlich aufgeholt und viele Universitäten erlauben in den Promotionsordnungen auch, dass die öffentliche Zugänglichkeit von Dissertationen auf elektronische Weise hergestellt werden kann. Laut Beschluss der Kultusministerkonferenz vom 30.10.1997 gilt die elektronische Publikation als Erfüllung der Veröffentlichungspflicht; den Wortlaut dieses Beschlusses finden Sie im Anhang (S. 173).

Wie in Oldenburg haben sicher auch andere Universitätsbibliotheken Informationen zusammengestellt, in welcher Form die Dissertation für die elektronische Veröffentlichung einzureichen ist. In den meisten Fällen wird es sich dabei um eine CD-ROM oder DVD handeln und die Anforderungen an die zu liefernden Formate werden Ihnen jeweils mitgeteilt. Das Publikationsformat wird wohl in den meisten Fällen (wie auch in Oldenburg) das Adobe Portable Format (PDF-Format) sein. Wir geben hier keine näheren Details, weil sich dies rasch ändern kann und die Bibliotheken sicher Merkblätter zur Verfügung stellen, in denen diese Einzelheiten genau beschrieben sind, oder Sie schauen im Internet, ob Ihre Bibliothek eine entsprechende Information bereithält. Dort sind meist auch die Kontaktstellen oder -personen angegeben, die nähere Auskünfte erteilen.

Neben dem eigentlichen Text der Dissertation wird meist noch eine Zusammenfassung in deutscher und englischer Sprache gefordert. Dadurch wird die Verbreitung Ihrer Arbeit sicher erhöht, Sie sollten daher eine solche Zusammenfassung schon aus eigenem Interesse machen, denn sie erleichtert potenziellen Interessenten, sich in aller Kürze zu informieren, was Sie in Ihrer Dissertation behandelt haben. In Oldenburg wird hier eine Beschränkung auf 1000 Zeichen jeweils für die deutsche und englische Zusammenfassung gefordert, nach unserer Terminologie handelt es sich also eher um ein Abstract. Es sei auch erwähnt, dass der Dissertationstext zusammen mit dem üblicherweise auf der letzten Seite befindlichen Lebenslauf gespeichert und veröffentlicht wird; Sie stimmen daher bei dieser Lösung auch der Veröffentlichung personenbezogener Daten zu.

Schließlich ist noch die *Eidesstattliche Erklärung* zu erwähnen, die Sie über die Authentizität des Textes abgeben müssen, ein Beispiel dazu finden Sie im Anhang (S. 174). Diese Erklärung ist notwendig, weil Ihre Dissertation zur Beurteilung ja als Papierversion vorgelegen hat und in dieser Version genehmigt worden ist. Sie stellt also ein Dokument dar, das als Beweis Ihrer wissenschaftlichen Fähigkeiten gedient hat. Folglich dürfen Sie nach Abschluss des Promotionsverfahrens nichts mehr an diesem Text ändern. Da die Fakultät die elektronische Version aber nicht prüft, müssen sich die Bibliotheken durch Ihre Erklärung absichern, dass die Datei-Version mit der begutachteten Papier-Version identisch ist. Falls keine Identität herrscht, kann das Anlass zu vielerlei (unguten) Vermutungen geben. Um allen künftigen Problemen, die sich ggf. bei Entdeckung einer Änderung ergeben könnten, aus dem Wege zu gehen, verlangen die Bibliotheken o.g. Erklärung. So viel zur elektronischen Publikation im Rahmen der Dissertation, wenn Sie das ganze Verfahren über Ihre Universitätsbibliothek abwickeln.

Aber auch Verlage bieten diese Version der Veröffentlichung an. Da Sie ja auch bei der elektronischen Publikations-Variante immer noch eine bestimmte Anzahl von Papier-Versionen an die Fakultät und die Bibliothek abgeben müssen, kann es günstig sein, beides in einem Verlag zu machen. Prinzipiell bestehen zwei Möglichkeiten der elektronischen Publikation: online oder offline. Bei Online-Veröffentlichung ist der Text im Internet abrufbar, d. h., es kann weltweit darauf zugegriffen werden. Offline-Publikation bedeutet in den meisten Fällen Speicherung in digitaler Form auf einer CD-ROM (aber auch anderen Speichermedien) und diese Speicherung kann unabhängig von einem Internetzugang genutzt werden.

Wie auch immer, in digitaler Speicherung können Sie Informationen in Ihre Dissertation einbauen, die in der Papierversion gar nicht möglich sind: Akustisches Material können Sie erklingen lassen, visuelles Material (auch als Filmsequenz) in der Arbeit direkt präsentieren, das funktioniert nur in diesen Medien. Außerdem haben Nutzer und Nutzerin bei entsprechender Einrichtung die Möglichkeit, mittels Suchfunktion in Ihrem Text das herauszusuchen, wofür er oder sie sich am meisten interessiert.

Dissertationsdruckverlage bieten oft beide Versionen an: Sie erhalten eine Mini-Auflage an gedruckten Büchern und der Text wird gleichzeitig im Internet angeboten. Von dort kann er (gegen Gebühr) von den Lesern per download genutzt werden.

Sollten Sie die klassische Form bevorzugen, dann seien hier einige Ausführungen gemacht. Es gibt zwei Möglichkeiten, Ihren Text an den Verleger zu liefern: Entweder als reproduktionsfähiges (Papier-)Manuskript (d. h., der Text wird im Offsetdruck vervielfältigt, evtl. unter Verkleinerung von DIN-A4 auf DIN-A5) oder Sie reichen eine CD ein, auf der sich der Text der Dissertation befindet. In beiden Fällen geben die meisten Dissertationsverlage (es gibt eine ganze Reihe davon, schauen Sie auf die Schwarzen Bretter Ihrer Universität) recht genaue Anweisungen, wie sie den Text haben wollen. Richten Sie sich danach, denn Sonderwünsche, wie z. B. ein Seitenformat im goldenen Schnitt oder eine spezielle Papiersorte, werden zwar erfüllt, kosten aber extra. Bei der Zeitschriftenveröffentlichung hatten wir darauf hingewiesen, dass sich besondere Anforderungen ergeben, weil der Text vom Drucker gesetzt wird. Da die meisten Dissertationsverlage entweder im Offset-Verfahren drucken oder von einer CD, erfolgt also keine Bearbeitung des Textes durch einen Drucker; Sie können sich daher die Anfertigung eines Manuskriptes nach den für Drucker-Setzung geltenden Regeln sparen. Dennoch haben viele Verlage spezielle Anliegen an die Gestaltung, lassen Sie sich daher beraten, welche Form wie zu realisieren ist. Manche Verlage führen auch eine Buchreihe, in der Ihre Dissertation erscheint; sehen Sie sich vorher an, was der Verlag bietet.

Ein Kriterium für die Auswahl des Verlages liegt auch in der Art und dem Umfang, in dem Werbung betrieben wird. Je mehr Werbung ein Verlag macht, desto teurer. Viele Verlage weisen Sie darauf hin, dass Ihre Veröffentlichung in das *Verzeichnis lieferbarer Bücher* aufgenommen wird, dass Sie eine ISBN-Nummer (International Standard Book Number) zugeteilt bekommen oder dass Ihr Werk in der *Deutschen Bibliothek* verfügbar sein wird, einen CIP Einheitstitel erhält etc. – das ist selbstverständlich und sollte Sie nicht zu großem Enthusiasmus verleiten. Die Werbung ist wohl das wichtigste Argument, hier unterscheiden sich die Verlage beträchtlich. Wollen Sie lediglich der Forderung der Promotionsordnung gerecht werden, dann genügt das preiswerteste Angebot. Wollen Sie aber, aus welchen Gründen auch immer, dass Ihre Arbeit eine größere Verbreitung erfährt, dann ist Werbung vonnöten. Verlage, die dieses Konzept vertreten, bieten Ihnen auch meist die beste Aufmachung für Ihr Buch, schließlich soll's ja auch schick aussehen und man kann nicht bestreiten, dass zum Beispiel bei Bewerbungen ein auf dem Tisch liegendes Buch ein besseres Argument ist als der Hinweis auf eine Internetadresse, unter der man den Text einsehen kann. Außerdem können Sie Kolleginnen und Kollegen, die an Ihrem Thema interessiert sind, ein Buch besser überreichen als die Adresse Ihrer Homepage, von der ein Link zum Dissertationstext geschaltet ist. Alles dies sind aber Argumente, die mit dem Druck und der Gestaltung des Manuskriptes wenig zu tun haben. In jedem Fall werden Sie vor der Situation stehen, dass der Verlag, den Sie sich ausgesucht haben, doch das eine oder andere gerne geändert sähe (vom Seitenformat über die Kopfzeilenanordnung bis zur Schriftgröße). Solche Umformatierungen sind nicht, wie häufig geäußert, mit einem Tastendruck zu erledigen, sondern verlangen etliches an Arbeit und Zeit, das sollten Sie bedenken. Im Abschnitt *Verlagsveröffentlichung* finden Sie zu all diesen Problemen noch einmal weitere Angaben.

5.3 Verlagsveröffentlichung

In der Regel werden Sie wegen der Verpflichtung, Ihre Dissertation zu veröffentlichen, zum ersten Mal mit dieser Form der Publikation konfrontiert, das zweite Mal spätestens, wenn Sie Ihre Habilitationsschrift veröffentlichen wollen (sofern noch Habilitationsschriften angefertigt werden, denn der Trend geht zumindest in einigen Wissenschaften zur Zeitschriftenveröffentlichung als Leistungsnachweis für die Erteilung der venia legendi – lat. wörtl. Erlaubnis des Lesens, d. h., das Recht, an Hochschulen zu lehren, Lehrbefugnis). Weil ziemlich viele Personen promovieren, gibt es eine ganze Anzahl von Verlagen, die sich auf den Dissertationsdruck spezialisiert haben (z. B. Peter Lang Verlag, Frankfurt am Main; Verlag Dr. Kovac, Hamburg; Waxmann Verlag, Münster; Nora Verlagsgemeinschaft, Berlin; Herbert Utz Verlag, München; Verlag Wissenschaft & Praxis, Sternenfels; Deutscher Universitätsverlag, Wiesbaden; Roderer Verlag, Regensburg; Shaker Verlag, Aachen – und das sind noch längst nicht alle). Die Schwarzen Bretter der Universitäten sind meist mit den Werbe-Aushängen dieser und anderer Verlage „geschmückt", schauen Sie sich einfach um.

Die meisten Verlage senden Ihnen auf Anfrage gern ein Angebot zu oder Sie können unter der Internetadresse des Verlags ein Formular finden, das Sie online ausfüllen, das Angebot erhalten Sie dann kurz darauf. Dazu müssen Sie einige Details angeben, wie den Umfang der Arbeit, die geforderten Pflichtexemplare für die Bibliothek etc. Die vom Verlag gedruckte Auflage ist meist gering, zwischen 150 und 250 Exemplaren. Diese Auflagenhöhe hat sich für wissenschaftliche Werke als in der Regel ausreichend herausgestellt, es ist ein Faktum, dass wissenschaftliche Bücher keinen großen Leserkreis erreichen, es sei denn, sie sind populärwissenschaftlich (in Inhalt und Aufmachung) oder es handelt sich um ein Lehrbuch. Da Ihre Dissertation in der Regel ein spezielles Problem thematisiert, das akribisch behandelt wird, will sagen, beim Leser große Vorkenntnisse erfordert, können Sie nicht mit einem großen Publikum, d. h., Verkaufserfolg rechnen. Die Verlage wissen das sehr genau, deshalb werden nur kleine Auflagen gedruckt. Wenn Sie zusätzliche Exemplare haben möchten (sog. Autorenexemplare), können Sie die natürlich bekommen, aber es kostet auch mehr. Bei manchen Verlagen sind die Autorenexemplare bereits in der Kalkulation berücksichtigt, andere kalkulieren so, dass Ihnen ein Preis für die Auflage genannt wird und zusätzliche Autorenexemplare werden extra berechnet. Es sei noch erwähnt, dass das „printing on demand"-Verfahren, wie auch das eBook sich langsam etabliert. (Beim eBook ergeben sich aber besondere Anforderungen für den Nutzer, ein bloßer Internetzugang allein reicht nicht aus, es bleibt abzuwarten, ob sich dies wirklich am Markt durchsetzen wird). Die Verlage brauchen bei dieser Vorgehensweise keine so große Auflage zu drucken und sparen dadurch die Lagerkosten. Sie bekommen natürlich Ihre Pflichtexemplare und auch die Autorenexemplare, aber der Sinn des printing on demand liegt darin, dass jeweils nur so viele Exemplare gedruckt werden wie Bestellungen eingehen. Sie kommen also nicht umhin, die Preise und Leistungen genau zu vergleichen. Überlegen Sie daher gut, wie viele Autorenexemplare Sie tatsächlich benötigen: Ihre Betreuerin oder Betreuer soll sicher ein Exemplar bekommen, die Familie ist auch stolz, wenn Tochter oder Sohn gedruckt vorliegt. Denken Sie aber vor allem daran, dass Sie Ihre Arbeit an interessierte Kolleginnen und Kollegen verteilen, das sichert die Zitierung und führt Ihre Arbeit in die wissenschaftliche Diskussion ein – wenn Sie das wollen. Rechnen Sie also genau, wie viele Exemplare Sie brauchen und bestellen Sie dann zehn mehr, damit Sie eine Reserve haben – Sie wissen einfach noch nicht, bei welcher Gelegenheit Sie das gute Stück noch einmal vorlegen werden. Die früher einmal übliche Sitte, ein Werk nur *einem* Verlag anzubieten, und wenn dieser absagt, erst dann einen zweiten und dritten um ein Angebot zu bitten, ist im Zuge der Marktwirtschaft sicher veraltet. Holen Sie die Angebote also simultan ein, Sie sparen viel Zeit.

Weiter ist zu bedenken, ob die Arbeit in eine Buchreihe aufgenommen werden soll, für die der Verlag ein bestimmtes Erscheinungsbild beibehalten will. Das kann sich z. B. auf die Paginierung, auf die Schrifttype, das Format (z. B. DIN-A5, d. h., Ihr Manuskript wird auf etwa 70 % verkleinert), den Satzspiegel oder auf Spezifika der Abbildungsqualität beziehen, vor allem aber auf den Einband. Das Cover einer solchen Reihe ist oft sehr ansprechend gestaltet und wenn Sie das übernehmen, ist es billiger als ein eigener Umschlagentwurf. Solche Reihen haben in der Regel recht wohlklingende Namen (z. B. Europäische oder gar Internationale Hochschulschriften). Die Verlage schicken Ihnen Ansichtsexemplare von Dissertationen oder verschiedene Cover zu, unter denen Sie dann auswählen können.

Meist können Sie zwischen verschiedenen Formen der Anlieferung des Manuskriptes wählen: entweder (a) in reproduktionsfähiger Form (kurz: reprofähig oder camera-ready, d. h., es wird im Offsetverfahren gedruckt und Sie sollten die Papiervorlage in bester Laserdruck-Qualität anliefern) oder (b) in Datei-Form, also als elektronische Vorlage, die vom Verlag entsprechend für den Druck eingerichtet wird. Wir geben hier keine Empfehlung für ein bestimmtes Format, in dem die Datei zu liefern wäre, weil die Verlage Ihnen darüber am besten direkt Auskunft geben. Sie können aber ziemlich sicher sein, dass fast alle üblichen Formate (von ASCII bis Unix, von Word über PostScript bis Latex; IBM oder MacIntosh) akzeptiert werden, wenn vielleicht auch nicht alle in ein und demselben Verlag. Es ist natürlich günstig, wenn Sie bereits vor Abfassung Ihres Dissertationstextes einmal schauen, was die Verlage an Formatierungen erwarten, dazu halten sie meistens Informationen bereit. Da die durchschnittliche Promotionszeit (über alle Wissenschaftsbereiche hinweg gerechnet) ca. fünf bis sechs Jahre beträgt, können Sie natürlich nicht wissen, was nach sechs Jahren Stand der Technik im Verlagswesen sein wird. Machen Sie sich darüber also nicht zu viele Gedanken, es findet sich dafür stets eine günstige Lösung.

Alle diese Möglichkeiten sind in der Regel auch mit Preisunterschieden verknüpft; suchen Sie das günstigste Angebot, bezogen auf den Aufwand, den Sie evtl. treiben müssen, wenn Sie Ihre Datei umformatieren, und den Preis. Es ist sehr angenehm, wenn der Verlag entweder am Ort ist oder einen Vertreter schicken kann, mit dem Sie im direkten Gespräch alle Einzelheiten klären können. Dabei kann sich der Vertreter auch ein unmittelbares Bild vom äußeren Zustand der Papier-Version Ihrer Dissertation machen und sich dazu äußern, ob der Text in der vorliegenden Form übernommen werden kann oder nicht. In Kurzform: Was „druckfähige Vorlage" bedeutet, bestimmt der Verlag. Evtl. müssen Sie den Text also noch einmal bearbeiten (nur formal, nicht inhaltlich!) oder durch den Verlag bearbeiten lassen. Weil das Letztere so angenehm ist, kostet es natürlich zusätzlich Geld.

Apropos Geld: Sie erwarten vielleicht ein Honorar für Ihre Leistung, das ist verständlich, schließlich haben Sie sich jahrelang mit Ihrer Forschungsarbeit geplagt, Zeit, Mühen und Geld geopfert. Die Realität sieht aber eher so aus: Sie zahlen für die Veröffentlichung und wenn Sie Glück haben, bekommen Sie auch ein Honorar, z. B. ab dem verkauften einhundertsten Exemplar (nebenbei: das Honorar wird nicht vom Ladenverkaufspreis berechnet, sondern vom Buchhändlereinkaufspreis). Sicher, Sie können sich als Text produzierender Wissenschaftler bei der Verwertungsgesellschaft Wort anmelden (VG-Wort, Goethestr. 49, 80336 München; www.vgwort.de; Zugriff am 28.01.2006) und bekommen dann im Folgejahr einen Anteil von den Geldern ausgezahlt, welche die VG-Wort aus Bibliothekstantiemen etc. eingenommen hat. Dieser Anteil schwankt von Jahr zu Jahr – je nachdem wie die Ertragslage der VG-Wort ausfällt – und richtet sich zweitens nach der Seitenzahl, die Sie im Vorjahr insgesamt veröffentlicht und bei der VG-Wort gemeldet haben. Die Verlage weisen meist darauf hin, welchen Betrag Sie *ungefähr* von der VG-Wort erwarten können, schon allein um Ihnen zu zeigen, wie preiswert das Angebot ist. In summa: Wenn Sie Ihr Promotions- oder Habilitationsabenteuer hinter sich bringen, ohne dabei ins finanzielle Minus zu geraten, können sie sehr zufrieden sein.

Zum Abschluss wollen wir noch kurz auf Publikationen eingehen, die weder im Rahmen von Promotion noch Habilitation stehen. Dies kann der Fall sein, wenn Sie (a) ein größeres Forschungsprojekt abgeschlossen haben oder (b) ein Buch zu einem bestimmten Thema aus ihrem Wissenschaftsbereich schreiben oder herausgeben wollen.

Zunächst zu (a): Es ist der absolute Ausnahmefall, wenn ein Forschungsprojekt in all seinen Details als Buchform in einem Verlag erscheint. Verlage sind wirtschaftlich betriebene Unternehmen und müssen sehen, dass mit dem Verkauf von Büchern Geld verdient wird. Da wir oben schon einmal darauf hingewiesen haben, dass wissenschaftliche Texte meist nur wenige Leser finden, werden Sie von Verlagen mit einer Grundstimmung empfangen, die Ihnen vermittelt, doch lieber auf die ganze Sache zu verzichten. Selbstverständlich wird man Ihrer Idee schon sehr viel freundlicher entgegenkommen, wenn Sie einen (ziemlich hohen) Druckkostenzuschuss anbieten können. Das wird aber eher die Ausnahme sein. Wir raten Ihnen deshalb, solche Projektberichte lieber in Form von Zeitschriftenartikeln zu erstellen. Es ist gut möglich, dass Sie verschiedene Aspekte Ihres Forschungsprojektes in mehreren Artikeln publizieren, denn für Zeitschriftenartikel gilt in der Regel die 20-Seiten-Grenze. Zu dieser Form der Veröffentlichung haben wir oben bereits alles gesagt.

Zu (b): Es ist sehr günstig, wenn Sie bereits dann mit einem Verlag Kontakt aufnehmen, wenn Ihre Pläne über das Lehrbuch, den Sammelband oder das Lexikon, das Sie schreiben oder herausgeben wollen, noch nicht vollständig ausgereift sind, also wenn das Manuskript noch nicht fertiggestellt ist. Man kann dazu nur wenig Konkretes sagen, denn hier hängt viel von der Verlagspolitik ab, d. h., ob das geplante Werk in das Programm des Verlages passt oder nicht oder ob bereits ähnliche (Konkurrenz-)Produkte auf dem Markt sind. Reden Sie nicht nur mit *einem* Verlagsvertreter, sondern fühlen Sie sich auch hier der Marktwirtschaft verpflichtet: Sie bieten ein Produkt an, das andere verwerten wollen, es spricht also nichts dagegen, wenn Sie auch diesmal nach dem besten Angebot Ausschau halten. Eine gute Möglichkeit, mit Verlagsvertretern ins Gespräch zu kommen, sind Kongresse (für Psychologen z. B. der alle zwei Jahre stattfindende Kongress der Deutschen Gesellschaft für Psychologie).

5.4   Veröffentlichungen im Rahmen von Kongressen

Als Student bzw. Studentin in den höheren Semestern wollen Sie vielleicht an einer Tagung oder einem Kongress teilnehmen, deshalb geben wir einige allgemeine Hinweise für die Art der schriftlichen Texte, die hierbei gefordert sind.

Wenn Sie sich zur Teilnahme entschließen, sind Sie in der Regel gezwungen, einen genauen Zeitplan einzuhalten. Wie dieser Plan aussieht, wird in den Ankündigungen der Kongresse angegeben, halten Sie diese Sperrfristen (engl. deadlines) unbedingt ein. Meist finden Sie Terminangaben für die Anmeldung und Zahlung der Teilnahmegebühr, Abgabe des Abstracts, Einreichung des Kurzartikels etc. Weiter wird Ihnen mitgeteilt, wie die Manuskripte aussehen müssen (Schrifttype und Formatierung in Bezug auf Zeilenabstand, Paginierung, Überschriften, Zitierweise, Literaturverzeichnis usw.). Bei internationalen Kongressen wird auch spezifiziert, welche Sprachen erlaubt sind; meist Englisch, manchmal aber auch die Sprache des Gastlandes oder andere weitverbreitete Sprachen. Das Beispiel, das wir im Anhang in Auszügen abdrucken, wurde für einen Kongress 1988 in Stockholm verwendet; absichtlich zitieren wir diesen ausführlichen Text in englischer Sprache, um Sie damit vertraut zu machen, was bei einem Kongressbesuch auf Sie zukommt (vgl. S. 162–164).

5.4.1 Abstract

In den meisten Fällen möchte der Veranstalter einer Tagung vor deren Beginn wissen, welches Thema Sie vorstellen wollen. Dazu gehört, dass Sie über den beabsichtigten Vortrag eine Kurzfassung vorlegen, die über alle wichtigen Teile informiert. Passt das Thema in den Rahmen der Tagung und kündigt es eine solide Arbeit an, dann haben Sie gute Chancen, dass Ihr Beitrag angenommen wird – das Abstract dient also als Auswahlkriterium, überlegen Sie sich jedes Wort!

Da Sie wenig Platz zur Verfügung haben (maximal eine DIN-A4-Seite, meist sehr viel weniger, z. B. nur 150 Wörter), müssen Sie sich auf das Allernotwendigste konzentrieren. Natürlich heißt das, dass Sie die bisher aufgeführten Gliederungen nur sehr bedingt einhalten können. So haben Sie vielleicht für die Darstellung der Methode nur Raum für einen einzigen Satz. Ist die Methode keine wesentliche Neuigkeit oder im Rahmen Ihres Themas von untergeordneter Bedeutung, kann sie auch vollständig ausgelassen werden. Wichtig ist aber in fast allen Fällen, dass Sie den Ausgangspunkt und das Ziel Ihrer Untersuchung sowie die wichtigsten Ergebnisse mitteilen, mehr können Sie bei dieser Platzbeschränkung nicht unterbringen (ein Beispiel für ein 100 Wörter umfassendes Abstract finden Sie auf S. 159; ein Beispiel, das aus einer englischen Zeitschrift entnommen wurde, finden Sie auf Seite 160–161, aus einer deutschen Zeitschrift S. 161–162). In einer Anweisung zur Abstract-Gestaltung für einen Kongress hieß es: „Please, make the abstract as informative as possible including methods results and conclusions reached. It is not adequate to state: The results will be discussed". Dem ist nichts hinzuzufügen.

Denken Sie auch daran, dass bei vielen Tagungen zu Beginn ein Band mit den Abstracts sämtlicher Referenten für jeden Kongressteilnehmer zur Verfügung steht oder dass die Abstracts bereits vor Kongressbeginn im Internet verfügbar sind. Das bedeutet, dass das Abstract nun als Kriterium für den Besuch oder Nicht-Besuch Ihres Beitrages verwendet wird, es ist also so etwas wie eine doppelte Visitenkarte: Zulassungskriterium zum Kongress *und* Auswahlkriterium der Tagungsteilnehmer. Als Warnung: Versprechen Sie nicht zu viel in Ihrem Abstract, sonst sind Ihre Zuhörer(innen) enttäuscht. Hier noch einmal die Gesichtspunkte, die Sie unbedingt einhalten sollten (Sie können diese Zusammenstellung auch als Checkliste verwenden):

- Beachten Sie die geforderte äußere Form und Länge.
- Schenken Sie dem Abstract besondere Aufmerksamkeit.
- Stellen Sie die wichtigsten Aspekte Ihrer Arbeit dar: vollständig und genau.
- Beginnen Sie mit Fragestellung und Ziel der Untersuchung, danach folgen Methode, Ergebnisse und die wichtigsten Bestandteile der Diskussion.
- Verwenden Sie dieselbe Fach-Terminologie wie in Ihrer Arbeit, benutzen Sie Schlüsselbegriffe.
- Verwenden Sie unpersönliche, objektive Schreibweise.
- Schreiben Sie vollständige Sätze.
- Benutzen Sie nur gängige Abkürzungen (z. B. Vp, IQ oder EMG), andere Abkürzungen müssen so eingeführt werden, dass Sie zunächst die ausführliche Version angeben und in Klammern die Abkürzung nennen, die Sie von nun an in dieser Form beibehalten (z. B. „das Freiburger Persönlichkeitsinventar [FPI] wurde als Messinstrument verwendet. Verschiedene Subskalen des FPI haben sich als effiziente Indikatoren erwiesen.").
- Vermeiden Sie Formeln und Symbole.
- Teilen Sie gängige statistische Kennwerte in Zahlen mit (z. B. Korrelationskoeffizienten, Signifikanzniveaus).
- Vermeiden Sie redundante Redewendungen (wie z. B. „in dieser Untersuchung wurde der Frage nachgegangen" – in welcher denn sonst!?), sondern nutzen Sie den zur Verfügung stehenden Raum zur inhaltlichen Beschreibung.
- Wenn Sie Aufzählungen vornehmen wollen, nummerieren Sie diese wie folgt: (1) ... (2) ... (3) ... oder (a) ... (b) ... (c) ... usw.
- Achten Sie darauf, dass die gewählte Zeitform durchgängig verwendet wird: in der Regel entweder Imperfekt *oder* Präsens.
- Fertigen Sie mehrere Entwürfe, bitten Sie jemanden um Kommentar und Korrektur, entscheiden Sie sich nach einem zeitlichen Abstand für die endgültige Version.

5.4.2 Kurz-Artikel

Manche Kongressveranstalter möchten zusätzlich zu Ihrem Abstract einen kurzen Artikel über das Thema, das Sie in Ihrem Beitrag behandeln, in einem nach dem Kongress erscheinenden Buch veröffentlichen (oft wird dieses Buch auch schon zu Beginn des Kongresses vorgelegt). Dazu erhalten Sie eine genaue Anleitung, wie der Artikel abzufassen ist (von der Titelgestaltung und der Adresse der AutorInnen bis zur Zeilenschaltung und zum Literaturverzeichnis; vgl. das Beispiel im Anhang S. 162). Halten Sie diese Angaben unbedingt ein und geben Sie nur ein sorgfältig korrigiertes Manuskript ab, denn es wird im Fotosatz vervielfältigt, ohne jede weitere Korrektur!

Die Seitenzahl, die Ihnen zur Verfügung steht, hängt vom einzelnen Fall ab (Sie erhalten darüber eine Mitteilung), rechnen Sie aber von vornherein mit maximal vier bis sechs Seiten; oft wird eine Wortbegrenzung genannt, z. B. nicht mehr als 5000 Wörter. Sie haben hier also wiederum das Problem, dass alles weniger Wichtige weggelassen werden muss. Wenn Sie das zum ersten Mal machen, werden Sie an manchen Stellen tief durchatmen – es ist aber eine gute Erziehung zur knappen und klaren Darstellung. Auch diesmal gilt also, dass Sie die Gliederungen, die wir z. B. bei der empirischen Arbeit besprechen, nur noch begrenzt verwenden können. Stattdessen können Sie hier ein Schema gut anwenden, das dort nicht ausführlich genug ist:

1. Kurzfassung (Abstract, meist in englischer Sprache)
2. Fragestellung und Ziel
3. Methode und Ergebnisse
4. Diskussion und Interpretation
5. Literaturverzeichnis

Wenn Sie jetzt aufteilen, wie viel Raum für die einzelnen Abschnitte zur Verfügung steht, ergibt sich bei einer angenommenen Gesamtlänge von fünf Seiten etwa folgende Einteilung:

• für Abstract, Titel und Adresse rechnen Sie eine drittel Seite (am besten übernehmen Sie hier das Abstract, das Sie bereits vor Kongressbeginn eingereicht hatten),
• eine halbe Seite für das Literaturverzeichnis und
• eine halbe Seite für die Darstellung der Methode.

Somit stehen Ihnen für den übrigen Text 3 $^2/_3$ Seiten zur Verfügung, nicht gerade viel. Mit einem Textverarbeitungssystem sind diese Bedingungen jedoch leicht einzuhalten: Haben Sie zuviel geschrieben, nehmen Sie einfach an einer Stelle Text heraus, formulieren ihn um usw. Zur Druckqualität: Versuchen Sie, den qualitativ besten Ausdruck Ihres Artikels zu erreichen. Am besten benutzen Sie einen Laserdrucker oder einen Tintenstrahldrucker mit einwandfrei funktionierender Druckpatrone (d. h., mit höchstem Schwärzungsgrad; Ausdrucke mit einem Matrixdrucker erreichen in aller Regel keine befriedigende Schwärzung). Benutzen Sie *weißes* Papier, Umweltschutz ist hier einmal zurückzustellen, die Manuskripte erscheinen dann auch im Druck sauber und kontrastreich, also gut lesbar.

In zunehmendem Maße wird von den Tagungsorganisatoren aber verlangt, dass Sie Ihren Beitrag in Dateiform auf einer Diskette einreichen, oder auch, dass Sie Ihren Text per E-Mail an den Organisator schicken.

5.4.3 Poster

Auf vielen Kongressen gibt es sogenannte *Postersessions*, ein Mittelding zwischen mündlichem Vortrag und schriftlicher Veröffentlichung. Aber auch im Studium gibt es Posterpräsentationen, z. B. in den Experimentalpraktika oder bei kleineren, hausinternen Symposien. Das Poster-Verfahren besagt, dass man sein Produkt (die Untersuchung) mittels Plakat auf einer Wand präsentiert und dort über die wichtigsten Bestandteile seiner Forschungsarbeit informiert. Verglichen mit dem klassischen Vortrag (15 Minuten Redezeit, 5 Minuten Diskussion oder 20 Minuten Redezeit und 10 Minuten Diskussion) haben Poster spezifische Vorteile, die man nutzen sollte (vgl. Pohl, 1997). Postersitzungen werden auch in Kombination mit Kurz-Referaten angeboten: Sie halten an einem Ort, an dem sich fünf oder sechs Poster zu demselben Fachgebiet befinden, einen vielleicht dreiminütigen Vortrag (macht zusammen 15–18 Minuten Vortragszeit der Posterautoren), unmittelbar danach ist die Diskussion eröffnet. Da die Möglichkeit zu Nachfragen, Kritik und Anregungen besteht, ist dies eine sehr gute Gelegenheit zur Diskussion von Theorien und Befunden – Sie lernen viel dabei.

Die hier zu behandelnden Fragen lauten (vgl. Pohl, 1997): (1) Poster oder Vortrag? (2) Was soll man wie auf einem Poster schriftlich dokumentieren? Da manche Präsentation noch schnell vor dem Kongress „zubereitet" wird, sollte man sich über eines im Klaren sein: Die Vorbereitungszeit ist für beide Formen gleich lang, d. h., Zeitdruck ist kein Plädoyer für das Poster. Aber gehen wir der Reihe nach vor.

Zu (1): Poster oder Vortrag? Kann man die zentrale Aussage der Untersuchung besser verbal zusammenfassen, dann ist der Vortrag günstiger. Ist die zentrale Antwort aber besser grafisch zu veranschaulichen (beispielsweise durch einen Kurvenverlauf), dann ist das Poster überlegen. Geht es darum, eine möglichst große Zahl von Zuhörern zu erreichen, sollte man sich zu einem Vortrag entschließen; sucht man die Diskussion, heißt die Entscheidung: Poster! In dieser zielgerichteten Diskussion erfahren Sie viel über mögliche Einwände oder Ergänzungen, und Anregungen zu neuer Forschungsaktivität gibt's auch – außerdem werden Sie mit Frau X und Herrn Y, die bzw. den Sie nur aus der Literatur kennen, bei dieser Gelegenheit bekannt.

Zu (2): Die Frage der Präsentationsart sollte man zunächst mit der Antwort auf die Frage „Wie lautet die zentrale Aussage?" einkreisen, denn diese Aussage ist das, was beim Poster am deutlichsten hervorgehoben werden muss, möglichst bereits im Titel. Dringender Rat: Widerstehen Sie jeder Versuchung, das Poster dadurch zu entwickeln, dass Sie eine schriftliche Ausarbeitung solange kürzen, bis sie auf die Stellwand passt. Wenn schon Werbeplakat (nichts anderes heißt „Poster"), dann bitte auch in dieser Form: knapp, präzise, eingängig. Es darf auch provokant sein oder die Rezipienten zum Schmunzeln bringen, aber niemals ungenau. Vorsicht bei Angaben zur maximalen Stellwand-Größe: Ein Format von 2,5 m x 1 m sagt noch nichts darüber, ob die Fläche 2,5 m breit und 1 m hoch ist oder umgekehrt. Stoßen Sie auf eine solche ungenaue Angabe, fragen Sie bei den Organisatoren nach. Nebenbei: Bei vielen Kongressen werden Preise für das beste Poster ausgesetzt, es lohnt sich also, eine Aufmachung zu finden, die den Rahmen des Üblichen sprengt.

Generell muss der Betrachtungsabstand, den die Leser einnehmen (ca. 2 m), bei der Wahl der Schriftgröße bedacht werden. Um eine normale 12-Punkt-Schrift auf einem Poster lesen zu können, muss man schon sehr dicht herantreten, dadurch wird anderen Besuchern aber die Sicht versperrt. Man sollte also alle Texte wenigstens in einer Größe von 24–36 Punkt ausdrucken. Die Überschriften sollten auch von einiger Entfernung gut zu lesen sein. Entscheiden Sie sich für eine eindeutige Leserichtung (entweder von oben nach unten oder von links nach rechts), führen Sie den Blick mit Pfeilen und Markierungen über Ihr Poster. Entwerfen Sie einprägsame, kurze Texte, drucken Sie diese aus (24–36 Punkt groß) und machen Sie auf dem Fußboden Ihres Arbeitszimmers ein Layout (im wahrsten Sinne des Wortes), für das Sie einen Platz von der zur Verfügung stehenden Größe reservieren. Schieben Sie die Texte (und die Entwürfe von Tabellen und Abbildungen, s.u.) so lange hin und her, bis Sie einen logischen Ablauf in die Textanordnung gebracht haben, der Ihre Ansprüche an Stringenz befriedigt.

Poster sind der große Auftritt für Abbildungen aller Art. Natürlich gelten die dafür genannten Regeln auch hier (siehe S. 93–95). Sie können aber nun ein wesentlich größeres Format wählen und Ihre Abbildungen farbig gestalten; arbeiten Sie mit allen optischen Mitteln (Stichwort: Blickfang), je origineller, desto besser. Kombinieren Sie inhaltliche Qualität (diese steht immer an erster Stelle) und klare Übersichtlichkeit – der Erfolg ist Ihnen sicher. Interessiert sich jemand für die Details, können Sie ja jederzeit genaue Auskunft geben.

Haben Sie eine befriedigende Lösung gefunden, gibt es drei Möglichkeiten, Ihr Poster zum Ort des Geschehens zu bringen: (a) Sie nehmen die Einzelteile (Texte, Tabellen und Abbildungen im DIN-A4-Format) in Ihrer Aktentasche mit und montieren das Poster vor Ort. (b) Sie kleben alles fix und fertig auf einen Karton und rollen ihn so zusammen, dass er in eine feste Papp-Transportrolle passt, oder (c) Sie drucken von Ihrem Text über entsprechende fotografische Vorrichtungen ein Poster, das die geforderte Größe aufweist. Das sieht gut aus und Sie müssen nichts kleben, setzt aber voraus, dass Sie Zugang zu den entsprechenden Geräten haben.

Das folgende Schema soll lediglich der Orientierung dienen – Sie können selbstverständlich eine völlig andere Aufteilung wählen, wenn das Thema dadurch besser präsentiert wird:

TITEL	
Autor(en; evtl. mit Foto) und Institution(en)	
Kurzfassung (Abstract) xxxxxxxxxxxxxx xxxxxxxxxxxxxxxxxxxxxxxxxxxxx	Abbildungen und Tabellen II
Ziele und theoretischer Hintergrund xxxxxxxxxxxxxxxxxxxxxxxxxxxx xxxxxxxxxxxxxxxxxxxxxxxxxxxx xxxxxxxxxxxxxxxxxxxxxxxxxxxx	Ergebnisse xxxxxxxxxxxxxxxxxxxxxxxxxxxx xxxxxxxxxxxxxxxxxxxxxxxxxxxx xxxxxxxxxxxxxxxxxxxxxxxxxxxx
Methode xxxxxxxxxxxxxxxxxxxxxxxxxxxx xxxxxxxxxxxxxxxxxxxxxxxxxxxx xxxxxxxxxxxxxxxxxxxxxxxxxxxx	Diskussion xxxxxxxxxxxxxxxxxxxxxxxxxxxx xxxxxxxxxxxxxxxxxxxxxxxxxxxx xxxxxxxxxxxxxxxxxxxxxxxxxxxx
Abbildungen und Tabellen I	Literatur
	Kontakt-Adresse

Welche der drei o.g. Methoden Sie wählen, hängt auch von der Art Ihrer Anreise ab: Müssen Sie mit dem Flugzeug reisen, ist die Aktentaschenlösung sicher vorzuziehen, in anderen Fällen ist die Rollenlösung günstiger. Probieren Sie aber das Einrollen rechtzeitig vorher aus, denn mancher aufgeklebte Papierbogen entwickelt unangenehme Faltungen, wenn zu stark eingerollt wird. Nehmen Sie Materialien mit, die eine Fixierung auf unterschiedlichem Untergrund erlauben (Tesaband, Tesafilm, Sticker für Pinnwandoberflächen, Reißnägel etc.).

Es schadet übrigens überhaupt nichts, wenn man einen ausführlichen Artikel geschrieben hat, den man entweder an interessierte Besucher aushändigt oder einfach in der Nähe des Posters deponiert. Wer's interessant findet, nimmt sich ein Exemplar zur späteren Lektüre mit.

Man sollte überlegen, ob man auf dem Poster ein Foto anbringt, auf dem Autor bzw. Autorin zu sehen ist. Der Grund: Bei einem Vortrag kann man Ihren Namen Ihrem Gesicht zuordnen, weil man im Programm lesen kann, dass Sie jetzt vortragen. Auf dem Poster sieht man zwar Ihren Namen, man weiß dadurch aber noch nicht, welches Gesicht dazugehört; deshalb erleichtert das Foto genau diese Zuordnung.

Schluss

Nun sind wir ans Ende der Hinweise und Regeln zur Anfertigung schriftlicher Arbeiten gelangt. Wenn Sie die Ausführungen durchgelesen haben, müssten Sie mit den Beispielen im Anhang gut zurechtkommen. Lesen Sie auch diese noch und werfen Sie einen Blick auf das Literaturverzeichnis, das führt Ihnen noch einmal viele der Regelungen vor Augen und in Erinnerung.

Tipp: Wenn Sie sich später bei der Abfassung Ihres Textes nicht mehr genau erinnern können, wie, sagen wir, eine Abbildung zu beschriften ist, dann schlagen Sie zunächst im Anhang nach. Reicht die Information dort nicht aus, lesen Sie die entsprechenden Stellen im Text noch einmal durch. Und nun: Gutes Gelingen!

6 Literaturverzeichnis

Abrahams, M. (Hrsg.). (1999). *Der Einfluss von Erdnussbutter auf die Erdrotation; Forschungen, die die Welt nicht braucht.* Basel: Birkhäuser.

Alemann, H. von (1977). *Der Forschungsprozess. Eine Einführung in die Praxis der empirischen Sozialforschung.* Stuttgart: Teubner.

American Psychological Association (Ed.). (1994). *Publication manual of the American Psychological Association* (Fourth edition). Washington, DC: Author.

American Psychological Association (Ed.). (2001). *Publication manual of the American Psychological Association* (Fifth edition). Washington, DC: Author.

Arnold, M. B. (1970). Perennial problems in the field of emotion. In M. B. Arnold (Ed.), *Feelings and emotions* (S. 169–186). New York, NY: Academic Press.

Bauer, B. (1960). *Ullstein-Synonymen-Lexikon.* Frankfurt am Main: Ullstein.

Blank, H. (2001, August/September). Leserbrief zum Thema Pro und Contra Anglizismen. *DAV Panorama (Mitteilungen des Deutschen Alpenvereins),* S. 97.

Bock, M., Lazarus, H. & Höge, H. (1986). Sozioökonomische Invarianzen beim Erlernen akustischer Warnsignale und Situationen unterschiedlicher Kompatibilität. *Zeitschrift für experimentelle und angewandte Psychologie, 33,* 177–193.

Bortz, J. & Döring, N. (1995). *Forschungsmethoden und Evaluation.* Berlin: Springer.

Bousfield, W. A. (1950). The relationship between mood and the production of affectively toned associates. *Journal of General Psychology, 42,* 67–85.

Bower, G. (1981). Mood and memory. *American Psychologist, 36,* 129–148.

Clauß, G. & Ebner, H. (1977). *Grundlagen der Statistik.* Thun: Deutsch.

Crystal, D. (1998). *Die Cambridge Enzyklopädie der Sprache* (S. Röhrich, Übers.) Köln: Parkland. (Original erschienen 1987: The Cambridge encyclopedia of language)

Demmer, C. (1993). *Zur Begutachtung der Schuldfähigkeit im Strafverfahren: Analyse von Gutachten und ihren Rahmenbedingungen.* Unveröffentlichte Diplomarbeit, Carl von Ossietzky Universität Oldenburg.

Deutsche Gesellschaft für Psychologie (Hrsg.). (1997). *Richtlinien zur Manuskriptgestaltung* (2., überarbeitete und erweiterte Auflage). Göttingen: Hogrefe.

Engelkamp, J. (1973). *Eine psychologische Interpretation von Oberflächen- und Tiefenstruktur.* Unveröffentlichtes Manuskript, Ruhr-Universität Bochum.

Freud, S. (1933). *Vorlesungen zur Einführung in die Psychoanalyse.* Berlin: Kiepenheuer. (Originalarbeit erschienen 1922)

Guiraud, P. (1963). Structure des répertoires et répartition fréquentielle des éléments: La statistique du vocabulaire écrit. In A. A. Moles & B. Vallancien (Éds.), *Communications et langages* (S. 35–48).

Hayakawa, S. I. (n.d.). Was versteht man unter der aristotelischen Struktur der Sprache? In G. Schwarz (Hrsg.), *Wort und Wirklichkeit* (S. 205–216). Darmstadt: Schwarz & Co.

Höge, H. (1974). *Auditory Scanning und Lateralität.* Unveröffentlichte Diplomarbeit, Ruhr-Universität Bochum.

Hopf, H., Heise, W. & Helms, S. (Hrsg.). (1984). *Lexikon der Musikpädagogik.* Regensburg: Bosse.

Hörmann, H. (1970). *Psychologie der Sprache.* Berlin: Springer.

Hörmann, H. (1976). *Meinen und Verstehen. Grundzüge einer psychologischen Semantik.* Frankfurt am Main: Suhrkamp.

Isen, A. M. (1984). Toward understanding the role of affect in cognition. In R. S. Wyer & T. K. Srull (Eds.), *Handbook of social cognition* (Vol. 3, pp. 179–236). Hillsdale, NJ: Erlbaum.

Kant, I. (1974). *Kritik der Urteilskraft.* Hamburg: Meiner. (Originalarbeit erschienen 1799)

Kruse, L. (Hrsg.). (1996). *Ökologische Psychologie. Ein Handbuch in Schlüsselbegriffen* (2. Auflage). München: Psychologie Verlags Union.

Küpper, N. (1996). Lesen heißt arbeiten. *Forschung & Lehre, 10,* 524–527.

Lacey, J. I., Kagan, J., Lacey, B. & Moss, H. (1963). The visceral level; situational determinants and behavioral correlates of autonomic response. In H. Knapp (Ed.), *Expression of emotions in man* (S. 161–196). New York, NY: International University Press.

Laucken, U. (1974). *Naive Verhaltenstheorie.* Stuttgart: Klett.

Laucken, U. (1984). Über den Wandel des Begriffs „Verstehen" in verschiedenen Denkformen der Psychologie. In J. Engelkamp (Hrsg.), *Psychologische Aspekte des Verstehens* (S. 231–254). Berlin: Springer.

Laucken, U. (1985). Anmerkungen zur Ordnung in der Welt. In G. Tacke (Hrsg.), *Alltagsdiagnostik. Theorien und Befunde zur Personwahrnehmung* (S. IX – XIII). Weinheim: Beltz.

Laucken, U. & Mees, U. (1987). *Logographie alltäglichen Lebens.* Oldenburg: Holzberg.

Leahey, T. H. (1987). *A history of psychology.* Englewood Cliffs, NJ: Prentice Hall.

Lecher, T. (1988). *Datenschutz und psychologische Forschung.* Göttingen: Hogrefe.

Mandler, G. (1979). *Denken und Fühlen.* Paderborn: Junfermann.

Mandler, G. (1984). *Mind and body: Psychology of emotion and stress.* New York, NY: Norton.

Metzger, W. (1956). Über die Abfassung einer wissenschaftlichen Arbeit auf dem Gebiet der Psychologie. *Psychologische Beiträge, 2,* 203–214.

Morris, W. N. (1989). *Mood: The frame of mind.* Berlin: Springer.

Nachreiner, F. & Grzech-Sukalo, H. (1993). *Untersuchungen über differentielle Effekte unterschiedlicher Schichtsysteme im psychosozialen Bereich.* Abschlussbericht des Forschungsprojektes an der Universität Oldenburg, gefördert mit Mitteln des Bundesministers für Forschung und Technologie, Förderkennzeichen 01 HG 405 9.

Pohl, R. (1997). Poster? Poster! *Psychologische Rundschau, 48,* 105–107.

Sarris, V. (1987). Max Wertheimer in Frankfurt – über Beginn und Aufbaukrise der Gestaltpsychologie. *Zeitschrift für Psychologie, 195,* 403–431.

Schachter, S. & Singer, J. E. (1962). Cognitive, social, and physiological determinants of emotional states. *Psychological Review, 69,* 379–399.

Selg, H., Klapprott, J. & Kamenz, R. (1992). *Forschungsmethoden der Psychologie.* Stuttgart: Kohlhammer.

Sichelschmidt, L. (1989). *Adjektivfolgen. Eine Untersuchung zum Verstehen komplexer Nominalphrasen.* Opladen: Westdeutscher Verlag.

Spada, H. (Hrsg.). (1990). *Allgemeine Psychologie.* Bern: Huber.

Standop, E. & Meyer, M. L. (1998). *Die Form der wissenschaftlichen Arbeit.* Wiesbaden: Quelle & Meyer.

Viebahn, P. (1990). *Psychologie des studentischen Lernens: ein Entwurf der Hochschulpsychologie.* Weinheim: Deutscher Studien Verlag.

Wallbott, H. G. (1991). Was auch geschieht, immer der gleiche Ausdruck? *Medien-psychologie, 4*(1), 16–26.

Wermke, M., Klosa, A., Kunkel-Razum, K. & Scholze-Stubenrecht, W. (Hrsg.). (1991). *Duden – Die deutsche Rechtschreibung.* Duden Bd. 1. Mannheim: Dudenverlag.

Zentralstelle für Psychologische Information und Dokumentation (Hrsg.). (1993). *Psychologischer Index. Referatedienst über die psychologische Literatur aus den deutschsprachigen Ländern.* Göttingen: Hogrefe.

7   Anhang

7.1   Schemata

7.1.1 Kurze Gliederung empirischer und experimenteller Forschungsberichte

Die vollständige Gliederung einer schriftlichen Forschungsarbeit sollte für experimentelle Arbeiten so aussehen, wie es im Kasten angegeben ist (die unbedingt erforderlichen Teile sind mit einem * gekennzeichnet). Bei empirischen Arbeiten, die nicht dem experimentellen Paradigma folgen, müssen Abschnitte wie unabhängige und abhängige Variablen entsprechend abgewandelt werden. Im nächsten Abschnitt (7.1.2) haben wir eine ausführliche Gliederung aufgeführt.

Titelblatt *
Inhaltsverzeichnis *
Liste der Tabellen und Abbildungen
Vorwort

1. Kurzfassung (Abstract) *

2. Fragestellung *
   2.1 Einleitung *
   2.2 Problemstellung *

3. Methode *
   3.1 Versuchsplan *
   3.2 Unabhängige Variable *
   3.3 Abhängige Variable *
   3.4 Stichprobe *
   3.5 Versuchsablauf *
   3.6 Instruktion *
   3.7 Versuchsraum
   3.8 Benutzte Geräte
   3.9 Versuchsmaterial
       Protokollbögen
       Fragebögen

4. Auswertung und Ergebnisse *

5. Diskussion und Interpretation *

6. Zusammenfassung *

7. Literaturverzeichnis *

8. Anhang

7.1.2 Ausführliche Gliederung für empirische und experimentelle Forschungsberichte

Titelblatt: Universität, Fachbereich und Studienfach, Titel der Veranstaltung und Semester, Titel der Arbeit (in Großbuchstaben), Autorin(nen) und Autor(en), Adresse(n) und Telefonnummer(n).

Zwischenblatt: Universität, Fachbereich und Studienfach, danach dieser Text: „Bericht über den im Experimentalpraktikum durchgeführten Versuch". Bei Gruppenarbeiten bitte angeben: „Teil x hat Autor(in) A angefertigt, Teil y Autor(in) B und Teil z Autor(in) C." Direkt danach folgt dieser Text: „Hiermit versichere ich/wir, dass ich/wir den vorliegenden Experimentalbericht selbstständig verfasst und keine anderen als die genannten Hilfsmittel verwendet habe(n)." Darunter sind aufgeführt: Name(n) der Verfasser(in) bzw. Verfasser, jeweils mit Matrikelnummer; Ort und Datum, Unterschrift(en).

Inhaltsverzeichnis: Sämtliche Abschnitte werden hier mit der zugehörigen Seitenzahl aufgeführt.

Vorwort: sollte entfallen! Falls doch: Angaben über Ihre Motivation, diese Arbeit zu schreiben, Danksagungen, besondere Probleme etc.

1. Kurzfassung (Abstract): Klare Formulierungen sind hier essenziell. *Knappe* Beschreibung der Fragestellung und Methode; *wichtigste* Ergebnisse und Diskussionspunkte; insgesamt *nicht länger* als eine *halbe* Seite, besser kürzer; in deutscher *und* englischer Sprache.

2. Einleitung

2.1 Fragestellung: Allgemeiner theoretischer Hintergrund mit einer Skizze des aktuellen Forschungsstandes; hier werden Theorien und Hypothesen, die bereits in der Literatur besprochen und untersucht wurden, zwar ausführlich, aber auf *allgemeinem* Niveau dargestellt.

2.2 Problemstellung: Hinführung zur *speziellen* Fragestellung; Darstellung der mit der Fragestellung in *engerem Zusammenhang* stehenden Untersuchungen, deren Hypothesen und Ergebnisse; Begründung für die Notwendigkeit der eigenen Untersuchung (z. B. Variation der unabhängigen Variable); Formulierung der *inhaltlich-wissenschaftlichen* Hypothesen: H_1 und H_0 in *sprachlicher* Form bilden den Abschluss dieses Abschnittes! Bitte stets erst H_1, dann H_0!

3. Methode

3.1 Unabhängige Variable: Kurze, aber klare Nennung der Variablen und ebenso eindeutige Beschreibung der Operationalisierung und ihrer Realisierung im Experiment; Nennung der Stufen der unabhängigen Variablen.

3.2 Abhängige Variable: Kurze, aber klare Nennung der Variablen und ebenso eindeutige Beschreibung der Operationalisierung und ihrer Realisierung im Experiment; Einordnung des Skalenniveaus.

3.3 Versuchsplan und Rotationsschema: Angabe des Versuchsplanes (Schema!) und Angabe der Rotation der Versuchsbedingungen (bei Gruppenarbeiten auch die Rotation der Versuchsleiter(innen). Maßnahmen zur Reduktion von Störeinflüssen.

3.4 Aufgabe(n) der Vpn: Alle relevanten Spezifikationen jeder Aufgabe müssen so geschildert werden, dass die Replikation des Experimentes einwandfrei möglich ist.

3.5 Instruktion(en): Art der Vorgabe; exakter Wortlaut der Instruktionen; falls die Instruktionen *sehr* lang sind, können sie in den Anhang aufgenommen werden.

3.6 Versuchsablauf: Zeitliche Abfolge des tatsächlichen Versuches (durchnummeriert); sämtliche Instruktionen werden *nur sinngemäß* erwähnt.

3.7 Versuchsraum: Lageplan, Anordnung der für den Versuch relevanten Möbel: Tisch, Stuhl etc.; Sitzordnung von Vl und Vp; Ort der Reizdarbietung, Abstand zur Vp; eventuell physikalische Messungen der Reizdarbietung und der Begleitumstände.

3.8 Versuchsmaterial und benutzte Geräte: Genaue Beschreibung der Stimuli; sämtliche im Experiment eingesetzten Hilfsmittel müssen hier aufgeführt werden, auch wenn nur „Papier und Bleistift" verwendet wurden; das gilt auch für Geräte, die zur Herstellung von Versuchsbedingungen benutzt wurden oder Registriereinrichtungen zur Messung der Reaktionen. Geräteangaben sollte man unbedingt während des Versuchs notieren: Herstellerfirma, Modellnummer, technische Spezifikationen.

3.9 Beschreibung der Stichprobe(n): Stichprobengewinnung und Honorierung der Versuchsteilnahme (z. B. Anrechnung von Vp-Stunden); Alter, Geschlecht, sozioökonomischer Status etc.; sonstige für das Experiment relevante Person- oder Kontrollvariablen; Ergebnisse zu diesen Variablen werden hier berichtet.

3.10 Versuchsprotokoll: Besonderheiten während der Versuchsdurchführung, mögliche Störeinflüsse: für jede Vp gesondert notieren; Aufzeichnungen über Nachbefragung der Vpn, ebenfalls gesondert für jede Vp.

4. Auswertung und Darstellung der Ergebnisse: In diesem Abschnitt werden die ermittelten Befunde dargestellt: Gliederung der Auswertung der abhängigen Variablen nach einer sinnvollen, der Bedeutung der inhaltlich-psychologischen Hypothesen folgenden Anordnung, zentrale Hypothesen an erster Stelle, erst H_1 danach H_0! Formulierung der *statistischen* Hypothesen: H_1 und H_0 mit Parametern. Darstellung der Aufbereitung der Messwerte, die aus der (den) abhängigen Variable(n) gewonnen werden: Erstellung der Rohdatentabelle(n). Begründung der Auswahl der inferenzstatistischen Tests, Klärung der Voraussetzungen; benutzte Statistik-Literatur und Statistik-Programme; deskriptiv-statistische Kennwerte, z. B.: Mittelwerte, Standardabweichungen (Schreibweise von Zahlen vgl. S. 87), Häufigkeitsverteilungen und andere Statistiken. Tabellen und Abbildungen *müssen* Titel und Legende erhalten und im Text *muss* auf Tabellen und Abbildungen Bezug genommen werden! Kennwerte der verwendeten statistischen Prüfverfahren *(keine Formeln!)*. Einhaltung der Konventionen bei der Darstellung statistischer Prüfverfahren (z. B. Varianzanalysetabelle). Verbale Mitteilung der Signifikanz-Entscheidung.

5. Diskussion und Interpretation: Erörterung der internen und externen Validität; Störvariablen und deren potenzielle Wirkungen; kritische Besprechung der Ergebnisse, Folgen für Theorie und Hypothesen: Passt das Ergebnis zu den Hypothesen, der Theorie bzw. den Theorien? Kann die Theorie als bestätigt oder falsifiziert angesehen werden, muss sie um neue Einflussfaktoren erweitert werden? Ausblick auf zukünftige Fragestellungen.

6. Zusammenfassung: Ausführlichere Darstellung (a) der Fragestellung, (b) der
   Methode und (c) der Ergebnisse als in der Kurzfassung; ca. 1,5 Seiten lang, Aufbau und Gliederung wie beim Abstract.
7. Literaturverzeichnis: Sämtliche im Text aufgeführten Literaturangaben werden
   hier zusammengestellt, auch alle zur Auswertung der Daten benutzten Bücher; verwendete Literatur muss also sowohl im Text als auch
   im Literaturverzeichnis auftreten. Regeln für Literaturangaben beachten (vgl. S. 132–143).
8. Anhang: Der Anhang erhält ein eigenes Zwischenblatt (evtl. mit Inhaltsverzeichnis), er muss fortlaufend paginiert werden, damit man im laufenden Text darauf verweisen kann. Sämtliche Original-Versuchs-
   unterlagen werden hier zusammengeheftet, als Beispiele seien genannt:
   Stimulusmaterial, Rohdaten auf Diskette (bei Experimentalpraktika);
   Fragebögen (Response-sheets); Versuchs-Protokollbögen; Auf-
   zeichnungsunterlagen der Ergebnisse, wie z. B. Tabellen, die als Auszug aus den Rohdaten des Experimentes angefertigt wurden;
   Zwischenschritte der Berechnungen etc.

7.1.3 Regeln zum Literaturverzeichnis

Leider muss man feststellen, dass die Gepflogenheiten der Zitierung nicht einheit-
lich sind, weder bei Prüfungsarbeiten noch bei Veröffentlichungen. Damit dies nun
endlich der Vergangenheit angehört, wollen wir mit den hier mitgeteilten Regeln
einen Beitrag zur weiteren Vereinheitlichung leisten. Mindestens dann, wenn Sie
sich studierend im Bereich der Psychologie aufhalten, sind diese Regeln für Sie
verbindlich. Die Angaben sind identisch mit den Richtlinien der Deutschen Gesellschaft für Psychologie (1997), die ihrerseits mit den Regelungen der American
Psychological Association (APA) übereinstimmen. Sollten in einer Arbeit tatsächlich einmal Zitationsfälle auftreten, für die hier keine Angaben zu finden sind,
kann man nur empfehlen, in der jeweils neuesten Ausgabe des Publication Manual
der APA nachzuschlagen, dort findet sich die ausführlichste Darstellung (die Universitätsbibliotheken haben dieses Werk). Für die Arbeiten, die im Studium anfallen, ist das Publication Manual aber zu umfangreich und zu umständlich, es ver-
wirrt durch die Aufzählung so vieler Sonderfälle. Wir haben uns hier auf die häufig
auftretenden Literaturangaben beschränkt, um den Umfang der Regeln und Beispiele nicht zu groß werden zu lassen.
    Die angestrebte Vereinheitlichung hat nur einen einzigen Zweck, nämlich die
Kommunikation durch internationale Standardisierung zu erleichtern und sie so
eindeutig wie möglich zu machen. Wenn Sie vom Beginn Ihres Studiums an diese
Regeln beherzigen, haben Sie einen Großteil der Arbeit bereits erledigt, die sonst
erst während der Abschlussarbeit (dann aber mit Macht!) ins Bewusstsein tritt.

Zur leichteren Orientierung haben wir die verschiedenen Literaturangaben nach
Typen geordnet, uns auf die häufigsten Fälle begrenzt und jeweils Beispiele angegeben, man unterscheidet:

- Bücher (Monografien)
- Bücher (Sammel- oder Herausgeberwerke)
- Beiträge in Sammel- oder Herausgeberwerken
- Fach-Zeitschriftenartikel
- Unveröffentlichte Werke
- Veröffentlichungen von Institutionen oder Korporationen

Auf den folgenden Seiten finden Sie in den Kästen jeweils eine „allgemeine Formel" für die Angabe der verschiedenen Literaturtypen. Bitte achten Sie genau auf die *Satzzeichen* (es sind etliche!) und auch darauf, dass *ab der zweiten Zeile um fünf bis sieben Buchstaben eingerückt* wird (entspricht einem Einzug von 1–1,3 cm). Unter jeder Formel sind mindestens zwei Beispiele aufgeführt. Wir haben jene Textteile der Literaturangaben in Kursivschrift dargestellt, die Sie kursiv formatieren müssen.

Noch ein Wort zur Zitierung englischsprachiger Literatur: Hier gilt die Regel, dass Titelangaben (gleichgültig, ob bei Büchern oder Zeitschriftenartikeln) lediglich beim ersten Wort mit Großbuchstaben geschrieben werden, die übrigen Wörter mit kleinen Anfangsbuchstaben (z. B.: Further data on suggestion in pictures). Enthält der Titel einen Doppelpunkt, so wird das erste Wort des nachfolgenden Satzes ebenfalls mit großem Anfangsbuchstaben geschrieben (ein Beispiel dazu finden Sie auf S. 135: Beck & Sales, 2001). Anders verhält es sich jedoch bei den Namen von englischsprachigen Zeitschriften. Diese werden stets wie Eigennamen behandelt, d. h. in der englischen Originalschreibweise angegeben, also mit Großbuchstaben (z. B.: American Journal of Psychology).

Ein Schema für die Aufzählung mehrerer Autoren, die gemeinsam eine Arbeit veröffentlicht haben, wird einmal ausführlich bei den Buchangaben niedergelegt (für einen Autor, zwei, drei und vier Autoren), es gilt sinngemäß auch für die übrigen Literaturtypen (insbesondere für Zeitschriftenartikel), wird dort aber der besseren Übersichtlichkeit wegen nicht mehr eigens erwähnt.

Noch einige Hinweise zur Jahreszahl der Veröffentlichung, zur Verlagsangabe und zum Erscheinungsort. Zunächst zum Erscheinungsjahr: Es kann vorkommen, dass Sie ein Buch benutzen und zitieren wollen, das darüber keine Angabe enthält; fügen Sie in einem solchen Fall in Klammern die Buchstaben n.d. (= nicht datiert; bei englischen Literaturangaben: n.d. = no date) ein. Ein Beispiel dazu finden Sie unten bei den Beiträgen aus Sammelwerken (s. S. 137). Bei Verlagsangaben werden alle Verlagsbezeichnungen (wie z. B. „Verlag", „Publishers", „Press") weggelassen, d. h., der in Stuttgart beheimatete Kohlhammer Verlag wird als „Stuttgart: Kohlhammer" aufgeführt. In jenen Fällen, in denen diese Bezeichnungen integrierender Bestandteil des Verlagsnamens sind, *muss* er jedoch mitgeteilt werden. Dies gilt insbesondere für die „University Presses". Es ist also falsch „Oxford: Oxford University" zu schreiben, richtig ist: „Oxford: Oxford University Press". Solche integrierenden Verlagsnamensbestandteile gibt es auch im deutschsprachigen Raum, dazu ein (korrektes) Beispiel: „Weinheim: Beltz, Psychologie Verlags Union". Für den Fall, dass in einem Werk kein Verlagsort angegeben ist, fügen Sie die Buchstaben o.O. (= ohne Ortsangabe) ein.

Für die Reihenfolge im Literaturverzeichnis gilt:

- Die Literaturangaben werden alphabetisch nach den Familiennamen der (Erst-) Autoren geordnet.
- Umlaute in den Namen werden wie nicht umgelautete Vokale behandelt (äu also wie au, ä wie a); ß wird wie ss behandelt.
- Mehrere Veröffentlichungen desselben Autors bzw. derselben Autorin werden in aufsteigender Reihenfolge nach den Erscheinungsjahren geordnet, also:
  Engelkamp, J. (1989) ...
  Engelkamp, J. (1990) ...
  Engelkamp, J. (1991) ...
- Liegen aus demselben Jahr mehrere Veröffentlichungen eines Autors oder einer Autorin vor, müssen diese durch Kleinbuchstaben nach der Jahreszahlangabe gekennzeichnet werden; z. B.:
  Engelkamp, J. (1987a) ...
  Engelkamp, J. (1987b) ...
  Engelkamp, J. (1987c) ...
  Achten Sie hier aber besonders sorgfältig darauf, dass im Text identische Angaben auftreten müssen und dass die Zuordnung korrekt ist; andernfalls weiß der Leser oder die Leserin nicht, welche der Veröffentlichungen gemeint ist. Ein vollständiges Beispiel finden Sie auf S. 136: Johnson, 1937a,b.
- Hat ein Verfasser mehrere Schriften gemeinsam mit anderen Autoren veröffentlicht, so werden diese Angaben ebenfalls alphabetisch und nach dem Erscheinungsjahr sortiert; z. B.:
  Engelkamp, J. & Hörmann, H. (1974) ...
  Engelkamp, J. & Krumnacker, H. (1978) ...
  Engelkamp, J. & Zimmer, H. D. (1982) ...
  Engelkamp, J. & Zimmer, H. D. (1983) ...

7.1.3 a Bücher (Monografien)

Im Folgenden ist jeweils für den Fall eines einzelnen Autors bzw. mehrerer Autoren angegeben, wie man korrekt verfährt. Hier sei betont, dass im Literaturverzeichnis immer sämtliche Autoren aufgeführt werden müssen; es ist also nicht erlaubt, Autorennamen durch die Bezeichnung „u. a." (= und andere) oder „et al." (= et alii, lat. und andere) zu ersetzen.

Bei Buchangaben kann es vorkommen, dass ein Haupttitel und ein Untertitel existieren, diese müssen ebenfalls vollständig im Literaturverzeichnis aufgeführt werden. Untertitel können wichtige Informationen enthalten, die den Inhalt des Buches besser und genauer charakterisieren (vgl. unten die beiden Zitierbeispiele des Buches von Guski; korrekt ist nur die zweite Angabe!). Beachten Sie, dass der gesamte Titel (also inklusive Untertitel) *kursiv* gesetzt wird.

Bei Verlagsangaben finden Sie in den Büchern oft mehrere Verlagsorte angegeben, an denen der Verlag vertreten ist. In der Literaturangabe führen Sie aber nur den erstgenannten Verlagsort auf, bei amerikanischen Verlagen auch die Abkürzungen des Bundesstaates, in dem der Verlagsort liegt. Beachten Sie, dass die Bundesstaatsabkürzungen ohne Punkt aufgeführt werden, z. B.: Amityville, NY: Baywood; Princeton, NJ: Educational Testing Service. Im Kasten finden Sie die allgemeine Regel, sie gibt die Reihenfolge der einzelnen Angaben mit den zugehörigen Satzzeichen und Formatierungen an; wir geben gesonderte Darstellungen für die Anzahl der AutorInnen zunächst für einen Autor bzw. eine Autorin:

Autorname, Initialen der Vornamen. (Erscheinungsjahr). *Vollständiger Titel. Evtl. mit Untertitel.* (Evtl. mit Angabe der Auflage). Verlagsort: Verlagsname.

Allesch, C. G. (1987). *Geschichte der psychologischen Ästhetik.* Göttingen: Hogrefe.

Engelkamp, J. (1990). *Das menschliche Gedächtnis.* Göttingen: Hogrefe.

Guski, R. (1989). *Wahrnehmung.* Stuttgart: Kohlhammer. [Bitte beachten Sie, dass diese Angabe nicht vollständig ist; richtig ist es wie folgt:]

Guski, R. (1989). *Wahrnehmung. Eine Einführung in die Psychologie der menschlichen Informationsaufnahme.* Stuttgart: Kohlhammer.

Sarris, V. (1990). *Methodologische Grundlagen der Experimentalpsychologie. Band 1: Erkenntnisgewinnung und Methodik der experimentellen Psychologie.* München: Ernst Reinhardt.

Zwei Autoren bzw. zwei Autorinnen:
Reihenfolge und Satzzeichen bleiben in derselben Anordnung wie bei Büchern mit nur einem Autor, der zweite Autorname wird mit dem &-Zeichen angefügt.

Erstautorname, Initialen der Vornamen. & Zweitautorname, Initialen der Vornamen. (Erscheinungsjahr). *Vollständiger Titel. Evtl. mit Untertitel.* Verlagsort: Verlagsname.

Laucken, U. & Mees, U. (1987). *Logographie alltäglichen Lebens.* Oldenburg: Holzberg.

Janke, W. & Debus, G. (1978). *Die Eigenschaftswörterliste EWL.* Göttingen: Hogrefe.

Beck, C. A. & Sales, B. D. (2001). *Family mediation: Facts, myths, and future prospects.* Washington, DC: American Psychological Association.

Drei und mehr Autoren bzw. Autorinnen:
Bei mehreren Autorennamen müssen sämtliche Namen genannt werden, auch wenn dies sehr viele sind (man kann also nicht mit „et al." abkürzen!). Der jeweils letzte Name wird mit dem &-Zeichen angeschlossen. Außer auf die Anordnung der einzelnen Angaben sollten Sie hier auch auf die Wiedergabe von Adelsprädikaten achten. Allgemein nennt man solche Zusätze Namensvorschub wie z. B. *von, de* oder *d'* und noch eine Reihe weiterer, die wir nicht alle aufzählen können. Als Ausweg aus problematischen Zitiersituationen schauen Sie einfach, wie der betreffende Autor sich selbst zitiert und übernehmen Sie diese Version immer dann, wenn die unten genannten Beispiele keine Auskunft geben:

Erstautorname, Initialen der Vornamen., Zweitautorname, Initialen der Vornamen. & Drittautorname, Initialen der Vornamen. (Erscheinungsjahr). *Vollständiger Titel.* Verlagsort: Verlagsname.

Cranach, M. von, Kalbermatten, U., Indermühle, K. & Kugler, B. (1980). *Zielgerichtetes Handeln.* Bern: Huber.

Miller, G. A., Galanter, E. & Pribram, K. H. (1960). *Plans and the structure of behavior.* New York, NY: Holt, Rinehart & Winston.

Strube, G., Becker, B., Freksa, C., Hahn, U., Opwis, K. & Palm, G. (Hrsg.). (1996). *Wörterbuch der Kognitionswissenschaft.* Stuttgart: Klett-Cotta.

7.1.3 b Artikel in einer Fachzeitschrift

Bei Zeitschriften ist nach der Autoren- und Titelangabe, die sämtlich in Normalbuchstaben geschrieben werden (also nicht kursiv), der vollständige, *kursiv* ausgeführte Name der Zeitschrift anzugeben (also keine Abkürzungen!); bei englischsprachigen Zeitschriften wird lediglich ein führendes „The" weggelassen (Beispiel: Die Zeitschrift *The Arts in Psychotherapy* wird nur als *Arts in Psychotherapy* aufgeführt).

Eine der wichtigsten Angaben ist die Bandzahl der Fachzeitschrift, die von den Zeitschriftenverlagen oft in römischen Ziffern aufgeführt wird. Im Literaturverzeichnis werden diese Angaben in arabische Ziffern transkribiert. Aber: Enthält ein Artikel in seinem Titel römische Ziffern, dann werden sie in dieser Form beibehalten (als Beispiel siehe unten Johnson, 1937a, b).

Falls eine Heftzahl angegeben werden muss (nur bei Zeitschriften, die jedes Heft eines Bandes mit der Seitenzahl 1 beginnen), wird diese Angabe in Klammern gesetzt und nicht kursiv geschrieben (vgl. die Angabe zu Walster & Walster, 1975, s.u.). Die Seitenzahlen werden einfach an die Bandangabe angefügt (also nicht mit „S.") und nicht kursiv, ohne Leeraum mit Bindestrich aufgeführt. Also:

> Autorname, Initialen der Vornamen. (Erscheinungsjahr). Vollständiger Titel. *Vollständig ausgeschriebener Name der Zeitschrift, Bandzahl* (evtl. Heftzahl), Anfangsseitenzahl–Endseitenzahl.

Bock, M., Lazarus, H. & Höge, H. (1986). Sozioökonomische Invarianzen beim Erlernen akustischer Warnsignale und Situationen unterschiedlicher Kompatibilität. *Zeitschrift für experimentelle und angewandte Psychologie, 33,* 177–193.

Bousfield, W. A. (1950). The relationship between mood and the production of affectively toned associates. *Journal of General Psychology, 42,* 67–85.

Johnson, W. B. (1937a). Euphoric and depressed moods in normal subjects. Part I. *Character and Personality, 6,* 79–98.

Johnson, W. B. (1937b). Euphoric and depressed moods in normal subjects. Part II. *Character and Personality, 6,* 188–202.

Walster, E. & Walster, G. W. (1975). Equity and social justice. *Journal of Social Issues, 31* (3), 21–43.

7.1.3 c Sammel- oder Herausgeberwerke

Die Literaturangabe für Herausgeberwerke unterscheidet sich von den bereits genannten Buchangaben nur dadurch, dass auf die Herausgeber besonders hingewiesen wird durch die in Klammern gesetzte Bezeichnung „Hrsg." Bei englischen Büchern kann man Hrsg. (= Herausgeber) ersetzen durch: Ed. (= Editor; bei mehreren Herausgebern: Eds. = Editors).

> Autorname(n), Initialen der Vornamen. (Hrsg.). (Erscheinungsjahr). *Vollständiger Titel.* Verlagsort: Verlagsname.

Knapp, H. (Ed.). (1963). *Expression of emotions in man.* New York, NY: International University Press.

Kruse, L., Graumann, C.-F. & Lantermann, E.-D. (Hrsg.). (1990). *Ökologische Psychologie. Ein Handbuch in Schlüsselbegriffen.* München: Psychologie Verlags Union.

Otto, J. H., Euler, H. A. & Mandl, H. (Hrsg.). (2000). *Emotionspsychologie. Ein Handbuch.* Weinheim: Beltz, Psychologie Verlags Union.

7.1.3 d Beiträge in Sammel- oder Herausgeberwerken

Anders als in der einfachen Buchangabe müssen Beiträge in Herausgeberwerken auch die Angaben der Herausgeber enthalten. Hier gilt eine andere Reihenfolge für die Initialen der Herausgebernamen: Sie werden dem Nachnamen vorangestellt! Nach der Herausgeber-Angabe folgt der Klammer ein Komma, danach der *kursiv* geschriebene Titel des Werkes und (ohne trennenden Punkt) die Seiten, auf denen der Beitrag zu finden ist.

Anders als bei Zeitschriftenangaben werden die Seitenzahlen mit vorangehendem „S." eingefügt. Bei englischen Literaturangaben sollte man für die Angabe der Seitenzahlen die Abkürzung p. (= page) angeben oder pp. (= pages). Sie können aber auch die deutschen Abkürzungen verwenden, vorausgesetzt, die Literaturangabe steht in einem in deutscher Sprache geschriebenen Werk. Schreiben Sie von vornherein in englischer Sprache, sollte man auch die deutschen Literaturangaben mit den englischen Abkürzungen versehen (Ed., Eds., p., pp.). Es ist auch erlaubt, generell sämtliche Abkürzungen in englischer Version zu benutzen, das ist natürlich am einfachsten.

Besonders kompliziert ist die Zitation von Beiträgen in Buchreihen oder -serien. Generell gilt hier, dass alle Angaben zur Identifikation des Werkes, in dem der zitierte Beitrag enthalten ist, aufgeführt werden müssen. Das Beispiel für die Literaturangabe Jäger (1982) verdeutlicht, was gemeint ist.

Autorname(n), Initialen der Vornamen. (Erscheinungsjahr). Vollständiger Titel des Beitrages. In Initialen der Vornamen. Herausgebername(n) (Hrsg.), *Vollständiger Titel des Sammelwerkes* (S. Anfangsseitenzahl–Endseitenzahl). Verlagsort: Verlagsname.

Flores d'Arcais, G. B. (1986). Konzeptuelle Strukturen und das mentale Lexikon. In H.-G. Bosshardt (Hrsg.), *Perspektiven auf Sprache. Interdisziplinäre Beiträge zum Gedenken an Hans Hörmann* (S. 130–148). Berlin: Walter de Gruyter.

Hayakawa, S. I. (n.d.). Was versteht man unter der aristotelischen Struktur der Sprache? In G. Schwarz (Hrsg.), *Wort und Wirklichkeit* (S. 205–216). Darmstadt: Schwarz & Co.

Höge, H. (2000). Ästhetik und Emotion. In J. H. Otto, H. A. Euler & H. Mandl (Hrsg.), *Emotionspsychologie. Ein Handbuch* (S. 616–626). Weinheim: Beltz, Psychologie Verlags Union.

Isen, A. M. (1984). Toward understanding the role of affect in cognition. In R. S. Wyer & T. K. Srull (Eds.), *Handbook of social cognition* (Vol. 3, pp. 179–236). Hillsdale, NJ: Erlbaum.

Jäger, R. S. (1982). Diagnostische Urteilsbildung. In K. J. Groffmann & L. Michel (Hrsg.), *Enzyklopädie der Psychologie: Themenbereich B Methodologie und Methoden, Serie II Psychologische Diagnostik, Bd. 1 Grundlagen psychologischer Diagnostik* (S. 295–375). Göttingen: Hogrefe.

Laucken, U. (1984). Über den Wandel des Begriffs „Verstehen" in verschiedenen Denkformen der Psychologie. In J. Engelkamp (Hrsg.), *Psychologische Aspekte des Verstehens* (S. 231–254). Berlin: Springer.

7.1.3 e Unveröffentlichte Werke (Manuskripte, Abschlussarbeiten, Berichte etc.)

Manuskripte:

> Autorname(n), Initialen der Vornamen. (Jahresangabe). *Vollständiger Titel des Manuskriptes*. Unveröffentlichtes Manuskript, Angabe der Institution und des Erscheinungsortes.

Engelkamp, J. (1973). *Eine psychologische Interpretation von Oberflächen- und Tiefenstruktur*. Unveröffentlichtes Manuskript, Psychologisches Institut der Ruhr-Universität Bochum.

Lutz, R. (1987). *Positive und negative Emotionen: Zwei unabhängige Dimensionen oder eine bipolare?* Unveröffentlichtes Manuskript, Universität Marburg.

Zimmer, H. D., Engelkamp, J. & Sieloff, U. (1983). *Motorische Gedächtniskomponenten als partiell unabhängige Komponenten des Engramms verbaler Handlungsbeschreibungen*. Unveröffentlichtes Manuskript, Universität des Saarlandes, Saarbrücken.

Bachelor-, Diplom- oder Masterarbeiten und Dissertationen:

> Autorname(n), Initialen der Vornamen. (Jahresangabe). *Vollständiger Titel der Arbeit*. Unveröffentlichte Diplom-, Bachelor- oder Masterarbeit bzw. Dissertation, Universität und Ort.

Demmer, C. (1993). *Zur Begutachtung der Schuldfähigkeit im Strafverfahren: Analyse von Gutachten und ihren Rahmenbedingungen*. Unveröffentlichte Diplomarbeit, Carl von Ossietzky Universität Oldenburg, Institut für Psychologie.

Frenzel, P. (1998). *Die benthischen Foraminiferen der Rügener Schreibkreide (Unter-Maastrichtium/NE-Deutschland) – Taxonomie, Stratigraphie und Paläoökologie*. Unveröffentlichte Dissertation, Universität Greifswald, Institut für Geologische Wissenschaften.

Lahaye, C. (2002). *Wilhelm Busch und das Genre der Comics*. Unveröffentlichte Staatsexamensarbeit, Rheinisch-Westfälisch Technische Hochschule, Aachen.

Höge, H. (1974). *Auditory Scanning und Lateralität*. Unveröffentlichte Diplomarbeit, Ruhr-Universität Bochum, Institut für Psychologie.

Kaiser, O. (2005). *Mitarbeiterkommunikation als Führungsaufgabe. Grundlagen – Ziele – Handlungsempfehlungen*. Unveröffentlichte Bachelorarbeit, Universität Bern, Institut für Organisation und Personal.

Müller-Dohm, B. (2004). *Aspekte des Phänomens „Museum fatigue" – eine Untersuchung im Museumsdorf Cloppenburg*. Unveröffentlichte Diplomarbeit, Carl von Ossietzky Universität Oldenburg, Institut für Psychologie.

Quehl, J. (1997). *Psychoakustische Untersuchungen zur Beurteilung und Wirkung von Geräuschen der Magnetschnellbahn Transrapid.* Unveröffentlichte Diplomarbeit, Carl von Ossietzky Universität Oldenburg, Institut für Psychologie.

Berichte:

> Autorname(n), Initialen der Vornamen. (Jahresangabe). *Vollständiger Titel des Berichtes* (Reihentitel und Reihennummer). Erscheinungsort: Verleger.

Höge, H. (2002). *Evaluation des Museumsdorfes Cloppenburg.* Oldenburg: Carl von Ossietzky Universität Oldenburg, Institut für Psychologie.

Höge, H. & Müller-Dohm, B. (2005). *Endbericht zur Ausstellung „Müll – Facetten von der Steinzeit bis zum Gelben Sack".* Oldenburg: Carl von Ossietzky Universität Oldenburg, Institut für Psychologie.

Kubinger, K. D. (1981). *An elaborated algorithm for discriminating subject groups by qualitative data* (Research Bulletin Nr. 23). Wien: Universität, Institut für Psychologie.

7.1.3 f Veröffentlichungen von Institutionen und Korporationen

Insbesondere bei diesem Literaturtyp kann es vorkommen, dass die herausgebende Körperschaft sowohl als Autor als auch als Verleger auftritt. In diesem Fall wird hinter dem Erscheinungsort lediglich die Angabe „Autor" (bzw. in Englisch „Author") aufgeführt, die Institution braucht also nicht noch einmal genannt zu werden (vgl. die Angaben zu American Psychiatric Association und American National Standards Institute).

> Vollständig ausgeschriebener Name der Institution. (Erscheinungsjahr). *Vollständiger Titel des Werkes.* Verlagsort: Verleger.

American National Standards Institute. (1960). *Acoustical terminology – including mechanical shock and vibration* (ANSI 1.1 – 1960 – R 1971). New York, NY: Author.

American Psychiatric Association. (1994). *Diagnostic and statistical manual of mental disorders* (4th ed.). Washington, DC: Author.

Deutsches Institut für Normung. (1977). *Einheitliche Ermittlung des Beurteilungspegels für Geräuschimmissionen* (DIN 45 645, Teil 1). Berlin: Beuth.

Zentralstelle für Psychologische Information und Dokumentation. (1993). *Psychologischer Index. Referatedienst über die psychologische Literatur aus den deutschsprachigen Ländern.* Göttingen: Hogrefe.

Soweit die Beispiele für die einzelnen Literaturtypen. Der Deutlichkeit halber geben wir hier noch einmal den Hinweis auf die Regel der *Kursiv*-Schriftgestaltung, achten Sie auf die Unterschiede zwischen Zeitschriften- und Buchangaben.

- Bei Büchern wird der *Buchtitel*, bei Zeitschriftenartikeln der *Name der Zeitschrift* kursiv gesetzt.

- Werden Beiträge aus Herausgeberwerken zitiert, wird die Überschrift des Beitrages in Normalschrift ausgeführt, der *Buchtitel* jedoch kursiv.

Dazu noch einmal je ein Beispiel:
Bousfield, W. A. (1950). The relationship between mood and the production of
affectively toned associates. *Journal of General Psychology, 42,* 67–85.
Höge, H. (1984). *Emotionale Grundlagen ästhetischen Urteilens.* Frankfurt am
Main: Lang.
Isen, A. M. (1984). Toward understanding the role of affect in cognition. In R. S.
Wyer & T. K. Srull (Eds.), *Handbook of social cognition* (Vol. 3, pp. 179–236).
Hillsdale, NJ: Erlbaum.

7.1.3 g Abkürzungen im Literaturverzeichnis

Natürlich können Sie in Ihrem Text alle jene Abkürzungen verwenden, die allgemein üblich sind, und darüber müssen Sie auch keine besondere Rechenschaft ab-
legen. Wir haben hier unter Verwendung des Textes der Deutschen Gesellschaft für
Psychologie (1997) die wichtigsten Abkürzungen zusammengestellt, die im Literaturverzeichnis verwendet werden können, jeweils für die deutsche und englische
Sprache. Im Zweifel sollte man einen Ausdruck nicht abkürzen, sondern voll aus-
schreiben: Das oberste Ziel ist die Eindeutigkeit der Mitteilungen. Sie können die
Abkürzungen in unterschiedlicher Weise kombinieren:

(a) Sämtliche Abkürzungen werden in deutscher Sprache angegeben,
(b) sämtliche Abkürzungen werden in englischer Sprache angegeben oder
(c) deutschsprachige Literaturangaben erhalten deutsche Abkürzungen, englische
Literaturangaben erhalten englische Abkürzungen.

Welche Art Sie wählen, ist Ihnen überlassen, halten Sie aber unbedingt die einmal
getroffene Version für den gesamten Text bei.

Tabelle 4

Deutsche und englische Abkürzungen, die in Literaturverzeichnissen üblich sind.

Aufl.	Auflage	Chap.	chapter
2. Aufl.	zweite Auflage (nicht durch	ed.	edition
	hochgestellte Auflagenziffer	rev. ed.	revised edition
	nach der Jahresangabe kenn-	2nd ed.	second edition (wie beim
	zeichnen)		Deutschen: keine Hochstellung
Bd.	Band		der Ziffern)
Bde.	Bände	Ed.	editor
Hrsg.	Herausgeber oder	Eds.	editors
	Herausgeberin(nen)	n.d.	no date
Kap.	Kapitel	No.	number
n.d.	nicht datiert	p.	page
Nr.	Nummer	pp.	pages
o. O.	ohne Ortsangabe	Suppl.	supplement
S.	Seite	Trans.	translator(s)
Suppl.	Beiheft, Supplement	Vol.	volume
Übers.	Übersetzer(in)	Vols.	volumes

7.1.4 Audiovisuelle Medien

Die Dokumentation von audiovisuellen Medien ist schwieriger als diejenige von Printmedien. Der Grund: Die Angaben sind weniger gut vereinheitlicht. Durch die zunehmende Verwendung nicht-schriftlicher Quellen in der wissenschaftlichen Arbeit wird dieses Problem in Zukunft jedoch verstärkt auftreten (vgl. auch die Ausführungen zu elektronischen Medien, S. 142). Die oberste Richtschnur bei der Angabe von Medienprodukten lautet: Alles, was zur eindeutigen Identifikation und Beschaffung der Quelle notwendig ist, muss mitgeteilt werden. Halten wir uns zunächst an die Regel der DGPs (1997, S. 84), hier im Kasten aufgeführt:

> Urhebername, Initialen der Vornamen. (Evtl. Funktion). (Jahreszahl). *Titel* [Evtl. Bezeichnung des Mediums]. Ort: Vertreiber.

Die neu hinzugekommenen Einträge beziehen sich also einmal auf die Funktion der in Urhebeberposition genannten Person sowie auch auf die in eckigen Klammern aufgeführte Bezeichnung des Mediums. Die eckige Klammer wird immer dann gegen eine runde Klammer ausgetauscht, wenn eine Nummer angegeben wird, die das Medium identifiziert (vgl. unten c). Ist der Vertreiber des Mediums eine kleine, relativ unbekannte Firma, muss auch deren Adresse angegeben werden. Folgende Beispiele werden zu dieser Regel genannt (DGPs, 1997, S. 84):

a) Film:
    Miller, R. (Producer). (1989). *The mind* [Film]. New York: WNET.
b) Compact Disk (CD):
    Shocked, M. (1992). Over the waterfall. On *Arkansas traveler* [CD]. New York: Polygram.
c) Kassetten- oder Tonbandaufnahme:
    Costa, P. T., Jr. (Sprecher). (1988). *Personality, continuity, and changes of adult life* (Music-Cassette No. 207-433-88A-B). Washington, DC: American Psychological Association.

Wenn man audiovisuelle Medien nach der oben genannten Regel und den Beispielen angibt, ist man zwar mit den Vorschriften der DGPs in Einklang, aber es sind u. E. noch längst nicht alle Fälle audiovisueller Medien geregelt und deren gibt es viele. Zur Erläuterung:

Eine generelle Schwierigkeit der Zitierung solcher Quellen besteht in der Zuordnung *eines einzigen* Namens zu beispielsweise einer Schallplatte. Bei klassischer Musik könnte man sich noch darauf einigen, den Komponistennamen (= Urheber des Werkes) als ersten Eintrag zu verwenden, bei Pop-Musik ist das schwieriger, weil die meisten dieser Produkte unter dem Namen des Interpreten oder der Interpretin bekannt sind, während Komponisten und Komponistinnen in der Regel ungenannt bleiben. Für die Dokumentation von Filmen und Videos gilt Ähnliches (ein Beispiel dazu geben wir weiter unten): Soll man den Regisseur oder den Autor des Drehbuches oder den prominenten Schauspieler als Eintrag verwenden? Die APA gibt in ihrem neuesten Manual folgende allgemeine Regel zur Dokumentation von Audio-Aufzeichnungen (2001, S. 267):

> Writer, A. (Date of copyright). Title of song [Recorded by artist if different from writer]. On *Title of album* [Medium of recording: CD, record, cassette, etc.]. Location: Label. (Recording date if different from copyright date).

Die nachfolgenden Schallplattenangaben sind zwar an dieser Regel ausgerichtet aber dennoch, wie Sie bemerken werden, recht unterschiedlich. Der Grund: Oft sind auf der Originalquelle gar nicht alle Angaben vorhanden, die man nach dieser Regel eigentlich benötigt (z. B. die Jahreszahl der Aufnahme oder gar des Copyrights, oder es sind mehrere Personen in unterschiedlicher Funktion an einer Aufnahme beteiligt).

Beethoven, L. van (1770–1827). *Klavierkonzert in C–Dur, op. 15.* [Artur Rubinstein, Pianist; Erich Leinsdorf, Dirigent; Boston Symphony Orchestra]. [Record]. RCA. (Nr. SOA 25038–R/1; XRRS–5946).

Cage, J. (1987). *Empty Words Part IV.* [Record]. Edition Michael Bauer: MFB 003–004.

Checker, C. (n.d.). *The twist.* [Record]. Columbia. (Nr. C 22 006).

Egk, W. (1949). *Französische Suite; nach Rameau für großes Orchester.* [Schallplatte]. Hamburg: Deutsche Grammophon Gesellschaft. (Nr. LPM 18 401).

Mozart, W. A. (1756–1791). *Klaviersonate C–Dur. KV 545.* [Carl Seemann, Pianist]. [Schallplatte]. Hamburg: Deutsche Grammophon Gesellschaft. (Nr. 32 234 A).

Presley, E. (n.d.). *Stuck on you.* [Record]. RCA. (Nr. 47–77 40).

Die korrekte Zitierung von Spielfilmen wird im Publication Manual der APA anhand des ersten folgenden Beispiels demonstriert, danach folgt die Zitation einer einzelnen Episode aus einer Fernsehserie (2001, S. 266):

Scorsese, M. (Producer), & Lornegan, K. (Writer/Director). (2000). *You can count on me* [Motion picture]. United States: Paramount Pictures.

Hall, B. (Writer), & Bender, J. (Director). (1991). The rules of the game [Television series episode]. In J. Sander (Producer), *I'll fly away.* New York: New York Broadcasting Company.

7.1.5 Elektronische Medien

Für die bibliografische Behandlung dieser Medien gilt Ähnliches: Die Standardisierung der Angaben ist noch längst nicht so ausgefeilt wie bei Printmedien. Wir geben deshalb eine allgemeine Regel, die auf den Angaben der DGPs (1997, S. 84–86) und den Ausführungen der APA (2001, S. 268–281) beruht, und fügen einige Beispiele an. Generell gilt hier derselbe Maßstab wie auch für alle anderen zitierten Quellen, nämlich dem Leser sämtliche Details mitzuteilen, die ihn in die Lage versetzen, sich die Quelle zu beschaffen. Alle Informationen, die dieses Ziel garantieren oder erleichtern, sind daher mitteilenswert. Zunächst die Regel für drei Autoren, die Regeln für zwei und einen Autor können leicht gebildet werden:

> Autor, A. & Autor, B. & Autor, C. (Jahreszahl). *Titel des Werkes* [Typ des Mediums]. Produzent (optional). Verfügbar unter: Pfadangabe [Datum des Zugriffs].

Die kritische Angabe ist die Pfadangabe: Wenn Sie sich hier nicht zu 100% an die Zeichenfolge des Uniform Resource Locators (kurz: URL) halten, kann der Leser die zitierte Quelle nicht ausfindig machen. Der Medientyp sollte immer angegeben werden (z. B. CD-ROM, Computerprogramm), ebenso die Art des Protokolls, das zum Abruf erforderlich ist. Der am häufigsten auftretende Fall wird vermutlich die Nutzung des Internets betreffen. Wir geben dazu zwei Beispiele:

Deutsche Gesellschaft für Psychologie e.V. & Berufsverband Deutscher Psychologinnen und Psychologen e.V. (1998). *Ethische Richtlinien der Deutschen Gesellschaft für Psychologie e.V. und des Berufsverbands Deutscher Psychologinnen und Psychologen e. V.* [Internet]. Verfügbar unter: http://www.dgps.de/dgps/satzung/003.php4 [22.01.2006].

Frederickson, B. L. (2000, March 7). Cultivating positive emotions to optimize health and well-being. *Prevention & Treatment, 3,* Article 0001a. Retrieved November 20, 2000, from http://journals.apa.org/prevention/volume3/pre0030001a.html

Es ist nicht möglich, hier auf alle speziellen Fälle der Zitierung elektronischer Quellen einzugehen. Beherzigt man aber die allgemeine Regel (alles zur Identifikation Notwendige muss mitgeteilt werden) sollte es keine Probleme bereiten, die jeweils erforderlichen Daten zu ermitteln und mitzuteilen. Benötigt man genauere Hinweise, sollte man das Publication Manual der APA (2001, S. 268–281) zurate ziehen, dem auch das o.g. Beispiel Frederickson entnommen ist.

7.2 Beispiele

7.2.1 Gliederung eines Protokolls

Wegen der großen Unterschiede bei Sitzungsprotokollen geben wir hier lediglich
ein Beispiel für solche Sitzungsprotokolle, die vom Protokollanten um Beiträge aus
der Literatur erweitert werden. Die Abwandlung für reine Verlaufs- oder Ergebnisprotokolle dürfte keine Schwierigkeiten bereiten.

Carl von Ossietzky Universität Oldenburg
Wintersemester 2001/2002
Seminar:
Theorien der Emotionspsychologie
Freitag, 8–10 Uhr, Gebäude A7, Raum 0–031
Dozentin: Dr. N.N.

Sitzungsprotokoll der 3. Sitzung
1. Februar 2002
Mehrfaktorentheorien der Emotionspsychologie
Protokollant: N.N.
Matrikelnummer: 1234 567 89

Inhalt:	Seite
1. Zusammenfassung	2
2. Referat zur Zwei-Faktoren-Theorie von Schachter & Singer (1962) Referent N.N.	2
3. Diskussionsbeiträge:	3
Unifaktorielle Ursachen, Wahrnehmung und emotionale Prozesse	3
Vergleiche zu anderen Theorien der Emotionsgenese	4
Kritik der Ansätze, Validitätsproblematik der Untersuchungen	4
4. Erweiterung des Referates anhand der Literatur	5
5. Nachfolgeuntersuchungen zu Schachter & Singer (1962)	6
6. Kritik des Arousal-Konzeptes	8
7. Literaturverzeichnis	10

7.2.2 Beispiel für die Gliederung eines Referates

> Frühe lerntheoretische Therapieansätze in der russischen Reflexologie (Pawlow, Bechterew)

I. Pawlows Lehre von der Physiologie der höheren Nerventätigkeit
    1. Grundbegriffe
    2. Die Typen des Nervensystems
    3. Signalsystem
    4. Die drei Persönlichkeitstypen
    5. Hypnose und Schlaf

II. Anwendung der Ergebnisse der Pawlowschen Tierexperimente auf den Menschen

III. Krankhafte Störungen der höheren Nerventätigkeit
    1. Neurasthenie
    2. Hysterie
    3. Psychasthenie
    4. Zwangsvorstellungen

IV. Therapie

V. Bechterew: Die Krankheiten der Persönlichkeit vom Standpunkt der Reflexologie

VI. Reflexologische Pathologie der Persönlichkeit bei Bechterew und die allgemeine Pathogenese der Krankheiten der Persönlichkeit
    1. Grundthese
    2. Zur allgemeinen Pathogenese der Krankheiten der Persönlichkeit

VII. Bechterews Versuch einer neurologischen Erklärung der Symptome

VIII. Zusammenfassung und Ergebnisse der Diskussion

IX. Literaturverzeichnis

X. Anhang

7.2.3 Beispiel für die Gliederung einer Hausarbeit

Wahrnehmung: Kognition und Ökologie.
Vergleichende Betrachtung der Wahrnehmungstheorien
von J. J. Gibson und W. Prinz

---

1.   Einleitung

2.   Auf den ersten Blick: Der Gegenstand der Theorien

3.   Genauer betrachtet: Der Streit um die Seh-Weise
3.1   Information und Stimulation
3.2   Vermittelnde Prozesse
3.3   Rekurs auf Gedächtnis, Schemata, Antizipationen
3.4   Abschließende Bemerkung

4.   Unter der Lupe: Erkenntnistheoretische Voraussetzungen
4.1   Einige Worte vorweg
4.2   Theorien über das Sehen
4.3   „Außen" und „Innen"
4.4   Die Bedeutung von „Menschenbild" und „Umweltbild" für die Wahrnehmung
4.5   Gibsons ökologische Optik und Prinz' kognitive
        Wahrnehmungstheorie aus erkenntnistheoretischer Sicht

5.   Diskussion

6.   Schlussfolgerungen

7.   Literaturverzeichnis

7.2.4 Beispiel für die Gliederung einer Fallanalyse

Genografische Analyse einer Familienstörung

I.   Allgemeines zur genografischen Methode

II.   Genogramm der Klientin
        1. Familienzeittafel
        2. Großeltern väterlicherseits
        3. Vater der Klientin
        4. Großeltern mütterlicherseits
        5. Mutter der Klientin
        6. Lebensgefährte der Klientin

III.   Genogramm des Lebensgefährten der Klientin
        1. Familienzeittafel
        2. Eltern des Lebensgefährten

IV.   Gegenwärtige Situation der Klientin
        1. Geschwisterposition
        2. Soziale Beziehungen
        3. Kritische Lebenssituationen

V.   Familiäre Themen
        1. Traditionen
        2. Bindungen und Grenzen
        3. Geheimnisse und Mythen
        4. Vermächtnisse
        5. Partnerwahlen

VI.   Diskussion und Schlussbemerkung

VII.   Literatur

VIII.   Anhang

7.2.5 Beispiel für die Gliederung einer experimentellen Arbeit (Bachelor-, Master- oder Diplomarbeit)

Auditory Scanning und Lateralität

A   Kurzfassung

B   Einleitung
       1. Lateralität
       2. Scanning

C   Problemstellung

D   Methode
       1. Beschreibung der Stimuli-Sequenzen
       2. Versuchspersonen
       3. Versuchsplan
       4. Instruktion
       5. Versuchsablauf
       6. Material

E   Darstellung der Befunde
       1. Gesamtgruppe der Vpn
       2. Vergleich der Vpn-Untergruppen
       2.1 Männliche vs. weibliche Vpn
       2.2 HI- vs. NI-Vpn
       2.3 ISR- vs. NISR-Vpn
       3. Analyse der Anfangsversuchsdurchgänge

F   Diskussion der Befunde
       1. Ergebnisse der Gesamtgruppe der Vpn
       2. Ergebnisse der weiblichen und männlichen Vpn
       3. Ergebnisse der HI- und NI-Vpn
       4. Ergebnisse der ISR- und NISR-Vpn
       5. Ergebnisse der Analyse der Anfangsversuchsdurchgänge

G   Theoretische Interpretation und Schlussfolgerungen

H   Zusammenfassung

I   Literaturverzeichnis

J   Anhang

7.2.6 Beispiel für die Gliederung einer empirischen Arbeit (Bachelor-, Master- oder Diplomarbeit)

> Zur Begutachtung der Schuldfähigkeit im Strafverfahren:
> Analyse von Gutachten und ihren Rahmenbedingungen

1.   Einleitung
1.1   Vorüberlegungen zum Thema
1.2   Fragestellung
2.   Beurteilungskriterien für Schuldfähigkeit in Psychiatrie und Psychologie
2.1   Klassische Psychiatrie
...
3.   Rahmenbedingungen der forensischen Begutachtung
3.1   Sachkunde
...
3.4   Aufgabenverteilung zwischen Richter und Sachverständigem bei der Schuldfähigkeitsbeurteilung
3.5   Der Sachverständige im Verfahren und in der Verhandlung
3.5.1   Auswahl und Hinzuziehung
3.5.1.1 Gesetzlich geregelte Fälle der Hinzuziehung
3.5.1.2 Hinzuziehung nach Ermessen des Gerichts
3.5.2   Aufgaben und Pflichten des Sachverständigen
4.   Das forensische Gutachten
5.   Darstellung der Untersuchung
5.1   Dokumentenanalyse
5.1.1   Inhaltsanalyse
5.1.2   Ratingverfahren
5.2   Darstellung des methodischen Vorgehens
5.2.1   Festlegung und Analyse des Ausgangsmaterials
5.2.2   Entwicklung des Erhebungsinstrumentes
5.2.3   Zuverlässigkeit und Gültigkeit des Erhebungsinstrumentes
5.3   Durchführung der Untersuchung
5.3.1   Pretest
5.3.2   Datenauswertung
6.   Darstellung und Interpretation der Ergebnisse
6.1   Beschreibung der Stichprobe
6.2   Aufbau der Gutachten
6.3   Auftraggeber der Gutachten
7.   Zusammenfassung und Ausblick
8.   Literaturverzeichnis

Anhang
A   Übersicht über die Empfehlungen zum Gutachten-Aufbau
B   Codierbuch
C   Kommentar zum Codierbuch
D   Beispiel-Gutachten und Codierbogen
E   Häufigkeitstabellen
F   Übersichten zum Gutachten-Aufbau und Ergebnisse der stat. Berechnungen

7.2.7 Beispiel für die Gliederung eines Berichtes über ein Außenpraktikum

> Praktikumsbericht über die Mitarbeit in einem Projekt zur
> Evaluation von Umweltausstellungen des
> Staatlichen Museums für Natur und Mensch, Oldenburg

1. Die Institution Staatliches Museum für Natur und Mensch
    1.1   Aufgabe des Museums
    1.2   Sammelgebiete des Museums
    1.3   Wissenschaftliche Arbeit des Museums

2. Zeitraum des Praktikums

3. Betreuender Psychologe
    3.1   Aufgabengebiet des betreuenden Psychologen
    3.2   Zur Rolle der Psychologie in der Institution
    3.2.1 Museumspädagogischer Dienst
    3.2.2 Gestaltung und Effekterwartungen bei Ausstellungen
    3.2.3 Kooperation von Fachvertretern unterschiedlicher Provenienz

4. Darstellung des Projektes
    4.1   Umweltausstellungen und ihre Problematik
    4.2   Kriterien für die Auswahl der zu evaluierenden Ausstellungen
    4.3   Beschreibung der Ausstellungen
    4.3.1 Die Ausstellung in Oldenburg
    4.3.2 Die Ausstellung in Osnabrück
    4.3.3 Die Ausstellung in Leverkusen

5. Tätigkeiten während des Praktikums
    5.1   Katalog der Aufgaben und beteiligten Fachgebiete
    5.2   Selbstständige Tätigkeiten
    5.3   Vorbereitung der Beobachtungen vor Ort
    5.4   Datengewinnung im Setting der Ausstellungen
    5.5   Auswertungen der erhobenen Daten
    5.5.1 Beobachtungsdaten
    5.5.2 Interviewdaten
    5.6   Berichterstellung

6. Zusammenfassung und Schlussbetrachtung

7. Anhang: Pläne und Prospekte

7.2.8 Beispiel für eine Methodenbeschreibung

Die nachfolgende Methodenbeschreibung stammt aus einer eigenen Untersuchung (Höge, 1974), in welcher der Frage nachgegangen wurde, ob auch unter monauralen Stimulierungsbedingungen der in der Literatur gut nachgewiesene Lateralitätseffekt (Abhängigkeit der Erkennungsleistung spezifischen akustischen Materials von der Verarbeitungscharakteristik der stimulierten Hirnhemisphäre) in derselben Weise auftritt, wie er unter dichotischen Hörbedingungen von verschiedenen Forschern gefunden wurde. Damit man das Zusammenspiel von Tabelle, Zeichnung und Text im Zusammenhang sehen kann, ist diese Methodenbeschreibung gegenüber dem Original zwar erheblich gekürzt (angedeutet durch ....), aber so, dass das inhaltliche Verständnis erhalten bleibt (vgl. auch die Gliederung für diese Arbeit auf S. 148):

1. Beschreibung der Stimuli-Sequenzen
a) Tonbänder für die Bedingung „verbale Stimuli"
Der Aufbau der Tonaufzeichnungen geht am deutlichsten aus der Art der Herstellung hervor: Die Zahlen Null bis Neun sind von einer männlichen Stimme auf Tonband gesprochen worden, wobei darauf geachtet wurde, dass die Ansage gleichmäßig und etwa im Zeitraum einer halben Sekunde pro Zahl erfolgte. Um Veränderungen der Stimmlage auszuschalten, kamen nur die Zahlen einer vollständigen Serie (0–9) zum Kopieren in Frage. Die einzelnen Zahlen wurden auf exakt $^1/_2$ s Dauer geschnitten (bei einer Umlaufgeschwindigkeit von 76 cm/s also auf eine Länge von 38 cm) und dann je einzeln von einer Endlos-Schleife ca. 250-mal kopiert. Diese Kopien wurden wiederum auseinander geschnitten, sodass schließlich von jeder Ziffer etwa 250 Exemplare vorlagen. Diese Ziffern wurden dann in Zufallsfolge zu einem kompletten Band zusammengesetzt.

Das kritische Item, die Zahl „Fünf", wurde in einem getrennten Arbeitsgang hergestellt: Auf eine dritte Maschine (Halbspur) wurde eine „Fünf" gespielt, gleichzeitig, d. h., genau um 3 cm versetzt, wurde auf die andere Spur der Maschine ein Steuerimpuls gesetzt, der später die Aufgabe hat, den Zähler der Registriereinrichtung zu starten. .... Die so erhaltene signierte „Fünf" wurde ebenfalls einige hundertmal kopiert und dann in die vorher freigelassenen Felder der endgültigen Bänder eingefügt. .... In einem letzten Arbeitsgang wurden sie dann auf ein 19 cm/ s schnelles Band für die Revox-Maschine überspielt, von der die Darbietungen erfolgten.

Es wurden drei Bänder von unterschiedlicher Signaldichte hergestellt: a) ein Band mit 2 Items/s; b) ein Band mit 3 Items/s; c) ein Band mit 4 Items/s. Der Aufbau der einzelnen Tonbänder soll mit den folgenden Abbildungen verdeutlicht werden:

◄ Laufrichtung des Tonbandes

1. Spur	eins	vier	fünf	acht	zwei	neun	drei	fünf	acht	sechs
2. Spur			X					X		
		1s		2s		3s		4s		5s

Abbildung 4. Ausschnitt (5s Dauer) aus der Anordnung der Zahlen und Signiertöne (X) auf dem Tonband für eine Itemdichte von 2 Items/s.

◀ Laufrichtung des Tonbandes

1.	eins	vier	fünf	acht	zwei	neun	drei	fünf	acht	vier
Spur	acht		vier		eins		drei		acht	
2. Spur		X					X			
		1s		2s		3s		4s		5s

Abbildung 5. Ausschnitt (5s Dauer) aus der Anordnung der Zahlen und Signiertöne (X) auf dem Tonband für eine Itemdichte von 3 Items/s.

◀ Laufrichtung des Tonbandes

1.	eins	vier	fünf	acht	zwei	neun	drei	fünf	acht	vier
Spur	acht	drei	zwei	vier	zwei	neun	drei	vier	acht	sechs
2. Spur		X					X			
		1s		2s		3s		4s		5s

Abbildung 6. Ausschnitt (5s Dauer) aus der Anordnung der Zahlen und Signiertöne (X) auf dem Tonband für eine Itemdichte von 4 Items/s.

b) Tonbänder für die Bedingung non-verbale Stimuli
Aus der Tonbandbibliothek des Westdeutschen Rundfunks (Köln) wurden 22 Geräusche ausgesucht, die folgenden Bedingungen gerecht werden mussten: .... Um
die Unterscheidbarkeit der einzelnen Geräusche festzustellen, wurden sie hinter-
einander geklebt, um durch Abhören diejenigen Geräusche, die sich zu sehr ähnel-
ten, auszusondern. .... Schließlich verblieben 10 Geräusche, die sich hinreichend
voneinander unterschieden und analog zu den 10 Zahlen (0–9) in die endgültige
Versuchsbedingung aufgenommen wurden.
    Das kritische Geräusch wurde nach folgendem Gesichtspunkt ausgesucht: Da
die Zahl „Fünf"in der verbalen Bedingung einen sehr hohen Bekanntheitsgrad be-
sitzt, haben wir für die Bedingung non-verbale Stimuli ein Geräusch mit nahezu
sinusförmigem Verlauf ausgewählt, um die Scanning-Aufgabe in dieser Bedingung
nicht unverhältnismäßig schwerer zu machen als in der Bedingung verbale Stimuli.
Insgesamt ergeben sich 6 Bänder:

1. verbale Stimuli   2, 3 und 4 Items/s; je 2 Min. Dauer; je 20 kritische Items
2. non-verbale Stimuli 2, 3 und 4 Items/s; je 2 Min. Dauer; je 20 kritische Items

Die Lautstärke aller Bänder (sowohl verbale als auch non-verbale Stimuli) schwankt
von Item zu Item zwischen 63–70 dB(A) (gemessen am Kopfhörer bei eingeschalte-
tem Rauschgenerator) ....

2. Versuchspersonen
Als Versuchspersonen wurden 24 Studenten der Psychologie verwendet, die im
Rahmen ihrer institutsmäßigen Verpflichtungen an diesem Experiment teilnahmen.
Die Vpn erhielten einen Fragebogen, in dem sie neben den Personalangaben nach
Gehörerkrankungen, musikalischer Betätigung, Teilnahme am Wehrdienst und nach

ihrer Händigkeit gefragt wurden. Da die Händigkeit der Vpn eine grobe Schätzung der Sprachrepräsentation erlaubt, wurde den Vpn zur besseren Klassifizierung in Rechts- und Linkshänder ... außerdem ein Händigkeitsfragebogen vorgelegt (Crovitz & Zener, 1962; Übersetzung ins Deutsche von Scheerer, 1969). ....

Um Versuchsergebnisse zu vermeiden, die durch ein im physiologischen Sinne schlecht funktionierendes Gehör verursacht werden, wurde mittels eines kleinen Audiometers festgestellt, ob das Gehör einwandfrei arbeitet (Prüfwerte: 50 dB(A) 1000 Hz; 50 dB(A) 4000 Hz). Vpn mit starken Gehörschäden wurden nicht zum Experiment herangezogen. Aus diesem Grunde haben männliche Probanden Auskunft über ihre abgeleistete Wehrdienstzeit gegeben, da durch den dicht am Ohr ertönenden Patronenknall die Hörleistung oft entscheidend beeinträchtigt ist (Palmer, 1964). Weiterhin wurde den Vpn der Stroop-Test vorgelegt. Die Interferenzneigung wurde gemessen, um zu kontrollieren, ob sich die Messwerte (Latenzzeiten, korrekte Responses, false Alarms, Auslassungen) etwa aufgrund eines Persönlichkeitsmerkmals verändern und um zu verhindern, dass etwaige Einflüsse dieser Variablen fälschlicherweise dem Lateralitätseffekt zugeschrieben werden.

Der Stroop-Test wurde mit folgender Anweisung gegeben: .... Aufgrund der Stroop-Test-Ergebnisse können die Vpn in zwei Gruppen eingeteilt werden: .... In Tabelle 5 sind die individuellen Zeitwerte aufgeführt, welche die Vpn im Stroop-Test erreichten. Tabelle 6 gibt einen Überblick über die Zugehörigkeit der Vpn zu den einzelnen Gruppen und eine Aufstellung der verschiedenen Gruppen.

Tabelle 5

Bearbeitungszeiten für den Stroop-Test. Werte der hochinterferenten Vpn (HI), Werte der niederinterferenten Vpn (NI). VpNr = Versuchspersonnummer; t_s = Zeit in Sekunden.

HI		NI	
VpNr.	t_s	VpNr.	t_s
2	108,7	1	76,4
3	96,9	5	76,1
4	108,1	6	68,5
8	98,0	7	76,9
11	141,4	9	74,7
13	102,6	10	74,3
14	119,3	12	85,5
17	126,1	15	86,2
20	119,8	16	72,3
21	95,5	18	53,7
23	104,2	19	67,3
24	101,2	22	80,7

Tabelle 6

Beschreibung der Stichprobe und Zugehörigkeit der Vpn zu den einzelnen Gruppen.

VpNr.	m	w	HI	NI	ISR	NISR	RH	LH	GiO	Bw	TzEx	AiJ	Sem. Zahl
1		x	x	x		x	x		x		10–11	30	1
2	x		x		x		x		x		11–12	18	1
3	x		x		x		x		x		12–13	26	3
4	x		x			x	x		x	x	13–14	22	1
5		x	x			x	x		x		10–11	20	1
6	x		x	x		x	x		x		11–12	19	1
7	x		x			x	x		x		12–13	21	5
8		x	x			x	x		x		13–14	20	1
9		x	x			x		x	x		13–14	19	3
10	x		x			x	x		x		11–12	20	3
11	x		x			x	x		x		10–11	19	1
12	x			x	x		x		x		14–15	24	2
13		x	x			x	x		x		10–11	17	1
14	x		x	x		x	x		x		11–12	21	1
15	x			x		x	x		x		12–13	19	1
16		x	x	x		x	x		x		13–14	18	1
17	x		x			x	x		x		14–15	21	1
18	x			x	x		x		x	x	15–16	19	3
19		x	x			x	x		x		9–10	20	3
20	x		x			x	x		x		10–11	27	1
21	x		x			x	x		x		11–12	19	1
22		x		x		x	x		x		13–14	19	1
23		x	x			x	x		x		14–15	26	1
24	x			x		x	x		x		15–16	19	1
Σ	15	9	12	12	9	15	23	1	24	2			

Anmerkungen. x = trifft zu; m = männlich; w = weiblich; HI = hochinterferente Vpn; NI = niederinterferente Vpn; ISR = Instrumentespieler; NISR = Nicht-Instrumentespieler; RH = Rechtshänder; LH = Linkshänder; GiO = Gehör in Ordnung; BW = Bundeswehr; TzEx = Tageszeit des Experiments; AiJ = Alter in Jahren; Sem. Zahl = Semesterzahl Psychologie.

3. Versuchsplan

In unserem Versuch wurden folgende unabhängige Variablen verwendet: (a) Art des akustischen Materials (verbale Stimuli: 2, 3 und 4 Items/s; non-verbale Stimuli: 2, 3 und 4 Items/s); (b) Lateralität: (1) Stimulation des rechten Ohres (= linke Hirnhemisphäre); (2) Stimulation des linken Ohres (= rechte Hirnhemisphäre). Die abhängigen Variablen waren: Latenzzeit; Anzahl der korrekten Responses, false alarms und Auslassungen.

Sämtliche Bedingungen wurden mit objektiv gleicher Lautstärke einmal dem rechten Ohr und einmal dem linken Ohr dargeboten. Die Bedingungen wurden systematisch über die Vpn rotiert. Die Rotation wurde nach folgendem Schema durchgeführt: Vp 1 beginnt mit dem linken Ohr und erhält danach die gleiche

Versuchsreihe auf dem rechten Ohr. Vp 2 erhält die gleiche Versuchsreihe wie Vp 1, beginnt jedoch mit dem rechten Ohr usw. Die Reihenfolge der unabhängigen Variablen wurde 12-mal variiert. Damit ergibt sich eine Vpn-Anzahl von 24. Die genaue Rotation geht aus Tabelle 7 hervor.

Tabelle 7

Rotation der Versuchsbedingungen.

| Vp Nr. | 1. Versuchs-reihe | Stimulusreihenfolge | | | | | | 2. Versuchs-reihe | 7. – 12. Wieder-holung |
		1.	2.	3.	4.	5.	6.		
1	L	2V	2N	3V	3N	4V	4N	R	1. – 6.
2	R	2V	2N	3V	3N	4V	4N	L	1. – 6.
3	L	2V	2N	4V	4N	3V	3N	R	1. – 6.
4	R	2V	2N	4V	4N	3V	3N	L	1. – 6.
5	L	2N	2V	3N	3V	4N	4V	R	1. – 6.
6	R	2N	2V	3N	3V	4N	4V	L	1. – 6.
7	L	2N	2V	4N	4V	3N	3V	R	1. – 6.
8	R	2N	2V	4N	4V	3N	3V	L	1. – 6.
9	L	3V	3N	2V	2N	4V	4N	R	1. – 6.
10	R	3V	3N	2V	2N	4V	4N	L	1. – 6.
11	L	3V	3N	4V	4N	2V	2N	R	1. – 6.
12	R	3V	3N	4V	4N	2V	2N	L	1. – 6.
13	L	3N	3V	2N	2V	4N	4V	R	1. – 6.
14	R	3N	3V	2N	2V	4N	4V	L	1. – 6.
15	L	3N	3V	4N	4V	2N	2V	R	1. – 6.
16	R	3N	3V	4N	4V	2N	2V	L	1. – 6.
17	L	4V	4N	3V	3N	2V	2N	R	1. – 6.
18	R	4V	4N	3V	3N	2V	2N	L	1. – 6.
19	L	4V	4N	2V	2N	3V	3N	R	1. – 6.
20	R	4V	4N	2V	2N	3V	3N	L	1. – 6.
21	L	4N	4V	3N	3V	2N	2V	R	1. – 6.
22	R	4N	4V	3N	3V	2N	2V	L	1. – 6.
23	L	4N	4V	2N	2V	3N	3V	R	1. – 6.
24	R	4N	4V	2N	2V	3N	3V	L	1. – 6.

Anmerkungen. N = non-verbale Stimuli; V = verbale Stimuli; VR = Versuchsreihe; L = linkes Ohr; R = rechtes Ohr; 2 = 2 Items/s.; 3 = 3 Items/s.; 4 = 4 Items/s.

4. Instruktion

Vor Beginn des Versuchs wurde der Vp Folgendes mitgeteilt:

(a) Das auf dem Tisch angebrachte rote Lämpchen leuchtet auf, wenn während der Instruktion zum Versuch falsch reagiert wurde;

(b) das grüne Lämpchen leuchtet auf, wenn korrekte Responses erfolgten. Dies geschah, um den Vpn ein Feedback über die Richtigkeit der Identifikationsleistung zu geben, die ja Voraussetzung für das Bewältigen der Scanning-Aufgabe ist;

(c) beide Lämpchen sind nur während der Instruktion von Bedeutung und leuchten während des Versuchs nicht mehr auf;

(d) zwischen den einzelnen Versuchsdurchgängen wird jeweils eine Pause von 15 s
    eingelegt, deren Beginn und Ende jedoch nicht angekündigt werden. Danach
    wurde kontrolliert, ob die Vp den Kopfhörer richtig aufgesetzt hatte. Die In-
    struktion wurde beidohrig über Kopfhörer vom Tonbandgerät (Revox) darge-
    boten. ....

5. Räumliche Anordnung

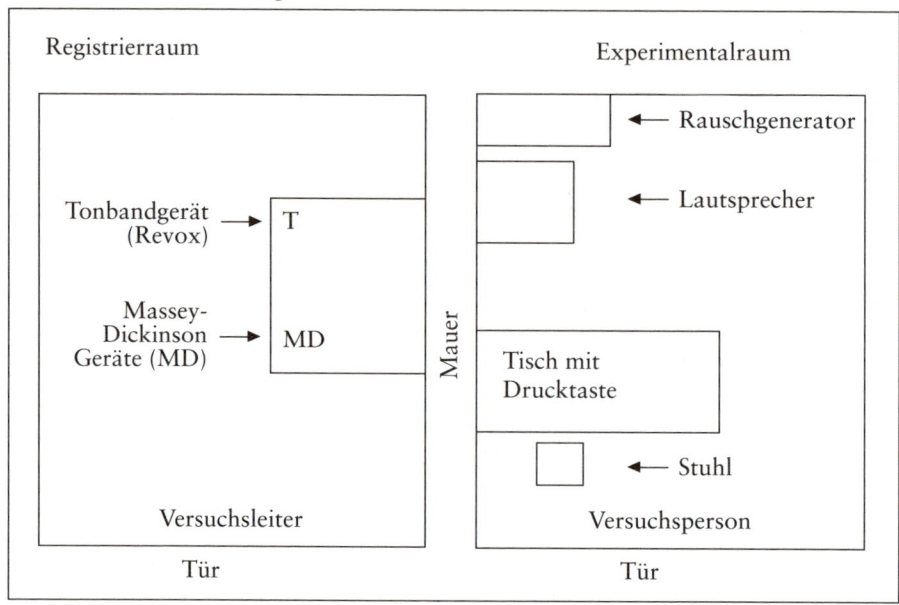

Abbildung 7. Anordnung von Experimental- und Registrierraum.

Experimental- und Registrierraum waren durch eine Wand voneinander getrennt.
Beide Räume waren in einem Flur gelegen, der durch eine Tür von den übrigen
Institutsräumlichkeiten getrennt war, sodass Laufgeräusche etc. in den Versuchs-
räumen nicht zu hören waren. Der Rauschgenerator sorgt für einen Hintergrund-
Rauschpegel von 59–61 dB(A) – gemessen am Platz der Vp. Die Schwankung von
2 dB erklärt sich daraus, dass zeitweise noch die Lüftung im Untersuchungsraum
eingeschaltet war und dadurch der Rauschpegel leicht anstieg, sich in seiner Fre-
quenz jedoch kaum änderte. Das weiße Rauschen soll verhindern, dass eine Stimulation des vom Kopfhörer nicht beschallten Ohres über Knochenleitung eintritt.
Nach Zwislocki (1953; zitiert nach Moray, 1969) tritt die Wirksamkeit der Knochenleitung etwa bei 70 dB ein. Spreen et al. (1970) haben jedoch keinen signifikanten
Einfluss hoher (70 dB) und niedriger (50 dB) Stimulusintensität auf die Zahl der
korrekten Responses festgestellt.

6. Versuchsablauf
Zu Beginn des Versuchs erhielt die Vp den Fragebogen über Personaldaten sowie
den Händigkeitsfragebogen. Danach erfolgte die Instruktion zum Stroop-Test und
dessen Durchführung, wobei der Versuchsleiter die von der Vp benötigte Zeit mit
einer Stoppuhr registrierte. Anschließend wurde die Hörfähigkeit der Vp mittels

Audiometer überprüft. War das geschehen, wurde die Vp auf die Bedeutung der Lämpchen aufmerksam gemacht und es wurde darauf geachtet, dass sie den Kopfhörer richtig aufsetzte. Der Rauschgenerator wurde eingeschaltet.

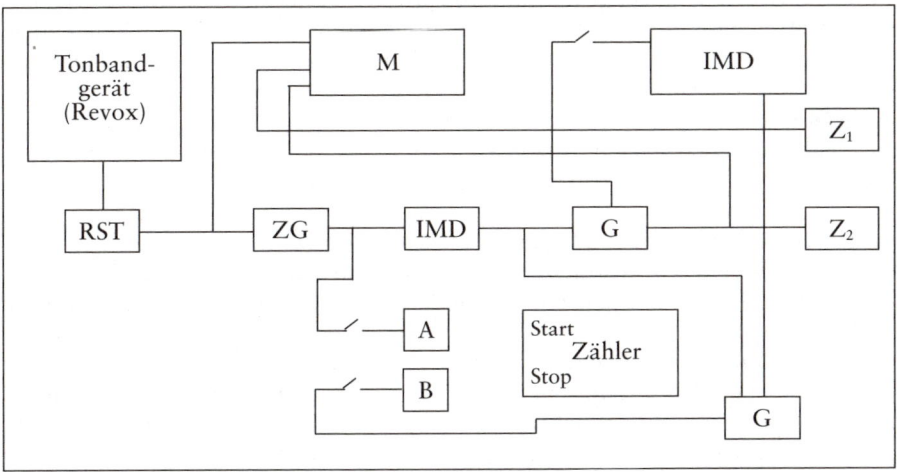

Abbildung 8. Blockschaltbild für die zur Versuchsaufzeichnung verwendeten Massey-Dickinson- Geräte. A,B = Schalter; M = Memory; IMD = Input Modifier Delay; RST = Resistive Shift Trigger; Z_1 = Zähler (digital) der Responses; Z_2 = Zähler (digital) der Auslassungen; ZG = Zeitgeber; G = Logisches Gatter.

Danach wurde der Vp vom Tonband die Instruktion für den eigentlichen Versuch vorgespielt, und zwar binaural. Hatte die Vp während der Instruktion keine falschen Responses gezeigt, so folgte nach 30 s der erste Versuchsdurchgang, jedoch nur auf einem Ohr. In den jeweils dazwischenliegenden Pausen von 15 s Dauer las der Versuchsleiter die von der Vp ermittelten Messwerte ab und übertrug sie auf entsprechende Protokollbögen. Nach Absolvieren der ersten Versuchsreihe wurde das Band umgespult und die Vp erhielt dieselbe Versuchsreihe auf dem anderen Ohr dargeboten. ....

7. Material
Fragebogen für Personalangaben der Vp; Händigkeitsfragebogen (Crovitz & Zener, 1962; dt. Übersetzung: Scheerer, 1969); Stroop-Testblatt; Protokollbögen für die Versuchsergebnisse; Geräte: Die Kopfhörer (Fa. Koss) wurden an eine Revox-Maschine (B 77, 4-Spur-Stereo) angeschlossen. ....

7.2.9 Beispiel für eine Instruktion

Die hier aufgeführte Instruktion stammt aus Sichelschmidt (1989, S. 249). In dieser sprachpsychologischen Untersuchung geht es um den Einfluss der Reihenfolge, in der Adjektive im Satz verwendet werden. Etwas konkreter lautet eine der Fragen: Ist ein *großes stumpfwinkliges Dreieck* dasselbe wie ein *stumpfwinkliges großes Dreieck*? Diese Fragestellung hat viel mit Effekten wie Primacy und Recency zu tun oder genereller mit der Frage, welche Rolle solche Sequenzierungen auf das Verarbeiten und Verstehen von Sätzen haben. In einer der experimentellen Unter-

suchungen wurde den Vpn die jeweils kritische Sequenz mehrerer Adjektive sukzessiv über einen Projektor auf einem rückwärtigen Projektionsschirm dargeboten
(unten als „Aufforderung" erwähnt). Danach sollten entsprechende Figuren ge-
zeichnet werden (z. B. ein großes stumpfwinkliges Dreieck), deren Größenverhält-
nisse dann gemessen werden konnten. Da die Vpn Studierende der Psychologie
waren, konnte in der Erläuterung z. B. der Hinweis auf Gestaltpsychologie erfolgen, ein solcher Hinweis ist bei Versuchsteilnehmern, die aus anderen Studien-
gebieten oder Berufsfeldern stammen, natürlich nicht sinnvoll, weil er dann eher
zur Verwirrung der Teilnehmer führen könnte. Die (bereits bei Sichelschmidt gekürzt wiedergegebene) Instruktion hat folgenden Wortlaut:

Liebe Versuchsteilnehmerin, lieber Versuchsteilnehmer,
zunächst möchten wir uns für Ihre Bereitschaft zur Mitarbeit an diesem Versuch
bedanken und Ihnen kurz die Hintergründe dieses Forschungsprojektes erläutern.

Das Erkennen und Verarbeiten abstrakter räumlicher Anordnungen in unserer
Umwelt ist für unser alltägliches Verhalten von großer Bedeutung. Um nur ein
Beispiel zu nennen: Nicht umsonst haben Verkehrsexperten vor einigen Jahren das
international gebräuchliche achteckige „Stop"-Schild auch in der Bundesrepublik
eingeführt – die besondere geometrische Form dieses Verkehrszeichens erlaubt eine
Identifikation schon aus einiger Entfernung.

Auch die Psychologie, an menschlicher Informationsverarbeitung interessiert,
hat sich intensiv mit der Verarbeitung abstrakter räumlich-geometrischer Anordnungen befasst (in diesem Zusammenhang erinnern Sie sich vielleicht an die klassische Gestaltpsychologie ...). Im Vordergrund des Interesses standen dabei meist
die geometrischen Figuren selbst; der Umgang mit diesem Material dagegen, der
Prozess der Verarbeitung, wurde im Allgemeinen weniger differenziert betrachtet.

Wir wollen diesen Verarbeitungsprozess deshalb unter verschiedenen Aspekten
näher untersuchen. ....

Hier geht es um die Frage, wie abstrakte Bezeichnungen in konkrete Vorstellungen geometrischer Figuren umgesetzt werden.
Dazu sollen Sie nach Aufforderung verschiedene einfache geometrische Figuren in
das anliegende Heftchen zeichnen. Es kommt dabei nicht auf zeichnerische Genauigkeit an, sondern darauf, dass Sie Ihre unmittelbare Vorstellung von den jeweils
genannten Figuren zu Papier bringen. Bitte lesen Sie also die betreffende Aufforderung auf der Projektionsfläche aufmerksam durch und zeichnen Sie in das jeweilige markierte Feld in Ihrem Heftchen eine Figur, die der Beschreibung und Ihrer
spontanen Vorstellung möglichst gut entspricht.

Beachten Sie bitte, dass die Figuren, die Sie zeichnen, den Rand der markierten
Felder auf den Seiten des Heftchens nicht berühren dürfen.

Wenn Sie mit einer Zeichnung fertig sind, drücken Sie bitte kurz auf die linke
Taste; die Aufforderung verschwindet, und bevor die nächste Aufforderung auf
der Projektionsfläche erscheint, haben Sie einige Sekunden Zeit.

Geben Sie in dieser Zeit bitte an, wie leicht bzw. schwer Ihnen es gefallen ist,
sich die soeben gezeichnete Figur vorzustellen, indem Sie unter der jeweiligen Zeichnung das Zutreffende ankreuzen. ....

Noch einmal kurz zusammengefasst:

– die Aufforderung aufmerksam durchlesen
– eine der Beschreibung und Ihrer Vorstellung entsprechende geometrische Figur
  in das markierte Feld zeichnen

- die linke Taste betätigen
- die Schwierigkeit der Vorstellung durch Ankreuzen angeben
- umblättern und auf die nächste Anweisung warten usw.

Soweit die Sichelschmidtsche Instruktion. Bei allen Instruktionen sollte man stets die folgende Frage anschließen: „Haben Sie dazu noch Fragen?" Damit gibt man der Vp die Möglichkeit zur Nachfrage und man kann ziemlich sicher sein, dass damit alles getan worden ist, um ein optimales Instruktionsverständnis zu erreichen.

7.2.10 Beispiele für Abstracts

Die Abfassung eines Abstracts ist von recht unterschiedlichen Restriktionen gekennzeichnet; in den meisten Fällen dürfen Sie eine obere Grenze von Wörtern nicht überschreiten (gängige Grenzen liegen zwischen 100 und 500 Wörtern). Wir führen deshalb einige Beispiele an, die am besten verdeutlichen, worauf es ankommt. Für den auf Seite 162 genannten Kongress waren für das Abstract 15 Zeilen erlaubt, es musste in englischer Sprache verfasst sein. Für den XXV International Congress of Psychology, Brüssel 1992, waren nur 100 Wörter für das Abstract erlaubt, mit dem Hinweis:

"Abstracts exceeding that limit will not be taken into consideration. An abstract should substantially reflect the content of the presentation and allow adequate scientific evaluation. If felt useful to facilitate the reviewing procedure, a more detailed description of the proposal (maximum length: 2 pages) may be enclosed with the abstract".

Offizielle Sprachen waren bei diesem Kongress Englisch und Französisch, sodass auch ein Abstract in französischer Sprache eingereicht werden konnte, dies ist allerdings nicht zu empfehlen. Bei einem Kongress geht es um maximale Verbreitung des Forschungsthemas, das Sie vorstellen wollen, und das erreichen Sie am besten mit englischer Sprache. In den Kongressunterlagen war folgendes, 100 Wörter umfassende Beispiel abgedruckt, das wir hier übernehmen, beachten Sie bitte auch die Gestaltung der Autoren-Institutions-Zuordnung:

Hinson, R. E.[*], Masaki, S.[+] & Siegel, S.[*]
[*]University of Western Ontario, London, Canada; [+]Tokyo University, Tokyo, Japan.
Pavlovian Inhibitory Conditioning with Pharmacological UCSs
In a study on inhibitory conditioning of morphine tolerance, rats received pentobarbital and saline on alternative days: Pentobarbital was injected with one set of stimuli (A) and saline was injected with different stimuli (B). Control groups received either (1) saline with both stimuli, (2) pentobarbital without A or B stimuli, (3) saline without A or B stimuli. During testing, the rats were injected with pentobarbital either in the A environment or in the B environment. No differences emerged in the acquisition rates among the control groups. The experimental group in the B-environment acquired tolerance more slowly, providing evidence for inhibitory conditioning.

Das Ungewöhnliche an diesem Abstract ist die Gestaltung der Abfolge: zuerst die Autoren, dann der Titel. Auch wenn Ihnen dies überhaupt nicht zusagt: Halten Sie sich an das Muster, das Ihnen die Kongressveranstalter vorgeben. Wenn alle Abstracts in derselben Reihenfolge abgedruckt werden, erleichtert es für die Kongressteilnehmer die Suche nach der relevanten Information, weil sie nicht für jedes Abstract ein neues Suchschema entwickeln müssen.

Bei anderen Kongressen, z. B. der jährlich stattfindenden Tagung experimentell arbeitender Psychologen (TeaP), bekommen Sie ein Formblatt zugeschickt, das einen Rahmen enthält, in den Sie Titel, Autorname und Adresse an vorbestimmten Stellen eintragen müssen. Darunter haben Sie dann innerhalb des Rahmens Raum zur Darstellung Ihrer Forschungsarbeit. Dieses Blatt wird im Offset-Verfahren in einem Abstract-Band abgedruckt, Sie müssen also auf sehr gute Qualität des Schriftbildes achten. Da es bei der Anmeldung zu Kongressen oft hektisch zugeht: Gefaxte Abstracts werden wegen Unleserlichkeit meist nicht akzeptiert. Allerdings kann man sie in vielen Fällen per E-Mail an den Organisator versenden. Von dieser Möglichkeit sollten Sie unbedingt Gebrauch machen, denn nun kann Ihr Abstract vom Organisator des Kongresses sehr leicht weiter verwendet werden, z. B. um es den Teilnehmern in einer Datenbank zur Verfügung zu stellen.

Werden sogenannte Deskriptoren gefordert, das sind zentrale Begriffe, die den inhaltlichen Rahmen Ihres Beitrages kennzeichnen, sollten Sie diese Möglichkeit überlegt einsetzen. Die richtigen Begriffe antworten knapp und präzise auf die Frage: Welche (Fach-)Termini beschreiben den Inhalt meines Beitrages am genauesten? Die Teilnehmer der Tagung wollen die Möglichkeit nutzen, all jene Kolleginnen und Kollegen zu treffen, die auf demselben Gebiet arbeiten und das findet man am schnellsten an Hand dieser Deskriptoren heraus. Moderne Datenbanken suchen Ihnen z. B. alle Vorträge, die einen oder mehrere gemeinsame Deskriptoren aufweisen, heraus und Sie können sich schnell informieren, wann, wo und wer zu einem für Sie relevanten Thema ein Poster oder einen Vortrag anbietet. Entschließen Sie sich nun, Poster X aufzusuchen, weil Sie Deskriptoren und Abstract interessant fanden, dann ist es sehr ärgerlich, wenn sie feststellen müssen, dass die Deskriptoren schlecht gewählt wurden und das Abstract keine genauen oder gar irreführenden Auskünfte gegeben hat. Für Ihr eigenes Abstract (und die Deskriptoren) lernen Sie daraus, dass jedes Wort gut überlegt sein muss.

Als zweites Beispiel führen wir das Abstract eines Zeitschriften-Artikels auf. Die hier gezeigte Form wird von den Herausgebern der Zeitschrift British Journal of Clinical Psychology gefordert (das Beispiel stammt aus dem Jahre 2001, Band 40, Seite 121). Das Abstract ist wesentlich länger als das oben wiedergegebene, zeigt aber exemplarisch den Gang der Darstellung. Die Abschnittsbezeichnungen (objectives = Ziele; method = Methode; results = Ergebnisse) sind im Original-Abstract-Text enthalten:

Autobiographical memories become less vivid and emotional after eye movements
Marcel van den Hout, Peter Muris, Elske Salemink and Merel Kindt
Department of Medical, Clinical and Experimental Psychology, Maastricht University, The Netherlands
Objectives. To test (1) whether eye movements during retrieval of emotional memories are followed by less vividness and less emotionality of future recollections, (2) whether this effect, if present, is stronger than the effects

of a control activity (finger tapping), (3) whether the alleged effects of tapping and eye movements are stronger than a no-movement, control condition (mere imagery), (4) whether reductions in vividness and emotionality after eye movements (and finger tapping) are specific to negative memories or also occur in the case of positive memories.

Method. Sixty healthy volunteers recalled either positive or negative memories and scored the vividness and emotionality of the recollections. Next, memories were recalled whilst the participant was performing rapid eye movements, finger tapping, or not performing a dual task. Then participants were asked to recall the event again and to rate its vividness and emotionality.

Results. Compared to finger tapping and the no-dual-task condition, recollections after eye movements made future recollections less vivid. After eye movements, but not after the other interventions, negative memories became less negative, and positive memories became less positive.

Conclusion. The findings show that eye movements not only reduce vividness and emotionality of memories during the eye moving, but also affect future recollections, during which no eye movements are made. Some theoretical explanations are discussed. As to clinical implications, it is suggested that if there is a role for eye-movement-based treatments, it is very limited.

Schließlich sei als drittes Beispiel ein deutsches Abstract (Zusammenfassung) aufgeführt. Es stammt aus dem Jahre 2001 und findet sich in der Zeitschrift für Gesundheitspsychologie, Band 8, Seite 85. Man sieht deutlich, dass hier ein anderes Vorgehen gewählt wurde:

Kohärenzsinn als Prädiktor und Suppressor bei der Unterscheidung von Gesundheit und Krankheit
Manfred Amelang und Claudia Schmidt-Rathjens
Psychologisches Institut Heidelberg
Zusammenfassung. An einer Stichprobe von 5133 Befragungspersonen beiderlei Geschlechts im Alter zwischen 40 und 65 Jahren wurde der Frage nachgegangen, ob Kohärenzsinn („Sense of Coherence", SOC) bei der Trennung von kranken und gesunden Probanden relativ zu den Dimensionen Neurotizismus, Depressivität, Optimismus und soziale Unterstützung einen eigenständigen Beitrag leistet. Operationalisiert wurde Kohärenzsinn durch die 29 Items umfassende Skala von Antonovsky (1987, SOC–A) und durch eine Skala mit 19 Items, die in Heidelberg entwickelt wurde (SOC–HD). In logistischen Regressionen trugen Alter und Geschlecht am stärksten zur Trennung der Gruppen bei. Von den Persönlichkeitsmerkmalen waren Neurotizismus und Depressivität am erklärungsmächtigsten. Mehrfach leistet zudem auch Kohärenzsinn einen signifikanten Beitrag, wobei das Diskriminations-Inkrement jedoch durch Suppression kriteriumsirrelevanter Varianzanteile in der Prädiktorenkombination auftrat. Diese Suppressionswirkung trat nur bei SOC–HD, nicht aber bei SOC–A auf. Darüber hinaus war die Wechselwirkung zwischen SOC und der Zahl kritischer Lebensereignisse, die vor dem Hintergrund der salutogenetischen Konzeption erwartet werden musste, nicht zu beobachten. Die Ergebnisse begründen somit ernste Zweifel an der theoretischen

Eigenständigkeit von Sense of Coherence und beschränken die Nützlich-
keit der *SOC–HD–Skala* bei der Aufklärung von Gesundheits-Krankheits-
unterschieden auf eine Suppressionswirkung.
Schlüsselwörter: Kohärenzsinn, Gesundheits-/Krankheits-Diskrimination,
Suppression, Validitätsinkrement.

Natürlich gehört zu diesem deutschsprachigen Abstract auch eine englische Fassung, die wir hier aber fortlassen. Zu den Schlüsselwörtern (engl. key words): Sie
können von den Autorinnen und Autoren selbst vergeben werden (in deutscher
und englischer Sprache). Bei der Auswahl dieser Wörter muss man die Literatur-
lage gut kennen, damit solche Wörter ausgewählt werden, die im jeweiligen Sprach-
raum als key words verwendet werden. In der Regel findet man die richtige Übersetzung nicht in einem englischen Wörterbuch oder einem englischen Psychologie-
Lexikon, weil viele Fachbegriffe erst nach einiger Zeit in den allgemeinen Sprach-
schatz einer Wissenschaft übergehen (wie z. B. sense of coherence). Man muss sich
um die Originalliteratur bemühen, um eine gute Auswahl der Schlüsselbegriffe zu
treffen.

7.2.11 Beispiel einer Manuskriptanweisung für Kongresse

Die folgenden Anweisungen zur Manuskriptgestaltung stammen aus den Unterlagen für den Kongress *Noise as a Public Health Problem*, Stockholm (1988). Sie
müssen sich diese Anweisungen nicht einprägen, aber genau durchlesen, damit Sie
einen Eindruck davon bekommen, auf was man alles achten muss. Da sich die
Gepflogenheiten nicht wesentlich geändert haben (lediglich die Übermittlung der
Manuskripte wird heute meist als Attachment eines E-Mails gefordert und es wird
vielleicht eine andere Schrifttype verlangt), sind die Angaben von 1988 immer noch
maßgeblich:

The manuscript must be prepared so that it is suitable to be used as a camera-ready
offset copy (including figures). If possible use the Prestige Elite type face (IBM 12-
pitch) or a similar type face. Use standard-size paper (A4 or 8,5 x 11 inches).

Length:	Your contribution will be allowed maximum six (6) pages including your figures, tables, and reference list. The text should be typed single spaced (6 lines per inch) with 12 characters per inch (12 pitch).
Margins:	The left margin should be 35 mm (1,5 inch) and the text should be 150 mm (6 inches) in width and not more. Please, leave a 25 mm (1 inch) margin at the top of each page. Do not type more than 57 lines on a page.
Pagination:	Number each page in the upper right corner.
Title:	The title is typed in capital letters and centers at the top of the first page, three lines below the top margin.
Headings:	Three levels of headings can be used. They should be typed in the following manner:

<u>An Example of a Main Heading</u>
<u>An Example of a Side Heading</u>
   <u>An Example of a Paragraph Heading.</u> Paragraph headings are indented like the
first line of a paragraph of a text.

Abstract: The abstract must not exceed 15 lines and should be typed with the same width as the rest of the text. It should be typed as one paragraph only (first line indented 5 spaces). Place the heading 'Abstract' (centered and underlined but typed without quotation marks) four empty lines below the affiliation of the last author. The text of the abstract should begin two empty lines below the heading.

Abbreviations: In order to improve readability, abbreviations should be avoided. When used spell it out the first time it appears in the text as in the following example:

Large scale integration (LSI) has shown to ...

Tables: Each table should be numbered (Arabic) and have a short title written above it. Place the table title three empty lines below the text. Keep the single spacing inside the table. Place the title and table as in the following example.

Table 1.   This is a table title.

Column heading 1	Column heading 2	Column heading 3[*]	Column heading 4[**]
xxxxxxxxxxxxxxx	xxxxxxxxxxxxxxx	xxx	xx
xxxxxxxxxxxxxxx	xxxxxxxxxxxxxxx	xxx	xx
xxxxxxxxxxxxxxx	xxxxxxxxxxxxxxx	xxx	xx

[*]Means something, e.g. significance   [**]Means something else

Continue with main text two empty lines below the table.

Figures: Figures should be drawn in India ink. Glossies of appropriately reduced size should be used. Figure captions should be typed and placed under the figure. They should be numbered (Arabic) like this:

Fig. 1. This is a figure caption explaining how the text in the caption should be typed. Please note, that there is no double point (:) after the figure number and that the lines after the first line are indented.

Text: The text of the article starts three empty lines below the figure caption.

Reference list: The heading 'References' should be treated as a main heading according to the typing instructions above. The references in the reference list should be given in alphabetical order according to the name of the authors. They should then be numbered from one on with an Arabic number appearing within parenthesis before the first author's name. In the list each reference should be separated by an empty line; no indent. References to unpublished material are not allowed.

References: In the text, references are given as numbers according to the reference list. These numbers should be given in parentheses. Multiple references are separated by commas (2, 15, 32, 33). The reference list must be given in this arrangement:

(1) Baird, J. C., and Noma, E. Fundamentals of scaling and psychophysics. New York, NY: Wiley-Interscience, 1978.

(2) Berglund, B., Berglund, U., Lindvall, T., and Nicander-Bredberg, H. Olfactory and chemical characterization of indoor air. Environment International, 1982, 8, 327–332.

(3) Moskowitz, H. R. Taste and food technology: Acceptability, aesthetics, and

preference. In: E.C. Carterette & M. P. Friedman (Eds.), Handbook of perception. Vol. VIA: Tasting and smelling. New York, NY: Academic Press, 1978, pp. 157–192.

7.3 Informationen über ethische Grundsätze und zum Datenschutz

In der ein oder anderen Weise sind von vielen wissenschaftlichen Vereinigungen ethische Richtlinien verfasst worden, die den Umgang mit Menschen und Tieren im Bereich der Forschung regeln (z. B. von der Deutschen Gesellschaft für Psychologie zusammen mit dem Berufsverband Deutscher Psychologen). Bestehen Zweifel über die ethische Vertretbarkeit einer Forschungsarbeit muss eine Ethikkommission zurate gezogen werden. Solche Kommissionen gibt es für viele Wissenschaften, z. B. Psychologie, Medizin, Biologie. Die jeweils gültigen Anschriften der Kommissionen können in den Dekanaten der Universitäten oder bei den jeweiligen Gesellschaften und Berufsverbänden erfragt bzw. in den einschlägigen Publikationsorganen der Fachgesellschaften eingesehen werden. Die jeweils gültigen Adressen und Kommissionsmitglieder findet man im Internet (Adresse s.u.).

Ähnliches gilt für die Datenschutzbestimmungen, die in der Regel Länderangelegenheit sind. Das Bundesdatenschutzgesetz (BDSG) stellt lediglich den Rahmen für die Ländergesetze dar. In den beiden folgenden Abschnitten greifen wir nur die jeweils wichtigsten Informationen heraus, bei Zweifelsfällen müssen Sie sich die entsprechenden Kenntnisse verschaffen. Dies können Sie am besten durch Konsultation der einschlägigen Bestimmungen und/oder des/der internen Datenschutzbeauftragten jener Institution, der Sie angehören – Universitäten verfügen in der Regel über solche Beauftragte.

7.3.1 Ethische Richtlinien der Deutschen Gesellschaft für Psychologie und des Berufsverbandes Deutscher Psychologinnen und Psychologen e.V.

Die vollständige Version der ethischen Richtlinien finden Sie im Internet unter dieser Adresse: http://www.dgps.de/dgps/satzung/003.php4 (Zugriff am 22.01.2006). Gleichzeitig finden Sie dort auch Angaben über die Arbeit der Ethikkommission, Anschriften der Mitglieder sowie die Revision der Ethikrichtlinien für die Forschung. Wir weisen darauf hin, dass dort für die Forschung bedeutsame Anweisungen gegeben sind, die sowohl für die Durchführung von Untersuchungen wie auch deren Veröffentlichung Gültigkeit haben. Hier geben wir lediglich den ersten Absatz der Präambel wieder, der die Tätigkeit von Psychologinnen und Psychologen in einen allgemeinen ethischen Hintergrund einbettet; er lautet:

„Die Aufgabe von Psychologen ist es, das Wissen über den Menschen zu vermehren und ihre Kenntnisse und Fähigkeiten zum Wohle des einzelnen und der Gesellschaft einzusetzen. Sie achten die Würde und Integrität des Individuums und setzen sich für die Erhaltung und den Schutz fundamentaler menschlicher Rechte ein. Der Beruf des Psychologen ist seiner Natur nach frei."

Im Weiteren werden dann verschiedene Regelungen getroffen, die hier von geringerer Bedeutung sind (wie z. B. das Ausmaß, in dem Psychologen Werbung betreiben dürfen, usw.). Die ethischen Grundlagen im Bereich Forschung und Lehre (Abschnitt C der Richtlinien) sind aber für alle diejenigen, die Forschung betreiben wollen, relevant (letzte Revision des Teiles CIII vom 28. September 2004). Wir drucken Sie dennoch nicht hier ab, weil solche Richtlinien einem ständigen Reflexionsprozess unterliegen und die jeweils neue (und verbindliche) Version finden Sie im Internet: http://www.dgps.de/dgps/satzung/003.php4 (Zugriff am 22.01.2006).

7.3.2 Datenschutzbestimmungen

Datenschutzbestimmungen sind vor allem für jene Wissenschaften relevant, in denen Daten über *Personen* erhoben, gesammelt, ausgewertet und veröffentlicht werden, also insbesondere für die Psychologie, Soziologie, Medizin, Anthropologie usw. Allerdings sollte man als Physiker oder Chemiker nicht vorschnell dieses Kapitel überschlagen, denn es kann vorkommen, dass zumindest in Grenzbereichen dieser Wissenschaften auch Personen zu untersuchen sind. Als Beispiel für die Physik seien psychoakustische Studien genannt, in denen z. B. Hörschwellen gemessen oder Leistungen des Gehörs bei der Schallrichtungsbestimmung ermittelt werden. Bereits in solchen Untersuchungen sind Datenschutzbestimmungen zu beachten, mindestens hinsichtlich der Anonymität der untersuchten Probanden. Es sei hinzugefügt, dass diese Bestimmungen in gleicher Weise im privatwirtschaftlichen Bereich Gültigkeit haben, z. B. in der Marktforschung.

In den Rechenzentren oder Dekanaten und bei den Datenschutzbeauftragten kann man die jeweils gültigen Fassungen der Datenschutzgesetze einsehen. Oft sind diese Bestimmungen auch im Internet zu finden oder es gibt Merkblätter, die sowohl über die im jeweiligen Bundesland geltenden Bestimmungen als auch die örtlichen Besonderheiten informieren. Die Beachtung der Datenschutzvorschriften gilt nicht nur, wenn Sie die Rechenanlagen der Rechenzentren in Anspruch nehmen, sondern auch, wenn Sie mit einem Kleinrechner (PC, Notebook etc.) arbeiten.

Aufgabe des Datenschutzgesetzes ist es, dem Missbrauch von personenbezogenen Daten entgegenzuwirken. Prinzipiell hat jede Person (also auch eine Versuchsperson!) das Recht auf informationelle Selbstbestimmung, d. h., jede Person kann über Preisgabe und Verwendung ihrer Daten selbst entscheiden. Folglich werden Vorsichtsmaßnahmen gefordert, die einen Missbrauch verhindern sollen. Einer der wichtigsten Schritte bei der Planung einer Untersuchung besteht darin, sich über die Schutzwürdigkeit der zu erhebenden Daten Rechenschaft zu geben: Werden personenbezogene Daten erhoben oder nicht? Sie müssen also festlegen, wie die zu erwartenden Daten zu behandeln sind; dazu brauchen Sie klare Begriffsbestimmungen, im Bundesdatenschutzgesetz heißt es im § 2:

(1) Im Sinne dieses Gesetzes sind personenbezogene Daten Einzelangaben über persönliche oder sachliche Verhältnisse einer bestimmten oder bestimmbaren natürlichen Person (Betroffener).

(2) Im Sinne dieses Gesetzes ist
    1. Speichern (Speicherung) das Erfassen, Aufnehmen oder Aufbewahren von Daten auf einem Datenträger zum Zwecke der weiteren Verwendung,
    2. Übermitteln (Übermittlung) das Bekanntgeben gespeicherter oder durch Datenverarbeitung unmittelbar gewonnener Daten an Dritte in der Weise, dass die Daten durch die speichernde Stelle weitergegeben oder zur Einsichtnahme, namentlich zum Abruf bereitgehalten werden,

3. Verändern (Veränderung) das inhaltliche Umgestalten gespeicherter Daten,
4. Löschen (Löschung) das Unkenntlichmachen gespeicherter Daten, ungeachtet der dabei angewendeten Verfahren.

(3) Im Sinne dieses Gesetzes ist
1. speichernde Stelle jede der in § 1 Abs. 2 Satz 1 genannten Personen oder Stellen, die Daten für sich selbst speichert oder durch andere speichern lässt,
2. Dritter jede Person oder Stelle außerhalb der speichernden Stelle, ausgenommen der Betroffene oder diejenigen Personen und Stellen, die in den Fällen der Nummer 1 im Geltungsbereich dieses Gesetzes im Auftrag tätig werden.
3. eine Datei eine gleichartig aufgebaute Sammlung von Daten, die nach bestimmten Merkmalen erfasst und geordnet, nach anderen bestimmten Merkmalen umgeordnet und ausgewertet werden kann, ungeachtet der dabei angewendeten Verfahren; nicht hierzu gehören Akten und Aktensammlungen, es sei denn, dass sie durch automatisierte Verfahren umgeordnet und ausgewertet werden können.

Im § 3 (Zulässigkeit der Datenverarbeitung) wird ausgeführt, dass die Verarbeitung personenbezogener Daten nur zulässig ist, wenn 1. dieses Gesetz oder eine andere Rechtsvorschrift sie erlaubt oder 2. der Betroffene eingewilligt hat. Diese Einwilligung bedarf der Schriftform, soweit nicht wegen besonderer Umstände eine andere Form angemessen ist. Wird die Einwilligung zusammen mit anderen Erklärungen schriftlich erteilt, ist der Betroffene hierauf schriftlich besonders hinzuweisen.

Wir wollen jedoch auch nicht verschweigen, dass sich durch eine zu restriktive Gesetzgebung im Datenschutzbereich Behinderungen für die Forschung ergeben können. So heißt es beispielsweise in den Grundsätzen der European Science Foundation im Abschnitt 1.4: Die Freiheit der Forschung setzt den bestmöglichen Informationszugang voraus – der Gesetzgeber sollte deshalb nicht nur die Bedingungen festlegen, unter denen personenbezogene Daten für wissenschaftliche Zwecke verarbeitet werden dürfen, sondern auch den Zugang zu benötigten Informationen gewährleisten. In § 25 des Niedersächsischen Datenschutzgesetzes ist eine solche Ausnahmeregelung für die Forschung getroffen worden: Auch gegen den Willen der Betroffenen können Daten erhoben werden, wenn ein öffentliches Interesse vorliegt (vgl. auch § 28 des Bundesdatenschutzgesetzes). Der beste Rat: Wenn eine Untersuchung dieser Art geplant ist, sollte man unbedingt mit dem örtlichen Datenschutzbeauftragten klären, was zu tun ist. Die Bereitschaft, Forschungen nach § 25 zu ermöglichen, ist eher gering. Es muss nämlich festgestellt werden, dass das öffentliche Interesse an der Durchführung des Forschungsvorhabens das schutzwürdige Interesse der Betroffenen erheblich überwiegt.

Die Verantwortung für die Einhaltung der Datenschutzbestimmungen liegt bei jener Person, die die Untersuchung durchführt, also bei der jeweiligen Forscherin bzw. dem jeweiligen Forscher. Das gilt auch dann, wenn der Datenschutzbeauftragte mit eingeschaltet war. Auch wenn die Behandlung einer Fragestellung durch die Auflagen des Datenschutzgesetzes schwieriger werden sollte, muss man stets im Auge behalten, dass es sich um die Wahrung des Grundrechts auf informationelle Selbstbestimmung handelt. Und es sei hinzugefügt, dass Verstöße geahndet werden (vgl. § 28 NDSG); § 202a des Strafgesetzbuches lautet: (1) Wer unbefugt Daten, die nicht für ihn bestimmt sind und die gegen unberechtigten Zugang besonders gesichert sind, sich oder einem anderen verschafft, wird mit Freiheitsstrafe bis zu drei Jahren oder mit Geldstrafe bestraft.

Die nachfolgende Checkliste zum Datenschutz beansprucht weder Vollständigkeit noch kann sie eine Garantie geben, dass keine anderen oder inzwischen neu erlassenen Vorschriften verletzt werden. Die Prüffragen (modifiziert nach Lecher, 1988, S. 23–25) sind dazu gedacht, Probleme aufzuspüren, die sich bei der Einhaltung von Datenschutzbestimmungen ergeben oder ergeben können. In welcher Weise evtl. auftretende Probleme gelöst werden können, lässt sich nicht katalogartig festlegen.

7.3.3 Checkliste zum Datenschutz

Bevor wir die Probleme im Einzelnen auflisten und besprechen, geben wir vorweg drei Regeln, die Sie sich für den Umgang mit Datenmaterial einprägen sollten:

Regel 1:

> Werden in eine Untersuchung – gleichgültig in welchem Fachgebiet – Versuchsteilnehmer einbezogen, dann sind stets vor Beginn der Untersuchung Datenschutzregelungen und ethische Normen zu beachten.

Regel 2:

> Versuchen Sie, so weit irgend möglich, Daten in anonymer Form zu erheben, zu speichern, zu verarbeiten und zu veröffentlichen: In diesen Fällen haben Sie keine personenbezogenen Daten, daher reduziert sich der Aufwand für den Datenschutz erheblich. Gleichzeitig bietet dies die beste Gewähr für die Betroffenen, dass keine missbräuchliche Verwendung ihrer Daten entsteht.

Regel 3:

> Müssen Daten in personenbeziehbarer Weise erfasst, gespeichert und bearbeitet werden, konsultieren Sie auf jeden Fall den bzw. die Datenschutzbeauftragte, bevor Sie irgendwelche Daten erheben. Sobald Daten vorliegen, versuchen Sie so früh wie möglich, die Personalangaben (Name, Adresse, Geburtsdatum etc.) von den übrigen Daten zu trennen. Ziel: Die Daten müssen so bearbeitet werden können, dass ein unmittelbarer Personenbezug nicht möglich ist. Bewahren Sie diese Datensätze getrennt voneinander auf, begrenzen Sie den Kreis derjenigen Personen, die zu beiden Dateien Zugang haben, auf das Minimum. Führen Sie Buch über Person und Zeit der Benutzung beider Dateien.

Zur Beurteilung der Datenschutzanforderungen einer Untersuchung empfehlen sich zwei getrennte Schritte, je nachdem, ob die Daten a) anonym oder b) personenbezogen erhoben werden.

a) Anonyme Datenerhebung: Wir hatten gesagt, dass man auf jeden Fall versuchen sollte, Daten anonym zu erheben und zu speichern. Dazu sollten zunächst die folgenden Fragen beantwortet werden; die aufgeführten Maßnahmen zur Anonymisierung sind lediglich als Anregung gedacht, es muss jeweils erneut geprüft werden, ob die getroffenen Maßnahmen ausreichen oder nicht:

1. Ist die gewählte Anonymisierungsmethode ausreichend?
   Dies kann etwa erreicht sein, wenn von den Versuchs- oder Befragungs-
   teilnehmern keine Namensangabe gefordert wird und den Personen lediglich
   Nummern zugeordnet werden.
2. Kann man weitere Schritte unternehmen, um die Anonymisierung zu erhöhen?
   In vielen Studien werden Angaben über Örtlichkeiten miterfasst, in denen die
   Untersuchung durchgeführt wird; auch aus den Antworten von befragten Personen können häufig Rückschlüsse auf bestimmte oder bestimmbare Örtlichkeiten gezogen werden. Solche Angaben können bzw. müssen zwecks Erhöhung
   der Anonymität entfernt werden, insbesondere, wenn von den Befragten andere
   Personen namentlich erwähnt werden.
3. Ist das Reidentifizierungsrisiko hinreichend gering?
   Bei der Beantwortung dieser Frage ist es nicht ausreichend, sich nur auf die
   gespeicherten Daten zu konzentrieren, sondern es müssen sämtliche Unterlagen
   der Untersuchung unter diesem Aspekt geprüft werden. In vielen Fällen ist es
   durch ihre Kombination doch möglich, einzelne Personen zu identifizieren. Dies
   ist der Grund, weshalb die Datenschutzbeauftragten nicht zufrieden sind, wenn
   man sie lediglich über die Art der Datenspeicherung informiert. Wenn Sie sich
   an diese Stelle wenden, berichten Sie über alle Einzelheiten der Datenerhebung,
   Speicherung, Auswertung und Veröffentlichung, legen Sie die vorbereiteten Fragebögen etc. vor, nur dann können Sie verlässlichen Rat erwarten. Und noch
   einmal: Holen Sie sich Rat und Unterstützung *schon bei der Planung* Ihrer Untersuchung! Dann entwickeln Sie von vornherein nur solche Fragebögen etc.,
   die mit den Anforderungen des Datenschutzes kompatibel sind und spätere (evtl.
   aufwendige) Änderungen entfallen.

b) Personenbezogene Datenerhebung: Kommt man zu dem Schluss, dass es unumgänglich ist, personenbezogene Daten zu erheben (also mit vollem Namen und
Adresse, evtl. Geburtsdatum und Telefonnummer der untersuchten Personen oder
durch Erfassung von Merkmalen, die eine Identifikation ermöglichen), sollte man
in folgenden Schritten vorgehen:

1. Klärung der Verantwortlichkeiten für die Einhaltung des Datenschutzes:
   - Welche Personen oder Institutionen sind für die Durchführung der Datener-
     hebung verantwortlich? Welche Personen oder Institutionen speichern die
     Daten?
   - Sind diese Personen bzw. Institutionen mit den Anforderungen des Daten-
     schutzes vertraut und in der Lage entsprechend zu handeln?
2. Notwendigkeit und Besonderheiten der Daten:
   - Sind die zu erhebenden Daten tatsächlich für die Fragestellung der Untersu-
     chung notwendig?
   - Unterliegen die Daten einem besonderen Schutz? Dies ist z. B. bei medizini-
     schen Daten, Sozialdaten, Daten aus Personalakten, Steuerdaten, Gerichts-
     akten und Tagebüchern der Fall; sie müssen in besonderer Weise gegen Miss-
     brauch gesichert werden.
3. Information der Betroffenen:
   - Sind die Betroffenen über die Freiwilligkeit der Teilnahme bzw. die Rechtsla-
     ge informiert und um Einverständnis gebeten worden?
   - Wie werden die Betroffenen über Speicherung, Verwendung und Löschung
     der Daten informiert?

4. Absicherung der Datenschutzmaßnahmen:
   - Ist der intern zuständige Datenschutzbeauftragte eingeschaltet worden und hat dieser dem Verfahren zugestimmt?
   - Wurde eine Stellungnahme des überörtlichen Datenschutzbeauftragten bzw. der Aufsichtsbehörde eingeholt?
   - Wurde die Stellungnahme der zuständigen Ethikkommission eingeholt?
5. Datenschutz während der Bearbeitung der Untersuchung:
   - Ist eine teilweise Anonymisierung möglich?
   - Können die zur Identifikation verwendbaren Merkmale getrennt vom übrigen Datensatz gespeichert werden?
   - Welche Personen oder Institutionen haben (evtl. nur zeitweise) Zugang zu den Daten?
   - Welche datenverarbeitenden Einrichtungen werden benutzt: öffentliche oder private Rechenzentren?
   - Sind die Daten auf solche Weise verschlüsselt (= kryptografiert), dass eine Dekodierung so weit wie möglich ausgeschlossen ist?
   - Welche Zugangsbeschränkungen wurden getroffen?
   - Gibt es eine Zugriffskontrolle?
   - Ist ein Kopierschutz vorhanden?
6. Beendigung der Bearbeitung schützenswerter Daten:
   - Wenn die Daten längerfristig gespeichert werden sollen: wurden sie derart aufgeteilt, dass eine Kombination und Reidentifikation nur unter besonderen Sicherungsmaßnahmen möglich ist?
   - Wann werden die personenbezogenen Daten gelöscht?
   - Ist die Löschung endgültig oder besteht die Gefahr der Wiedergewinnung?
7. Veröffentlichung der Ergebnisse bzw. Übermittlung der Daten an Dritte:
   - Sind die rechtlichen Voraussetzungen für die Übermittlung gegeben?
   - Sind die Betroffenen von der Datenübermittlung an Dritte informiert und haben sie zugestimmt?

7.3.4 Formulierungsvorschläge zur Information der Versuchsteilnehmer

Auch dann, wenn die Daten nicht elektronisch, also automatisiert erfasst bzw. gespeichert werden, sind Datenschutzbestimmungen zu beachten. Aktensammlungen oder sonstige Datensammlungen, die nach bestimmten Merkmalen erfasst und geordnet und demzufolge auch umgeordnet werden können, unterliegen ebenfalls dem Datenschutz und müssen gegen Missbrauch gesichert werden. Da es generell zu empfehlen ist, die Daten einer Untersuchung an mehreren Stellen aufzubewahren (um Verlust durch Diebstahl, versehentliche Vernichtung etc. zu vermeiden), müssen selbstverständlich alle diese Kopien oder sonstigen Vervielfältigungen in gleicher Weise gegen Missbrauch geschützt werden.

Den folgenden Text, den wir zum Teil einem Forschungsprojekt über Probleme der Schichtarbeit (Nachreiner & Grzech-Sukalo, 1993) entnommen und so modifiziert haben, dass er auch für andere Versuche verwendet werden kann, schlagen wir als Basisversion zur Information der Versuchsteilnehmer vor. Er sollte, selbstverständlich auf den jeweiligen Versuchszusammenhang abgestimmt, den Vpn vor Versuchsbeginn vorgelegt oder vorgelesen werden:

Im Laufe dieses Experimentes bitten wir Sie um Angaben zu ganz verschiedenen Bereichen. Diese Angaben werden anonym (mit EDV) ausgewertet und nur im Rahmen des Forschungsprojektes verwendet. Bitte geben Sie niemals auf den Antwort- oder Fragebögen, die Sie im Laufe des Versuches bearbeiten, Ihren Namen an! Dadurch bleiben alle Versuchsunterlagen anonym und sind nicht missbräuchlich verwendbar. Darüber hinaus sollten Sie wissen, dass Daten aus dieser Untersuchung nur in zusammengefasster Form dargestellt werden, sodass Rückschlüsse auf einzelne Personen ausgeschlossen sind.

Ihre Daten werden also auf zweifache Weise geschützt, einmal dadurch, dass wir Ihren Namen gar nicht erfahren und zum anderen dadurch, dass einzelne Daten nicht zur Darstellung verwendet werden.

Ein Problem kann entstehen, wenn man sich strikt an die Anforderungen des Datenschutzgesetzes halten will, denn hier wird die schriftliche Einverständniserklärung gefordert und das bedeutet, dass die Vp mit ihrem vollen Namen und Adresse unterschreiben muss! Es ist schlicht unmöglich, einerseits einer Vp volle Anonymität zuzusichern, sich andererseits aber durch Nennung ihres Namens und Unterschrift bestätigen zu lassen, dass sie mit der Speicherung und Verarbeitung der Daten einer Befragung oder eines Versuches einverstanden ist. Im Klartext heißt dies, dass man sich durch Namensangabe, Adresse und Unterschrift bestätigen lassen müsste, dass man genau diese Angabe nicht erfragen wird – offensichtlich, um es milde zu sagen, eine Unmöglichkeit. Auch wenn man den Vorgang der Einverständniserklärung vom Ausfüllen des Versuchsmaterials trennt, was prinzipiell denkbar ist, wäre eine (nicht statthafte) Zuordnung von Personendaten und Versuchsergebnissen immerhin *möglich*, sodass dies kein gangbares Verfahren ist.

Was tut man nun, um doch noch dem Anspruch auf Anonymität und der notwendigen Einverständniserklärung zur Verwendung der Daten gerecht zu werden? Folgende Vorgehensweise scheint uns dazu geeignet; wir geben gleich den dazu erforderlichen Text hier an:

„Das Datenschutzgesetz schreibt uns vor, Ihre Einwilligung zur Speicherung und Verarbeitung der Daten einzuholen. Allerdings müssten wir dazu Ihren Namen erfahren und dies würde die Ihnen zugesicherte Anonymität nicht mehr gewährleisten. Wir schlagen daher vor, dass Sie Ihr Einverständnis dadurch erklären, dass Sie die Teilnahme an unserer Untersuchung fortsetzen und uns die von Ihnen ausgefüllten Unterlagen aushändigen (falls Sie dies nicht möchten, nehmen Sie einfach nicht teil, Nachteile entstehen Ihnen dadurch nicht). Wenn Sie also an dieser Untersuchung teilnehmen, stimmen Sie der anonymen Speicherung und Verarbeitung Ihrer Daten zu. Wir garantieren, dass niemand außerhalb unserer Forschungsgruppe Einblick in Ihre Unterlagen oder Zugriff auf diese Daten erhält.“

Da solche Informationsprobleme bei der Durchführung von Forschungsarbeiten recht häufig auftreten, geben wir hier noch ein weiteres Beispiel an, das auf die Verwendung von Fragebögen bezogen ist (unten in der Mustererklärung, die eine schriftliche Zustimmung zur Speicherung und Verarbeitung der Daten zum Inhalt hat. Eine vom Niedersächsischen Datenschutzbeauftragten herausgegebene Einwilligungserklärung für medizinische Versuche finden Sie unter: http://www.lfd. niedersachsen.de/master/C1247222_N1246765_L20_D0_I560.html; Zugriff am 22.01.2006). Um Ihnen die rechtlichen Ausführungen ein wenig nahe zu bringen, ist der § 25 des NDSG hier aufgeführt (in der Fassung vom 29. Januar 2002), in dem die besonderen Anforderungen für Forschungsvorhaben niedergelegt sind. Da Gesetze gelegentlich geändert werden, empfehlen wir Ihnen stets die neueste Fassung einzusehen; außerdem gibt es landesbezogene Gesetze, halten Sie deshalb die für Sie gültigen Vorschriften ein. Da es auch noch ein Bundesrecht zum Datenschutz gibt, sollte man *vor* Beginn eines Projektes am besten direkt mit den jeweiligen Datenschutzbeauftragten sprechen. Alle dazu notwendigen Angaben (Texte, Adressen und Personen) können Sie über das Internet erreichen. Hier nun der Text zum § 25 des NDSG:

§ 25 Verarbeitung personenbezogener Daten für Forschungsvorhaben
  (1) Für die Verarbeitung personenbezogener Daten zur Durchführung von wissenschaftlichen Forschungsvorhaben sind die §§ 9 bis 15 nach Maßgabe der Absätze 2 bis 5 und 7 anzuwenden.
  (2) Für wissenschaftliche Forschungsvorhaben dürfen personenbezogene Daten, die für andere Zwecke oder für ein anderes Forschungsvorhaben erhoben oder gespeichert worden sind, verarbeitet werden, wenn
      1. die Betroffenen eingewilligt haben,
      2. eine Rechtsvorschrift dies vorsieht oder
      3. Art und Verarbeitung der Daten darauf schließen lassen, dass ein schutzwürdiges Interesse der Betroffenen der Verarbeitung der Daten für das Forschungsvorhaben nicht entgegensteht oder das öffentliche Interesse an der Durchführung des Forschungsvorhabens das schutzwürdige Interesse der Betroffenen erheblich überwiegt. Das Ergebnis der Abwägung und seine Begründung sind aufzuzeichnen. Über die Verarbeitung ist die Datenschutzbeauftragte oder der Datenschutzbeauftragte nach § 8 Abs. 2 zu unterrichten.
  (3) Die für ein Forschungsvorhaben gespeicherten oder übermittelten Daten dürfen nur für Zwecke der wissenschaftlichen Forschung verarbeitet werden.
  (4) Sobald der Stand des Forschungsvorhabens es gestattet, sind die Merkmale, mit deren Hilfe ein Bezug auf eine bestimmte natürliche Person hergestellt werden kann, gesondert zu speichern; sie sind zu löschen, sobald der Forschungszweck dies gestattet.
  (5) Im Rahmen von wissenschaftlichen Forschungsvorhaben dürfen personenbezogene Daten nur veröffentlicht werden, wenn
      1. die Betroffenen eingewilligt haben oder
      2. dies für die Darstellung von Forschungsergebnissen über Ereignisse der Zeitgeschichte unerlässlich ist.
  (6) Die Einwilligung der Betroffenen bedarf nicht der Schriftform, wenn hierdurch das Forschungsvorhaben erheblich beeinträchtigt würde.
  (7) Eine Übermittlung personenbezogener Daten an Empfänger, auf die dieses Gesetz keine Anwendung findet, ist nach Maßgabe des Absatzes 2 zulässig, wenn sich die Empfänger verpflichten, die Daten nur für das von ihnen zu bezeichnende Forschungsvorhaben und nach Maßgabe der Absätze 3 bis 5 zu verarbeiten. Die Übermittlung ist der Landesbeauftragten oder dem Landesbeauftragten rechtzeitig vorher anzuzeigen.

Für diejenigen, die Untersuchungen nicht im Rahmen von Forschungen betreiben, ist der § 4 NDSG von vermutlich größerer Bedeutung, denn hier gibt es nicht die

Ausnahmeregelung, dass das Einverständnis der untersuchten Personen immer dann *nicht schriftlich* eingeholt werden muss, wenn das Forschungsvorhaben dadurch beeinträchtigt würde. Generell sei aber nochmals darauf hingewiesen, dass es stets ratsam ist, vorher Rat bei den Datenschutzbeauftragten einzuholen. Hier der Wortlaut des § 4 NDSG:

§ 4 Zulässigkeit der Datenverarbeitung
  (1) Die Verarbeitung personenbezogener Daten ist nur zulässig, wenn
        1. dieses Gesetz oder eine andere Rechtsvorschrift dies vorsieht oder
        2. die Betroffenen eingewilligt haben.
  (2) Die Einwilligung bedarf der Schriftform, es sei denn, dass wegen besonderer Umstände eine andere Form angemessen ist. Soweit die Einwilligung personenbezogene Angaben über die rassische und ethnische Herkunft, politische Meinungen, religiöse oder weltanschauliche Überzeugungen, Gewerkschaftszugehörigkeit, Gesundheit oder Sexualleben betrifft, muss sie sich ausdrücklich auf diese Angaben beziehen. Soll die Einwilligung zusammen mit anderen Erklärungen schriftlich erteilt werden, so ist die Einwilligungserklärung im äußeren Erscheinungsbild der Erklärung hervorzuheben. Die Betroffenen sind in geeigneter Weise über die Bedeutung der Einwilligung, insbesondere über den Verwendungszweck der Daten, bei einer beabsichtigten Übermittlung auch über die Empfänger der Daten aufzuklären. Die Betroffenen sind unter Darlegung der Rechtsfolgen darauf hinzuweisen, dass sie die Einwilligung verweigern oder mit Wirkung für die Zukunft widerrufen können.
  (3) Die Einwilligung ist unwirksam, wenn sie durch Androhung rechtswidriger Nachteile oder durch Fehlen der Aufklärung bewirkt wurde.

Beispiel für eine Einverständniserklärung nach § 4 NDSG:
Das Niedersächsische Datenschutzgesetz (NDSG) bestimmt, dass personenbezogene Daten nur dann erhoben werden dürfen, wenn eine gesetzliche Grundlage gegeben ist oder wenn die Betroffenen mit der Erhebung und Verarbeitung der Daten einverstanden sind. Das Datenschutzgesetz schreibt dazu vor, dass diese Erklärung schriftlich abgegeben werden muss.

Wir versichern, dass wir alle gewonnenen Informationen streng vertraulich behandeln und weder weitergeben noch im Einzelnen veröffentlichen. Dieses Verfahren und der Fragebogen wurden mit der bzw. dem Beauftragten für den Datenschutz an der Universität abgestimmt. Wir bitten Sie deshalb, der folgenden Erklärung durch Ihre Unterschrift zuzustimmen.

Ich erkläre hiermit, dass ich über die Freiwilligkeit der Erhebung informiert bin und stimme der Erhebung, Speicherung und Verarbeitung meiner Angaben zu.

Ort: Datum: Unterschrift:

7.4 Beschluss der Kultusministerkonferenz über die Veröffentlichung von Dissertationen

Nachfolgend führen wir den Wortlaut des Beschlusses der Kultusministerkonferenz (KMK) über die Grundsätze für die Veröffentlichung von Dissertationen auf. Der Beschluss wurde am 29.04.1977 gefasst, die hier wiedergegebene Fassung stammt vom 30.10.1997, der Wortlaut wurde entnommen aus: http://www.kmk.org/doc/publ/GSDissert.pdf (Zugriff: 27.01.2006). Hier sei aber nochmals darauf hingewiesen, dass die Promotionsordnungen der Universitäten spezielle Regelungen für die Veröffentlichung enthalten können, an die Sie sich unbedingt halten sollten; der Beschluss der KMK dient lediglich zu Ihrer Information:

„Der Doktorand ist verpflichtet, eine wissenschaftliche Arbeit (Dissertation) schriftlich anzufertigen und das Ergebnis in angemessener Weise der wissenschaftlichen Öffentlichkeit durch Vervielfältigung und Verarbeitung zugänglich zu machen. Diese Verpflichtungen stellen eine Einheit im Sinne einer wissenschaftlichen Leistung dar.

In angemessener Weise der wissenschaftlichen Öffentlichkeit zugänglich gemacht ist die Dissertation dann, wenn der Verfasser neben dem für die Prüfungsakten (des Fachbereichs, der Fakultät) erforderlichen Exemplar für die Archivierung drei bis sechs Exemplare, die auf alterungsbeständigem holz- und säurefreiem Papier ausgedruckt und dauerhaft haltbar gebunden sein müssen, unentgeltlich an die Hochschulbibliothek abliefert und darüber hinaus die Verbreitung sicherstellt durch:

Entweder a) die Ablieferung weiterer Vervielfältigungen; in den Geistes- und in den Gesellschaftswissenschaften höchstens 80 Exemplare, in der Medizin, in den Natur- und den Ingenieurwissenschaften höchstens 40 Exemplare, jeweils in Buch- oder Fotodruck

oder b) den Nachweis der Veröffentlichung in einer Zeitschrift

oder c) den Nachweis einer Verbreitung über den Buchhandel durch einen gewerblichen Verleger mit einer Mindestauflage von 150 Exemplaren; auf der Rückseite des Titelblatts ist die Veröffentlichung als Dissertation unter Angabe des Dissertationsortes auszuweisen

oder d) die Ablieferung eines Mikrofiches und bis zu 50 weiterer Kopien

oder e) durch die Ablieferung einer elektronischen Version, deren Datenformat und deren Datenträger mit der Hochschulbibliothek abzustimmen sind.

Im Fall von a) sind die Hochschulbibliotheken verpflichtet, die überzähligen Tauschexemplare vier Jahre lang in angemessener Stückzahl aufzubewahren.

In den Fällen a), d) und e) überträgt der Doktorand der Hochschule das Recht, im Rahmen der gesetzlichen Aufgaben der Hochschulbibliotheken, weitere Kopien von seiner Dissertation herzustellen und zu verbreiten bzw. in Datennetzen zur Verfügung zu stellen.

In begründeten Ausnahmefällen kann das zuständige Fachministerium in den Promotionsordnungen Abweichungen von den unter a) und d) genannten Exemplarzahlen genehmigen. Wird eine Dissertation von einem gewerblichen Verleger vertrieben und wird dafür ein Druckkostenzuschuss aus öffentlichen Mitteln gewährt, ist eine angemessene Anzahl von Exemplaren der Hochschulbibliothek für Tauschzwecke zur Verfügung zu stellen".

Sekretariat der Ständigen Konferenz der Kultusminister
der Länder in der Bundesrepublik Deutschland

7.4.1 Erklärung über die Authentizität des Dissertationstextes, der zur elektronischen Speicherung zur Verfügung gestellt wird

Der nachfolgend angegebene Text einer eidesstattlichen Erklärung wird in dieser Form vom Bibliotheks- und Informationssystem (BIS) der Universität Oldenburg verlangt, wenn eine Dissertation in elektronischer Form veröffentlicht werden soll (entnommen von: http://docserver.bis.uni-oldenburg.de/publikationen/dissertation/diss.html; Zugriff am 22.1.2006, leicht modifiziert):

Eidesstattliche Erklärung des Doktoranden (bzw. der Doktorandin) zur Abgabe einer Dissertation in elektronischer Form.

1. Der Doktorand / die Doktorandin erklärt hiermit an Eides statt, dass die bei der Tauschstelle des Bibliotheks- und Informationssystems (BIS) der Universität Oldenburg abgegebenen sechs gedruckten Exemplare seiner Dissertation sowie die abgegebenen Dateien inhaltlich und formal vollständig mit dem beim Fachbereich eingereichten und von diesem genehmigten Prüfungsexemplar übereinstimmen.
2. Der Doktorand / die Doktorandin verpflichtet sich, die im Internet zu veröffentlichende elektronische Version seiner Dissertation auf Vollständigkeit und Übereinstimmung mit dem genehmigten Prüfungsexemplar zu prüfen und dem BIS etwaige Fehler mitzuteilen.
3. Der Doktorand / die Doktorandin erklärt sich damit einverstanden, dass das BIS und die Deutsche Bibliothek die elektronische Version seiner Dissertation auf ihren Dokumentenservern zur freien Nutzung bereitstellen.
4. Der Doktorand / die Doktorandin ist damit einverstanden, dass auch seine zur Dissertation gehörenden persönlichen Daten (Lebenslauf) maschinell gespeichert und, sofern sie Element des genehmigten Prüfungsexemplars seiner Dissertation sind, vom BIS und der Deutschen Bibliothek auf ihren Dokumentenservern zur freien Nutzung bereitgestellt werden.

Oldenburg, den _____   _____

(Unterschrift Doktorand/Doktorandin)

Name des/der Doktoranden(in):

_____

Titel der Dissertation:

_____

Fakultät in der die Dissertation angefertigt wurde:

_____

8 Sachregister